Elogio da escola

Coleção
Educação: Experiência e Sentido

Organização
Jorge Larrosa

Elogio da escola

3ª reimpressão

autêntica

Copyright © 2017 Jorge Larrosa

Todos os direitos reservados pela Autêntica Editora Ltda. Nenhuma parte desta publicação poderá ser reproduzida, seja por meios mecânicos, eletrônicos, seja via cópia xerográfica, sem autorização prévia da Editora.

COORDENADORES DA COLEÇÃO
EDUCAÇÃO: EXPERIÊNCIA E SENTIDO
Jorge Larrosa
Walter Kohan

EDITORA RESPONSÁVEL
Rejane Dias

EDITORA ASSISTENTE
Cecília Martins

REVISÃO
Lívia Martins

CAPA
Alberto Bittencourt
(sobre quadro Na porta da escola,
de Nikolai Petrovich Bogdanov-Belsky, 1897)

DIAGRAMAÇÃO
Larissa Carvalho Mazzoni

Dados Internacionais de Catalogação na Publicação (CIP)
(Câmara Brasileira do Livro, SP, Brasil)

Elogio da escola / organização Jorge Larrosa ; tradução Fernando Coelho --
1. ed.; 3. reimp. -- Belo Horizonte : Autêntica, 2023. -- (Coleção Educação :
Experiência e Sentido)

ISBN 978-85-513-0287-3

1. Educação - Filosofia 2. Educação - Finalidade e objetivos 3. Escola
4. Professores - Formação I. Coelho, Fernando. II Larrosa, Jorge. III. Título.
IV. Série.

17-08245   CDD-370.1

Índices para catálogo sistemático:
1. Educação : Filosofia 370.1

Belo Horizonte
Rua Carlos Turner, 420
Silveira . 31140-520
Belo Horizonte . MG
Tel.: (55 31) 3465 4500

São Paulo
Av. Paulista, 2.073, Conjunto Nacional
Horsa I . Sala 309 . Bela Vista
01311-940 . São Paulo . SP
Tel.: (55 11) 3034 4468

www.grupoautentica.com.br
SAC: atendimentoleitor@grupoautentica.com.br

APRESENTAÇÃO DA COLEÇÃO

A experiência, e não a verdade, é o que dá sentido à escritura. Digamos, com Foucault, que escrevemos para transformar o que sabemos e não para transmitir o já sabido. Se alguma coisa nos anima a escrever é a possibilidade de que esse ato de escritura, essa experiência em palavras, nos permita liberar-nos de certas verdades, de modo a deixarmos de ser o que somos para ser outra coisa, diferentes do que vimos sendo.

Também a experiência, e não a verdade, é o que dá sentido à educação. Educamos para transformar o que sabemos, não para transmitir o já sabido. Se alguma coisa nos anima a educar é a possibilidade de que esse ato de educação, essa experiência em gestos, nos permita liberar-nos de certas verdades, de modo a deixarmos de ser o que somos, para ser outra coisa para além do que vimos sendo.

A coleção *Educação: Experiência e Sentido* propõe-se a testemunhar experiências de escrever na educação, de educar na escritura. Essa coleção não é animada por nenhum propósito revelador, convertedor ou doutrinário: definitivamente, nada a revelar, ninguém a converter, nenhuma doutrina a transmitir.

Trata-se de apresentar uma escritura que permita que enfim nos livremos das verdades pelas quais educamos, nas quais nos educamos. Quem sabe assim possamos ampliar nossa liberdade de pensar a educação e de nos pensarmos a nós próprios, como educadores. O leitor poderá concluir que, se a filosofia é um gesto que afirma sem concessões a liberdade do pensar, então esta é uma coleção de filosofia da educação. Quiçá os sentidos que povoam os textos de *Educação: Experiência e Sentido* possam testemunhá-lo.

*Jorge Larrosa e Walter Kohan**
Coordenadores da Coleção

---

* Jorge Larrosa é Professor de Teoria e História da Educação da Universidade de Barcelona e Walter Kohan é Professor Titular de Filosofia da Educação da UERJ.

SUMÁRIO

Apresentação
Elogio da escola: o desafio de pensar uma forma sem função
Karen Christine Rechia, Geovana Mendonça Lunardi Mendes, Ana Maria Hoepers Preve 09

Primeira parte – Elogio da escola
A língua da escola: alienante ou emancipadora?
Jan Masschelein, Maarten Simons 19

Experiências escolares: uma tentativa de encontrar uma voz pedagógica
Maarten Simons, Jan Masschelein 41

Em defesa de uma defesa: elogio de uma vida feita escola
Walter Omar Kohan 65

Sobre a precariedade da escola
Inés Dussel 87

Um povo capaz de *skholé*: elogio das Missões Pedagógicas da II República Espanhola
Jorge Larrosa, Marta Venceslao 113

Segunda parte – Em defesa da escola: notas à margem
A politização e a popularização como domesticação da escola: contrapontos latino-americanos
Inés Dussel, Jan Masschelein, Maarten Simons 147

Sobre a escola que defendemos
Walter Omar Kohan, Jan Masschelein, Maarten Simons 161

Skholé e igualdade

Maximiliano Valerio López, Jan Masschelein, Maarten Simons *177*

A escola: formas, gestos e materialidades

Jorge Larrosa e outros, Jan Masschelein, Maarten Simons *195*

Terceira parte – Exercícios de pensamento sobre a escola

Filmar a escola: teoria da escola

Maximiliano Valerio López *225*

Curar uma exposição sobre a escola:
um exercício de pensamento

Daina Leyton *235*

Desenhar a escola: um exercício coletivo
de pensamento

Jorge Larrosa, Eduardo Malvacini, Karen Christine Rechia,

Luiz Guilherme Augsburger, Juliana de Favere, Caroline Jaques Cubas ... *249*

Quarta parte – Mirar a escola: uma mostra de cinema

Celebração da revolta:
a poesia selvagem de Jean Vigo

David Oubiña *273*

Elogi de l'escola e Escolta:
o ordinário da escola em imagens

Karen Christine Rechia, Caroline Jaques Cubas *285*

Ser e ter: a produção de sentidos – por uma
topologia das infâncias e suas relações com a escola

Patrícia de Moraes Lima *299*

APRESENTAÇÃO

Elogio da escola: o desafio de pensar uma forma sem função

Karen Christine Rechia, Geovana Mendonça
Lunardi Mendes, Ana Maria Hoepers Preve

*E a arte de apresentar não é apenas a arte
de tornar algo conhecido; é a arte de fazer
algo existir, a arte de dar autoridade a um
pensamento, um número, uma letra, um gesto,
um movimento ou uma ação e, neste sentido, ela
traz este algo para a vida.*
(Masschelein; Simons, 2015, p. 135)

É na atmosfera de fazer algo existir, que apresentamos este livro. Tentamos, dessa forma, aproximar os leitores de uma discussão sobre o que é a escola, fundamentalmente a partir da obra *Em defesa da escola: uma questão pública*, dos filósofos da educação Jan Masschelein e Maarten Simons (2015). Pretendemos, com esta constelação de textos que orbitam, mais ou menos próximos à obra acima citada, deslocar a discussão acerca da função ou do papel social da escola, para pensar seus elementos constitutivos.

Ao envolver os leitores nessa atmosfera, temos claro que essa configuração de textos, à semelhança do livro dos autores, pode ser apropriada tanto pelos que defendem a escola, como pelos que a condenam. No entanto, para além do binarismo que comporta tanto a defesa quanto a condenação, gostaríamos que esses escritos fossem tratados muito mais como exercícios de pensamento, no sentido de "trazer ao mundo" aspectos da escola, do estar na escola, do ordinário da escola, de uma memória escolar em suas atualizações, do *chiaroscuro* no cotidiano escolar, do repetitivo na escola, enfim, de tudo o que a compõe e a faz existir como lócus para o espaço e o tempo livres.

Todavia, isso não seria possível sem as proposições fundamentais, as articulações, a montagem, a disposição de cenários, a reunião de personagens tão inspiradores, enfim, sem "a presença" do educador e filósofo Jorge Larrosa. Portanto, oferecemos aos leitores um livro coletivo, cuja centralidade é a escola e seu caráter público, comum e de igualdade, mas cuja materialidade só foi possível devido ao trabalho atento, insistente e amoroso de Jorge Larrosa.

Os textos que compõem este livro foram produzidos a partir das atividades de um grande projeto denominado "Elogio da Escola", que aconteceram entre agosto e novembro de 2016, em Florianópolis, ilha de Santa Catarina, no sul do Brasil. Toda a mobilização intensiva em torno de ideias, exercícios e escritas partiu de uma proposição de Larrosa:

> *Elogio.* Do latim *elogium* e do grego *elegeíon.* Com raiz indo-europeia *leg*, remete a uma inscrição, normalmente um dístico, feita sobre uma tumba ou sobre uma imagem com a intenção de louvar ou elogiar o defunto ou o personagem. Daí seu parentesco semântico com "epitáfio" (formada pelo prefixo *epí*, "sobre", e o substantivo *táphos*, "tumba") e etimológico com "elegia" (composição poética, normalmente escrita em dísticos, para lamentar a perda de algo ou de alguém).
>
> *Escola.* Do grego *skholé*, literalmente "tempo livre", traduzido para o latim como *otium*, "ócio". O termo latino

schola designa o lugar ou o estabelecimento público destinado ao ensino. Poderíamos dizer que a palavra *escola* remete, fundamentalmente, ao tempo (livre) e ao espaço (público) dedicado ao estudo.

A ideia então era pensar o lugar da escola, ou melhor, o que compõe uma escola, num mundo que parece se preocupar apenas com sua função ou sua dissolução. Em certa medida, a provocação de Larrosa é esta: elogiar a escola também pode ser *cantar* o seu fim. Ao mesmo tempo, ao nos trazer a raiz e o sentido grego da palavra, nos lança dois pilares fundamentais que perpassam a maior parte dos textos aqui apresentados: tempo livre e espaço público.

Na verdade, esses dois argumentos trabalhados por Jan Masschelein e Maarten Simons, na obra *Em defesa da escola*, fizeram com que esta fosse, ao mesmo tempo, referência e interlocução para todas as atividades propostas neste projeto e que culminaram no livro aqui apresentado.[1]

Não podemos deixar de dizer que a escolha da referida obra não foi aleatória. Em realidade, está calcada justamente em seu caráter aparentemente controverso e contundente. Porém, como afirmam nossos autores, "nós nos recusamos firmemente a endossar a condenação da escola. Ao contrário, defendemos sua absolvição. Acreditamos que é exatamente hoje – em uma época em que muitos condenam a escola como desajeitada à realidade moderna e outros até mesmo parecem querer abandoná-la completamente – que o que a escola é e o que ela faz se torna evidente" (2015, p. 10). Destarte, é fundamentalmente

---

[1] É importante destacar que uma discussão em torno das ideias do livro citado foi realizada num seminário organizado por Inés Dussel, intitulado "Seminario Internacional – El futuro de la escuela: debates en torno a la educación pública", que ocorreu na Cidade do México, nos dias 9 e 10 de outubro de 2014.

nessa recusa que encontramos motivos para insistir em colocar a escola "sobre a mesa", mais uma vez.

Por conseguinte, os vários movimentos realizados no que denominamos *Elogio da Escola* procuraram estabelecer uma leitura atenta da obra por grupos de pessoas interessadas, em diversos momentos e lugares. Nesses espaços-tempos criados – como as Derivas, o Seminário preparatório para o Seminário Internacional, o Ciclo de Cinema, a Exposição sobre um desenho de Escola – foram promovidos debates, exercícios, leituras e escrituras em torno, substancialmente, do que é o "escolar".[2] Tal como propuseram nossos autores em seus escritos, nós nos debruçamos exaustivamente sobre suas "questões": de suspensão, de profanação, de atenção e de mundo, de tecnologia, de igualdade, de amor, de preparação e, finalmente, uma questão de responsabilidade pedagógica. Em suma, os intensos debates e exercícios de pensamento gerados ao longo de todo esse percurso estão aqui impressos.

Assim, na primeira parte deste livro, os autores, de distintas maneiras, versam sobre um "Elogio da Escola", na forma de uma linguagem e uma voz pedagógica (Jan Masschelein e Maarten Simons), de uma vida feita escola (Walter Kohan), de uma precariedade da escola (Inés Dussel) e de uma capacidade de *skholé* (Jorge Larrosa e Marta Venceslao).

Na segunda parte, "Em defesa da escola: notas à margem", o leitor pode acompanhar as proposições feitas aos pedagogos Jan Masschelein e Maarten Simons, em torno de sua obra *Em defesa da escola: uma questão pública*. Os autores respondem aos argumentos desenvolvidos por Inés Dussel, Walter Kohan e Maximiliano López, assumindo o desafio de contestar alguns referenciais da obra citada e, ao mesmo tempo, de elucidar as

---

[2] Programação disponível em: <https://www.elogiodaescolaudesc.com/2016>. Acesso em: 27 ago. 2017.

APRESENTAÇÃO

críticas que fazem com que seu texto provoque reações tão ambíguas. Nesse sentido, a última seção desta parte é composta por dez perguntas formuladas por participantes do curso "A escola: formas, gestos e materialidades", ministrado por Jorge Larrosa. O curso teve como finalidade ler, discutir e propor um diálogo com nossos autores de referência.

Como pensar a escola em sua materialidade e, por conseguinte, como materializar essas formas dá o tom dos escritos em "Exercícios de pensamento sobre a escola", que compõem a terceira parte. No texto "Filmar a escola: teoria da escola", Maximiliano López escreve sobre o filme homônimo, produzido pelo Núcleo de Estudos em Filosofia, Educação e Poética (FEP) da UFJF, sob sua direção. A escola é ali apresentada em imagens em movimento.

Daina Leyton, em "Curar uma exposição sobre a escola: um exercício de pensamento", escreve sobre uma exposição no Museu de Arte Moderna de São Paulo (MAM) com obras de arte escolhidas e outras produzidas com este tema, obras que convidam ao exercício. Ter a escola, e mais especificamente a educação, como matéria-prima.[3]

O último texto dessa parte é coletivo: "Desenhar a escola: um exercício coletivo de pensamento". Jorge, Eduardo, Karen, Luiz, Juliana e Caroline contam ao leitor sobre um intenso exercício de desenhar uma forma para a escola. Através de derivas no espaço urbano, os grupos envolvidos acionaram, sob a orientação de Jorge Larrosa, noções de tempo, espaço, matérias, atividades e tecnologias para esboçar o que cabe numa escola. Por meio de protocolos preestabelecidos e conversações, o grande grupo materializou toda esta proposta

---

[3] Com curadoria conjunta de Felipe Chaimovich, curador do Museu de Arte Moderna de São Paulo (MAM), e Daina Leyton, coordenadora do setor educativo, a exposição *Educação como matéria-prima* aconteceu em 2016 no MAM.

na forma de uma exposição, presente no DVD encartado neste livro.

Na quarta e última parte intitulada "Mirar a escola: uma mostra de cinema", os escritos giram em torno de filmes que trazem a escola, suas formas, sujeitos e situações como *leitmotiv*. A seleção não diz respeito a filmes que falam sobre a escola, ou tão somente sobre temas pedagógicos, não se refere a aspectos educacionais independentes do espaço no qual se articulam, mas a películas que mostram a escola, a colocam em evidência.

O primeiro filme é *Zero de conduta* (1933), de Jean Vigo, cuja trama se passa em um colégio interno. Acompanhamos seu cotidiano até culminar em uma rebelião dos garotos contra o controle dos adultos. David Oubiña, ao afirmar que o filme "é um ensaio poético da liberdade *versus* a autoridade", descreve algumas das características vigorosas de Jean Vigo em seu cinema.

Caroline Jaques Cubas e Karen Christine Rechia se aventuram a cotejar dois documentários catalães, *Elogi de l'escola* (2010) e *Escolta* (2014), ambos filmados no espaço escolar. O interesse das autoras é justamente o de pensar a escola, na escola, sobre a escola, através do cinema.

No texto seguinte, a autora Patrícia de Moraes Lima busca certa topologia das infâncias presentes no espaço institucionalizado da escola, ao analisar o filme *Ser e Ter* (2002), cuja narrativa versa sobre uma pequena escola multisseriada numa cidade rural francesa.

A essas quatro partes soma-se um DVD, que contém o filme de Maximiliano López, *Teoria da Escola*, e os documentários catalães *Elogi de l'escola* (2010), de Cinema en curs e A Bao A Qu, e *Escolta* (2014), de Pablo García Pérez de Lara, constituindo-se uma expressiva trilogia sobre o espaço, o tempo e as materialidades escolares. Somado a essas obras audiovisuais, há um registro da exposição do Museu de Arte

Moderna de São Paulo (MAM), *A educação como matéria-prima*, e do processo da exposição das derivas urbanas intituladas *Desenhar a escola: um exercício coletivo de pensamento*, em Florianópolis, expostas no Museu da Escola Catarinense (MESC) e realizadas no Instituto de Documentação e Investigação em Ciências Humanas (IDCH) do Centro de Ciências Humanas e da Educação (FAED/UDESC). Por fim, afirmamos que a ideia de elogio é diferente da de defesa, celebração, ou apologia da escola. Tomamos elogio no sentido grego de mostrar o que é, ou seja, de mostrar as virtudes da escola. O leitor por certo perceberá que os textos, filmes e exercícios não buscam idealizá-la, mas tão somente mostrá-la. Asseguramos, assim, que a escola segue existindo a cada vez que é apresentada, pois, como enuncia nossa epígrafe, "a arte de apresentar não é apenas a arte de tornar algo conhecido; é a arte de fazer algo existir". De certa maneira, na sua "forma", a escola é mais potente que em sua "função".

Referência

MASSCHELEIN, J.; SIMONS, M. *Em defesa da escola: uma questão pública.* Tradução de Cristina Antunes. 2. ed. 1. reimp. Belo Horizonte: Autêntica, 2015. (Coleção Educação: Experiência e Sentido.)

Primeira parte

ELOGIO DA ESCOLA

A língua da escola: alienante ou emancipadora?[1]

Jan Masschelein, Maarten Simons
Tradução: *Fernando Coelho*

Em defesa de nossa defesa

Poderia soar ultrapassado ou arrogante, conservador e, para alguns, agressivamente neocolonial tentar defender a escola como afirmamos no título do nosso pequeno livro, publicado em português como *Em defesa da escola: uma questão pública*, em 2014. De fato, em diversos lugares pelo mundo (incluindo o contexto brasileiro e, de modo mais amplo, o sul-americano) a escola tem sido acusada de ser um maquinário normalizador, colonizador e alienante, que impõe, estabelece e reproduz mais ou menos violentamente certa ordem social (com frequência a de um Estado-nação), na qual a língua certamente desempenha um papel central. Com efeito, a língua da escola é uma questão que não tratamos em nossa defesa, mas tencionamos realizar uma tentativa muito preliminar, sem prevenções e indubitavelmente muito discutível, de lidar

---

[1] Uma versão inicial deste texto foi publicada em inglês no livro *O ato de educar numa língua ainda por ser escrita* (Rio de Janeiro: NEFI, 2016) e em português, em versão diferente e com outra tradução, na revista *Childhood & Philosophy* (Rio de Janeiro: UERJ, v. 13, n. 27, maio-ago. 2017).

com ela nesta contribuição. Contudo, queremos lembrar explicitamente que não pretendemos defender a escola como uma instituição do Estado. Quisemos e ainda queremos tirar a escola das mãos daqueles que a confundem com todos os tipos de mecanismos manipuladores e institucionalizantes. Não ignoramos nem trivializamos esses mecanismos – de modo nenhum –, mas pensamos que é mais justo falar *educacionalmente* e de modo apreciativo sobre a escola em primeiro lugar. Nossa ambição foi articular as experiências escolares, não as experiências institucionalizadas que com frequência são mobilizadas para atacar a escola (ver também o capítulo "Experiências escolares: uma tentativa de encontrar uma voz pedagógica", neste volume). Mas para deixarmos claro desde o início, queremos enfatizar que a escola, assim como a democracia, é uma invenção (igualmente surgida na Grécia Antiga e talvez ainda mais radical do que a própria invenção da democracia), e como tal nada tem a ver com o tipo de aprendizagem natural ou informal que é frequentemente (implícita ou implicitamente) adorada por aqueles que se opõem a formas institucionalizadas (ou "artificiais") de aprendizagem.

Na verdade, presumimos que a nossa análise explícita das acusações dirigidas à escola e a extensa atenção que demos a todos os tipos de domesticação da escola sejam suficientes para certificar o leitor do livro de que somos conscientes da maior parte das críticas (incluindo-se a feita por radicais desescolarizadores como Ivan Illich) que têm sido, com frequência e corretamente, dirigidas à escola. Esperamos que isso ajude o leitor, pelo menos por um momento, a desfazer a forte inclinação (muito comum e de fato assaz acrítica) de recolocar em cena todas aquelas frustrações bem conhecidas e facilmente reconhecíveis que dizem respeito à escola (que é enfadonha, disciplinadora, formal, "morta", não relacionada ao mundo da vida, excludente, etc.). Convidamos o leitor a acompanhar-nos em nosso esforço de explorar o que faz da escola uma escola a partir de *um ponto de vista educacional*. Esse não é um ponto de vista sociológico em termos de funções, nem filosófico em termos de ideias ou propósitos, nem psicológico em termos de desenvolvimento, nem ético em termos de valores, normas ou relações interpessoais, nem ainda político em termos de luta ou interesses. É um ponto de vista educacional em termos das operações efetivas e reais realizadas por um arranjo particular de pessoas, tempo, espaço e matéria. Essas operações são emancipadoras em si mesmas (se a escola não estiver domesticada).

Resumindo a escola

Resumamos brevemente essas operações, uma vez que deveremos tê-las presentes ao tratar da questão da língua escolar: (1) a operação de considerar cada um como "estudante" ou "aluno", isto é, *suspendendo*, não destruindo, os laços de família e do Estado ou de qualquer comunidade "fechada" ou definida; (2) a operação de suspensão, isto é, de colocar *temporariamente* fora do efeito da ordem ou do uso habitual de coisas; (3) a operação de *criar* "tempo livre", isto é, a materialização ou espacialização do que os gregos chamavam de *skholé*: o tempo para o estudo e o exercício; (4) a operação de fazer (conhecimento, práticas) públicas e colocar (a elas) sobre a mesa (o que também poderia ser chamado de profanação); (5) a operação de tornar "atento" ou de formar uma atenção que se apoie em um duplo "amor", tanto pelo mundo como pela nova geração, e em práticas disciplinadoras,[2] para tornar a atenção e a renovação possíveis. A escola (como

---

[2] Esta disciplina não tem a ver com a normalização de corpos e práticas, mas com a capacitação da atenção e a obtenção de uma forma que permita cuidar. Poder-se-ia pensar na disciplina do atleta para manter o seu corpo (e mente) em boa forma.

forma pedagógica) consiste, então, em uma associação de pessoas e coisas como um modo de lidar com, prestar atenção a, cuidar de alguma coisa – obter e estar em sua companhia – na qual esse cuidado implica estruturalmente uma exposição. A escola nesse sentido, isto é, como forma pedagógica, não está orientada para nem domesticada por uma utopia política, nem ainda por uma ideia normativa de pessoa, mas é *em si mesma* a materialização de uma crença utópica: *cada um pode aprender tudo*. Essa crença não é, a nosso ver, um tipo de objetivo ou alvo (projeto no futuro), mas o ponto de partida. Há claramente outros pontos de partida possíveis quando se fala de aprendizagem (por ex., certos estudantes deveriam *a priori* ser excluídos de algumas matérias; a habilidade natural é um critério decisivo para decidir sobre quando e o que aprender). A escola, para nós, torna possível o "cada um pode", por um lado, e o "tudo", por outro. Em outras palavras, em vez de pensar como uma escola utópica ou um sistema educacional utópico seriam (como muitas vezes é o caso), sugerimos olhar para a escola em si mesma, e através do que ela faz por meio da sua forma pedagógica, como a materialização da ideia utópica de que *cada um* pode aprender *tudo*. O que a forma escolar faz (se funciona como uma escola!) é o duplo movimento de trazer alguém para uma posição de ser capaz (e portanto transformar alguém em um aluno ou estudante), o que é ao mesmo tempo uma exposição a algo de fora (e assim um ato de apresentação e exposição do mundo).

Ademais, como já afirmamos acima, somos conscientes de como, desde a sua origem até os dias de hoje, a "escola" como forma pedagógica esteve sujeita a todos os tipos de táticas e estratégias, mais ou menos efetivas, para neutralizar, recuperar, instrumentalizar ou domesticá-la, significando que o que é chamado de escola muitas vezes não é escolar em absoluto. E como hoje, em parte por causa dos desenvolvimentos das TICs (isto é, aprendizagem digital), se chega a dizer que a escola em breve desaparecerá. E, claro, nossa defesa da escola não menosprezou as críticas devastadoras e profundas contra a escola como sendo algo como uma prisão, como um maquinário subjugador, opressivo, colonizador, bancário, ou como uma tecnologia antiquada de poder. Entretanto, não quisemos sustentar que a escola como a conhecemos hoje, enquanto instituição ou organização, é escolar no sentido em que tentamos elaborar. Mas acreditávamos e ainda acreditamos que vale a pena tentar desenterrar as operações radicais e revolucionárias da escola como uma prática e um arranjo *pedagógicos* para tornar coisas públicas e para reunir pessoas e o mundo, os quais surgiram na Grécia.

Sustentamos, com efeito, que exatamente como os gregos inventaram um modo particular de lidar com a vida em comunidade, o qual é chamado de democracia (e que provocou, é certo, grandes questões e debates acerca de sua "essência", sua "desejabilidade", sua "efetividade", desde o início), eles também inventaram um modo particular de lidar com o mundo comum em relação às novas gerações. Isto não é socialização ou iniciação, mas precisamente educação escolar, ou seja, tirar a nova geração de (qualquer) família e colocá-la na escola. A escola é em primeiro lugar e primordialmente um arranjo particular de tempo, espaço e matéria em que os jovens são colocados em companhia de (alguma coisa de) o mundo de um modo específico. Tentamos explorar aquilo em que consiste essa invenção educacional, não para idealizar o passado (não se trata de modo algum de romantizar a escola), ou pior, para retornar ao passado (restaurando a escola tradicional). A razão pela qual assumimos essa abordagem é que pensamos que ainda vale a pena lidar com o futuro do nosso mundo e das gerações vindouras nesse modo *pedagógico* que chamamos escola. Embora, exatamente como com a democracia, permaneça a questão que deve ser discutida e que merece a nossa atenção (isto é, uma questão pública). Muitas das acusações dirigidas à escola parecem ser a articulação de um desprezo total a quase todos que estão envolvidos com a educação.

Há muitas versões desse olhar de reprovação para a educação, variando desde a acusação frequente de que o ensino não é um verdadeiro trabalho, até a de que a pesquisa educacional não é uma pesquisa verdadeira, ou ainda que a teoria e a filosofia da educação são marginais. A nosso ver, esse desprezo de fato exprime como a sociedade lida com o que é imaturo, com *menores*, e que se aceita e se protege sempre a ideia de que estar envolvido em assuntos sérios exige um tipo de maturidade ou que se seja adulto. Não há sempre um medo profundo que motiva esse tipo de atitude? Resulta do reconhecimento de que a geração vindoura de fato se torne a nova geração, e questiona direta ou indiretamente o que os adultos valorizam e assumem como dado. Em nosso livro *Em defesa da escola*, corremos o risco de usar a noção de escola como a configuração de espaço-tempo sempre artificial que torna essa experiência educacional radical possível, ao invés de usar o conceito para o que torna essa experiência impossível. Na realidade, pensamos que é nosso dever como teóricos da educação tirar o conceito de escola das mãos daqueles que o usam apenas para expressar frustrações *ou* expectativas políticas, econômicas e éticas (isto é, para instrumentalizá-lo em relação a ideais ou projetos políticos ou éticos). Se a escola não satisfaz as expectativas de alguém, não é também por que os jovens (às vezes) não satisfazem expectativas, não cabendo, portanto, ou não querendo caber na imagem que temos em mente para eles? Se é esse o caso, tudo isto é acerca do medo da escola, na medida em que a escola remete ao tempo e ao espaço que começam a partir da pressuposição de que seres humanos não têm um destino (natural, social ou cultural, etc.), e que portanto devem ter a oportunidade de encontrar o seu próprio destino. Queremos reservar o conceito de escola para essa simples mas abrangente pressuposição. E a desescolarização, para nós, tem a ver com a pressuposição inversa de que a sociedade tem que impor um destino para os jovens através do desenvolvimento do que chama de seus "talentos naturais", através da projeção de uma imagem predefinida da pessoa educada, do verdadeiro cidadão, do eterno aprendiz e assim por diante.

Exercícios para a familiarização

Sugeriu-se que ao defendermos a escola estamos olhando para o passado de um modo idealizado, com nossas costas voltadas para o futuro e sem notarmos os cruciais desenvolvimentos históricos, os desafios atuais e outras conceitualizações úteis. Não estamos seguros disso. Temos nós outros a experiência de viver no presente e de tentar nos abrir para o futuro pela intervenção em conceitualizações atuais da escola incluindo narrativas históricas (da crescente normalização, da educacionalização, etc.), que são parte das nossas conceitualizações. Nesse sentido, nosso livro talvez seja uma contranarrativa. Ou para continuar numa linguagem foucaultiana: o livro não tem em vista uma ontologia crítica, mas criativa, do presente, e a história não é usada para "desfamiliarizar" através da advertência de como a educação escolar é de fato opressiva devido aos poderes políticos, econômicos ou outros, mas para "familiarizar" pela lembrança do que a escola torna possível, e isso também devido ao fato de termos sido jovens.

A fim de esclarecer ainda mais o que tencionávamos e estamos tentando fazer, e o que estamos defendendo e julgamos muito digno de defesa – e que não é nem o "ensino" nem a "aprendizagem", mas a "escola" –, queremos aproveitar esta oportunidade para abordar de um modo "familiarizador" a questão realmente difícil e desafiadora da língua da escola. Uma questão que surgiu com força em discussões que tivemos sobre o nosso livro no Brasil durante os dois últimos anos, mas que é agora muito debatida em nosso próprio país em relação a questões de migração (incluindo a chegada de refugiados) e de identidade (nacional). Trata-se de uma questão que está enfática e talvez também paradigmaticamente presente em Bruxelas, não somente capital da Bélgica (com suas três línguas oficiais) e da "Europa" ("reconhecendo" todas as línguas "nacionais" dos seus Estados-membros), mas também em outro sentido um ambiente urbano extremamente multicultural e multilinguístico (mais de 110 línguas são faladas nessa cidade). A questão da língua da escola é, claro, também uma questão que já tem recebido muita atenção de teóricos e críticos que lidam com a "escola" no que diz respeito a questões sociais tais como o (neo)colonialismo, a justiça e a equidade. Algumas das análises são famosas e influentes. Por exemplo, a análise sociolinguística de Basil Bernstein (1971), que faz uma distinção entre o uso de um código restrito e de um elaborado, sugerindo uma clara relação de classe social; uma análise que Pierre Bourdieu e Jean-Claude Passeron (1970) sustentaram, embora dentro de um contexto teórico diverso; o ataque incisivo de Ivan Illich contra o modo pelo qual várias autoridades políticas impuseram uma língua "nacional" através da desvalorização de línguas vernáculas (1981/2009). E, sem dúvida, a crítica de Paulo Freire ao modo pelo qual as "palavras" (língua) do grupo social dominante (os opressores) não só alienam os oprimidos de suas experiências, mas também funcionam como um mecanismo para instalar e reproduzir uma ordem social injusta existente (1968/1970).

Embora reconheçamos a importância dessas análises – e voltaremos a algumas delas –, em nossa contribuição tentaremos oferecer algumas reflexões em uma perspectiva diferente. Deveríamos também afirmar desde o início que não temos uma resposta clara e definida, e portanto não construiremos um argumento sistemático, mas queremos oferecer algumas reflexões em forma de sugestões, hipóteses e possíveis consequências. Essas reflexões não pretendem estabelecer a questão da língua na escola, mas abrir (ou apenas iniciar!) outra abordagem para essa questão, a qual chamamos de um alinhamento estritamente pedagógico com o que havíamos indicado: pensar sobre a língua a partir (de exigências) da escola (e não do indivíduo, da família, da sociedade) como um arranjo para oferecer aos "menores" (e talvez também minorias) ao mesmo tempo a oportunidade de encontrar ou definir o seu próprio destino (isto é, tornarem-se alunos ou estudantes) e para questionar direta ou indiretamente o que os "adultos" (ou outras maiorias) valorizam e lhes apresentam. Talvez isso possa ajudar a pensar sobre a questão da língua em uma perspectiva que não é *imediatamente* ocupada por considerações políticas, sociológicas ou psicológicas externas, que não implica de modo nenhum que estas não sejam importantes. Esperamos que uma abordagem pedagógica da língua escolar possa esclarecer como a educação escolar é intrinsecamente política (de uma perspectiva interna), embora não no sentido de ser instrumental para objetivos políticos predefinidos fora da escola.

Avançar além dessas considerações políticas externas e abordar a questão da língua da escola em uma perspectiva pedagógica são o verdadeiro desafio que temos que enfrentar. Contudo, mais uma vez, parece que é impossível discutir a língua da escola sem entrar imediatamente em uma discussão política, sofrendo a acusação de sempre assumir previamente uma posição política. Não queremos desconsiderar a política nas questões linguísticas envolvidas, mas ao introduzir uma perspectiva pedagógica sobre a língua da escola esperamos que se torne possível olhar para a política da língua da escola sob outro prisma. A hipótese pedagógica que elaboraremos pode ser reformulada como segue: a língua da escola é sempre uma língua artificial, uma vez que deve abordar, por um lado, a próxima geração como a nova geração e, por outro, deve tentar transformar os "objetos" (algo do mundo) em assuntos escolares. A educação escolar "exige", por assim dizer, uma língua particular por razões pedagógicas. O resultado é que somente na escola, enquanto se é exposto à língua artificial da escola, algo como uma língua materna (a língua falada em casa ou em uma comunidade local) e uma língua paterna (a língua oficial, institucionalizada e/ou do Estado), assim como a sua relação (potencialmente conflituosa), se tornam uma questão. Provavelmente essas "línguas" precedem à língua da escola, mas é a escolarização que transforma a sua existência e a sua relação em uma questão. Por essa razão, nossas reflexões tentarão levar em conta algumas observações que têm sido feitas em relação à língua "materna" e "paterna".[3] Entretanto, tentaremos indicar por que e em que sentido poderíamos dizer que a língua da escola é de fato a língua das crianças (ou talvez melhor: a do aluno ou estudante) e a língua dos poetas e por que isto implica uma crise ou interrupção radical da lógica (edípica) de qualquer família (incluindo a "nacional", "nativa" e "científica", etc.).[4]

---

[3] Essas noções podem ser tomadas de diferentes modos, e as tomamos aqui em referência à língua (possivelmente línguas no plural) falada em casa, a língua materna, e a língua oficial (possivelmente também no plural), a língua paterna. Esse uso dos termos é diferente, por ex., de Thoreau, para quem a língua paterna se refere à língua escrita (literária) (ver STANDISH, 2006), ou, por ex., Illich, que não usa a noção de língua paterna, mas diferencia a língua vernácula da língua materna (ILLICH, 1981/2009). A língua materna é a língua artificial imposta pelo Estado como a oficial.

[4] Com isso queremos dizer que com frequência abordamos a escola de um ponto de vista da família (quer no sentido da família privada, quer no sentido da nacional) como um lugar em que a busca de identidade, o complexo ou a luta identitária entre pai e mãe acontece. Contudo, sustentamos que a escola, em que cada um se torna aluno como qualquer outro (e lembramos que um dos principais significados da palavra latina

A língua da escola: um caso de amor

Talvez seja importante, em primeiro lugar, esclarecer mais detalhadamente o que temos em mente quando nos referimos à língua da escola. Pode significar pelo menos duas coisas. Primeiro, o que é frequentemente chamado de língua de instrução ou comunicação, e portanto a língua comum em que ou através da qual os estudantes aprendem. Segundo, há a língua, ou com frequência as línguas, que os estudantes aprendem (a falar, escrever...) na escola ou que eles/elas aprendem ou estudam durante o tempo escolar. Nosso foco recai sobretudo no primeiro significado, ou seja, a língua que é parte de práticas pedagógicas nas escolas. Como foi anunciado antes, formularemos a hipótese de que esta língua é sempre artificial, que não é uma língua "natural" (não vernácula ou nativa), nem um tipo de língua "sagrada", que é conservada ou protegida por uma autoridade qualquer. Ser a língua artificial significa que é sempre algo "feito". Para dizê-lo sem rodeios: ninguém de fato fala a "língua da escola" em casa ou no trabalho (com exceção do professor). Quando deixam a família e entram na escola, os estudantes confrontam-se frequentemente com a língua que difere da que eles/elas estão acostumados a falar. A língua falada em casa pode ser uma língua completamente diferente, ou um tipo de dialeto. Neste ponto, avançaremos enfaticamente que a diferença entre dialetos e línguas realmente diferentes não é a questão principal aqui, o que importa é que a língua da escola sempre é diferente daquela falada, por assim dizer, "antes" da escola. Mas a língua falada na escola também é diferente da língua (ou línguas) faladas "depois"

"pupillus" é "órfão") interrompe essa lógica edípica dentro de qualquer família.

da escola. Estas podem ser dialetos, mas também línguas institucionalizadas e protegidas ou "oficializadas" de uma comunidade ou país. Certamente, a língua da escola tem conexões com essas outras línguas, mas é sempre uma língua transformada, modificada.

Levando em conta as características típicas da escola como forma pedagógica, e considerando a escola como parte de um arranjo escolar pedagógico, há pelo menos duas razões pelas quais a língua da escola é artificial, ou mais precisamente: duas operações pedagógicas que fazem a língua da escola.

A primeira é que a escola é o lugar em que a matéria (assunto) deixa uma marca na língua. Tome o exemplo do professor de física, história ou matemática. Uma língua específica – no caso extremo de uma língua altamente formalizada ou simbólica – é necessária para que o mundo (da física, da história, da matemática) se torne um objeto de estudo. Não se trata apenas do fato de que algumas palavras não fazem parte (ainda) do vocabulário utilizado na família ou na comunidade local. Não é apenas que a língua da escola seja mais formal. Talvez isso tudo seja o caso. A principal questão aqui não é apenas a diferença entre o código restrito e elaborado que esconde diferenças de classe, como mencionou Bernstein (1971). O que queremos enfatizar é que a língua da escola é sempre parcialmente marcada ou mesmo coconstruída pela matéria. E por essa razão é sempre uma língua que é de algum modo "esvaziada" ou "limpada" de todos os tipos de imposições ou associações (culturais, sociais, políticas...), e exatamente porque é usada para apresentar o mundo aos/às estudantes, ela quer nomear o mundo sem já cercá-lo.[5] Não há língua completamente

---

[5] Nesse contexto, temos que nos referir explicitamente a Paulo Freire, que no terceiro capítulo do seu livro *Pedagogia do oprimido* afirma que palavras "reais" são sempre ação no mesmo momento (sem ser ativismo), elas são ações sobre o mundo, o que em nosso entendimento implica que como

neutra, mas a língua na escola – pelo menos no momento em que contribui para "fazer" a escola – é exitosa em nomear o mundo (e trazer algo para o primeiro plano) sem qualquer dos tipos de imposições e reivindicações de predomínio.

A segunda razão para o caráter artificial da língua das escolas é que nas escolas – pelo menos no sentido em que usamos a palavra escola – fala-se à nova geração e ela é convidada a deixar o seu mundo da vida. Consiste na exposição e na reunião de jovens em torno de uma matéria (assunto) de preocupação. Em outras palavras, é uma língua que deveria ter a força de reunir e expor de tal modo que os jovens fossem colocados na "(ex-)posição" na qual se tornam estudantes, e assim fossem capazes de começar a dar sentido, eles próprios, ao mundo e fossem capazes também de "formar" a si próprios pela prática e o estudo, pelas habilidades e o conhecimento. Como tal, essa língua está convidando a falar, e portanto também é sempre uma língua que pode alcançar, que pode ser esticada, que pode ser mudada sem muitas consequências. Em certo sentido, é um tipo de língua poética: pode ser dirigida a qualquer pessoa, e embora convide e mostre, não impõe necessariamente expectativas. A língua da escola é aqui uma língua que permite à próxima geração tornar-se de fato a nova geração, sendo portanto uma língua que não é reivindicada pelos professores (ou outros), mas uma língua de palavras que podem ser dadas (ou distribuídas).

Reunindo ambos os aspectos, e valendo-nos das ideias de Hannah Arendt, afirmamos que a língua da escola é um

---

palavras elas não são apropriadas. Elas nomeiam o mundo e ao fazer isso podem transformar o mundo. E as mesmas palavras (por ex., a capital do Pará é Belém) podem ser ditas como palavras reais (ou seja, quando essas palavras obtêm significado ou vêm à vida mas também podem receber novos significados) ou como palavras alienantes (quando elas são apenas conhecimento morto).

tipo (estranho) de língua amorosa que põe em cena o amor combinado pelo mundo e pela nova geração. É uma língua de nomeação (sem interdição), de convite (sem interpelação), para fazer algo (matéria) falar (sem silenciar os estudantes), para dar palavras (sem impor definições fechadas ou pedir retorno) de hiperfuncionalidade (exatamente por remover funções *específicas*). Provavelmente isto também explica que a língua da escola está muitas vezes próxima da língua dos "poetas", por um lado (língua para nomear, convidar, inspirar, fazer falar),[6] e da língua da ciência ou da língua acadêmica (uma língua altamente funcional e abstrata), por outro lado, pois ambas são línguas que também são trabalhadas ou feitas (não sendo a língua nativa de ninguém). Mas essas línguas são ao mesmo tempo muito diferentes da língua da escola. Não se trata apenas de alcançar o mundo, mas também a próxima geração. Aqui, provavelmente, a repisada observação (como reclamação) de que o professor é "artificial e afetado"

---

[6] Como parêntese, é interessante notar que se atribui aos sofistas, – aos quais devemos a primeira articulação da crença em que seres humanos têm que encontrar o seu próprio destino, e nesse sentido eles se relacionam com o surgimento da "escola" –, o fato de terem continuado a tradição dos poetas gregos, que não estavam a serviço de Apolo, o deus da sabedoria, mas recebiam a sua língua de Mnemosine, a deusa da memória, e suas filhas, as Musas, que antes de tudo dizem e lembram "estórias", comunicam o seu entusiasmo e inspiram – e não impõem – "significado", e nesse sentido podem contribuir para "formar" pessoas ou permitir que se formem a si mesmas. Essa formação implica crucialmente a memória e a apresentação. É revelador o fato de que, para que o contador de estórias orais memorizasse o conteúdo, os poemas contivessem muita repetição e epítetos formulares para manter a estrutura de hexâmetro. Eles eram, podemos dizer, gramaticalizados. E podemos lembrar que a *Ilíada* e a *Odisseia* foram transmitidas em dialeto grego épico, que é um dialeto puramente literário, que combina vocabulário e mesmo formas gramaticais de vários dialetos gregos. Ninguém nunca falou épico como a sua língua nativa. A partir disso podemos dizer, com efeito, que a língua da escola é de certo modo a língua de "poetas", que nunca é "nativa" e é sempre crucialmente artificial (ou ainda ficcional, isto é, "feita").

demais ou "acadêmico" demais no seu linguajar. Mas isto poderia explicar também por que a língua da escola é ao mesmo tempo também uma língua algo familiar, ou seja, que alcança a vida familiar e o mundo da vida dos estudantes. Mas, novamente, não é a língua "deles", e quando a língua da escola desejasse tornar-se a língua deles, seria difícil alcançar o mundo (além do seu mundo da vida). Seria difícil fazer uma exposição e dar ao mundo a oportunidade (de objetar, tocar...). Poder-se-ia dizer que essa língua dentro do arranjo escolar – e quando de fato funciona como arranjo escolar – é um (puro) meio de comunicação, ou talvez mais precisamente, um meio de comunicação.

Deve estar claro que a nosso ver a questão sobre a língua da escola relaciona-se, na verdade, com a questão óbvia de como as gerações podem se comunicar. Contudo, é importante sermos mais precisos acerca disso. A questão das gerações, em nossa visão pedagógica, *não* se refere a uma questão de idade ou de tempo que implica a pressuposição de que as gerações são dadas e evoluem (como um tipo de lei da natureza). As gerações são sempre feitas, e elas vêm à existência como o resultado do ato de colocar algo sobre a mesa e libertá-lo. Elas não preexistem a esse ato escolar. O ato escolar torna possível uma nova geração, e isso implica que a língua da escola seja artificial, e de fato nunca possa ser possuída, mas aberta para uso livre. Se é esse o caso, deveríamos evitar fazer da questão da língua da escola *rápido demais* uma questão política de línguas de minoria e de maioria, ou de línguas oficiais e aquelas que não são oficialmente reconhecidas ou protegidas. A língua na escola – e novamente temos de enfatizar: se funciona como língua da escola – nunca pode ser apenas uma língua de maioria (nem de uma minoria). Claramente, a língua da escola é frequentemente a língua da maioria, ou muito próximo da sua língua, mas não é (mais) a *sua* língua.

Explorando as consequências de uma hipótese

Os esboços anteriores e breves devem ser suficientes para – esperamos – formular a nossa hipótese: a língua da escola é sempre uma língua artificial (purificada, funcionalizada...) que permite à próxima geração nomear o mundo e, enquanto o faz, torna-se a nova geração. Essa hipótese também pode ser formulada de um modo mais radical: não importa qual língua é falada na escola, mas quando uma língua se torna uma língua de escola, a escola impõe certas operações sobre a língua para poder atuar como uma escola. Esperamos que a hipótese tenha alguma credibilidade no sentido de estarmos preparados para pensar além com base nesse delineamento e explorar as suas consequências. Mas esta é uma hipótese real para nós, no sentido de que não estamos certos (ainda) se essas consequências podem sustentar a hipótese ou miná-la completamente.

Uma consequência – e de certo modo assaz radical – seria não apenas que a língua da escola é uma língua artificial, mas também que a língua falada na escola é bastante arbitrária e parcialmente acidental. É arbitrária sob a condição de que as ligações (e as expectativas relacionadas a essas ligações) com a língua materna ou paterna sejam suspensas. Para reformular essa afirmação: a língua da escola sempre vem de algum lugar (e é provável que venha em muitos casos por imposição ou outros jogos de poder mais ou menos abertos), mas a sua genealogia (e obrigações de família – em relação à mãe/lar ou pai/nação) deveria ser suspensa a fim de oferecer à próxima geração a educação escolar. A língua da escola é de certo modo uma escolha arbitrária, mas uma escolha que impõe responsabilidades pedagógicas específicas que exploraremos na próxima consequência. Há um elemento adicional aqui: de fato, uma vez que a escola tem a ver com a possiblidade de se relacionar com aquilo que define a vida de alguém (isto é, tem a ver com emancipação) e não apenas com estar imerso ou cercado por isso, a escola sempre deveria, pelo menos, incluir a profanação da língua materna (ou língua da família). O que significaria, por exemplo, que, para uma família árabe viver em Bruxelas, a língua árabe deveria estar presente na escola, mas como uma matéria do modo como indicamos anteriormente.

A segunda consequência é que uma vez que a língua da escola é uma língua que não é (ainda) falada pelos estudantes (em graus variáveis), é responsabilidade da escola – por amor à próxima geração – ensinar ou fazê-los aprender a língua da escola. Para dizê-lo de modo mais direto: esta é de fato uma questão de dialeto, e dever-se-ia tomar cuidado para não transformá-la *rápido demais* em uma questão cultural, social ou política. Ao ter (ou "decidir" sobre) uma língua escolar particular, diferentes estudantes (de diferentes origens) são colocados imediatamente em um começo ou posição inicial, e a escola tem de compensar e remediar esse fato. Novamente, sugerimos ver essa questão não imediatamente em termos de atos de imposição cultural ou como uma questão de raciocínio deficitário ou "tratamento" imposto. Essas categorias (críticas) só fazem sentido se a língua da escola é abordada em termos de minoria e maioria, língua oficial ou da família. Como se esclareceu antes, preferimos considerá-la algo intergeracional e artificial, e portanto a questão talvez seja primordialmente "didática" (ou seja, como compensar a diferença em uma situação inicial?).

A terceira consequência talvez seja a de que na educação escolar a língua paterna ou materna é a um só tempo transformada em uma matéria. E nesse sentido também se torna a língua que começa a gaguejar, a hesitar, a despedaçar-se, é analisada, invertida, recomposta, recriada – a língua do estudante/criança. Novamente, devemos ser mais precisos em relação a isso. A existência da língua escolar artificial, e ao ser confrontado com ela, faz algo aparecer como língua materna ou língua paterna (semelhantemente à ideia de que a existência da escola transforma a sociedade em uma questão de preocupação). Talvez essa seja a primeira responsabilidade em relação à próxima geração: gramaticalizar a língua paterna ou materna, e permitir que a língua se torne um objeto de estudo, isto é, algo com que se relacionar (ao invés de se estar completamente absorvido ou imerso nela).

Isso implica, primeiramente, que a língua deve estar "disponível" ou ser "dada" de alguma maneira, deve ser representada ou deve ser possível tê-la à mão, por assim dizer (para consumi-la repetidamente). Portanto, a língua tem que ser gramaticalizada primeiramente no sentido de que deve ser "escrita" (tomado em sentido amplo). Significa que não podemos ter escola sem escrita. Escrever torna possível voltar ao que é dito, ao que é conhecido, arquivá-lo, passar para frente, analisá-lo como um "objeto", retomá-lo, etc. Em segundo lugar, a gramaticalização refere-se também à gramática não apenas em sentido estrito, mas de modo mais amplo à externalização e materialização do que permanece costumeiramente cercado (os elementos básicos, princípios, regras, definições...). "Naturalmente" não se encontrará a língua transformada em letras/cartas que são encontradas no alfabeto ou na caixa do correio. Sem essa gramaticalização do "natural" privamos as crianças de se relacionarem com o mundo e com o que as definem em grande medida (isto é, precisamente a língua). Portanto, há de fato uma diferença entre "aprender fazendo" e a "aprendizagem escolar". Ainda que, realmente, as gramáticas sejam frequentemente chatas e muito inúteis em termos de uso imediato, é o conhecimento das gramáticas (em sentido amplo) que permite que não fiquemos apenas absorvidos ou trancados em nosso próprio mundo da vida.[7] Podemos

---

[7] E pensamos aqui também que estamos muito perto da prática educacional real à qual Paulo Freire deu forma. De fato, ela tinha a ver com a *alfabetização*

também reformular isto como segue: se a escola afirma que o português ou o holandês é a língua da escola, deve reconhecer não apenas que é a "escola portuguesa" ou a "escola holandesa" (como uma língua materna ou paterna), mas ao mesmo tempo permitir que os estudantes se relacionem com a sua língua materna ou paterna.

A quarta consequência é que a escola tem que oferecer sempre mais do que uma língua a ser aprendida e estudada como matéria. Esta é de fato uma maneira poderosa (a única?) de contribuir para a profanação da comunicação, ou seja, permitir aos jovens a experiência da habilidade/potencialidade de comunicar e a habilidade/potencialidade de traduzir. Mais línguas ajudam a impedir que a língua da escola se transforme em uma ferramenta para batizar a nova geração. Aqui devemos ter presente que essas línguas também se tornam um objeto de "estudo" (não apenas prática). Ou dito de outra forma: na escola pelo menos duas línguas devem ser gramaticalizadas para permitir a experiência crucial da "traduzibilidade", a experiência de estar-no-meio ou, como Michel Serres afirma, na dobra do dicionário. Em *The Troubadour of Knowledge*, Serres (1997) exprime a sua profunda gratidão por ter sido forçado, uma vez que era canhoto, a aprender a escrever com a mão direita na escola. Ele se tornou um "canhoto frustrado", ou melhor, uma "metade completada" ("corpo completado") que fez a experiência da "mão em si

---

em termos de escrita (e leitura) como uma gramaticalização do mundo da vida. Especialmente se olhamos para as velhas imagens dessa prática, pensamos que o que se pode ver é como o mundo da vida "natural" se torna "escrito" para poder relacionar-se com ele em vez de ficar aprisionado nele. Aqui podemos encontrar a força emancipadora ou política da escola no sentido desenvolvido acima. Uma força política que não é derivada do fato de que seria instrumental para um projeto político particular concebido ou pretendido por outros, mas que está internamente relacionado com a prática que permite uma distância através das operações escolares reais (incluindo gramaticalização e baseando-se no amor do qual falamos acima).

mesma" (*handiness*) como tal, e diz que esse foi, contrariamente ao que "nós" esperaríamos hoje, o mais revolucionário evento da sua vida. Disso podemos concluir que a escola tem a ver com a força que nos puxa da nossa "direção natural", que nos força a atravessar o rio e deixar o nosso ninho. Põe em movimento uma mutação (incluindo sofrimento, mas também alegria) sem a qual, segundo Serres, nenhum aprendizado real pode acontecer. Retornando a essa mutação, essa "viagem das crianças" (que é "o significado nu da palavra grega *pedagogia*"), ele usa a imagem de alguém que está nadando através de um rio, deixando uma margem na qual está (ou pertence), por ex., uma língua – digamos, o português – para chegar à outra margem em que ele se recoloca (ou pertence), por ex., outra língua – digamos, o inglês. Contudo, Serres insiste para que não esqueçamos o nado e o rio no meio ou o meio como rio: "[...] no meio da travessia, até mesmo o chão está faltando; qualquer sentido de pertença, de apoio desparece" (SERRES, 1997, p. 5). Atravessando o rio chega-se à outra margem em que a outra língua é falada, mas se passa através de um "terceiro mundo" que "não tem direção a partir da qual encontrar todas as direções" (p. 7). Passar um limiar sem (uma) referência (ou em que todas as referências são abandonadas, ou estar igualmente longe), ser muito sensível: "tempo e lugar de extrema atenção", "não ser nada a não ser potencial" (p. 25). Agora, não se fala simplesmente duas línguas, passa-se "incessantemente através da dobra do dicionário", "habitando ambas as margens e espreitando o meio [...] do qual partem vinte ou cem mil direções" (p. 6). Assim, aprender outra língua, passar a dobra do dicionário, como viagem *pedagógica*, permite essa experiência de traduzibilidade – que talvez envolva sempre também a experiência do que é "ter" uma língua.

A quinta e última consequência que queremos sublinhar muito brevemente é a de que domesticar a língua da escola (através da imposição de línguas oficiais ou de outras maiorias) talvez seja também uma (e a primeira) maneira muito efetiva de domesticar e neutralizar a escola.[8]

Fazer a língua da escola uma língua oficial (a língua do Estado ou de qualquer autoridade) sempre implica transformar a escola em um modo de socialização (e portanto de reprodução). E também explica que as contrarreações a essa domesticação pelas políticas linguísticas talvez não sejam muito eficazes se elas (somente) impuserem uma língua de minoria como nova língua da escola. O frequente resultado de tal política de minoria é que a escola se transforma em um lugar de contrassocialização, sendo usada para a produção de uma nova sociedade que a velha geração tem em mente para a próxima geração. O risco aqui é que a próxima geração seja privada da escolarização (seja apenas socializada), e então da possibilidade de se tornar a nova geração. Talvez a escola seja o lugar errado para acontecerem políticas linguísticas e políticas identitárias e guerras culturais correlatas. Isto não quer dizer que as guerras não sejam importantes, mas

---

[8] Pensamos que é isto que Illich (1981/2001) "esquece" em sua análise do modo como a imposição da "língua materna" (isto é, "a língua que as autoridades do Estado decidiram que deve ser a primeira língua") é de fato uma mineração ou capitalização de comuns (o vernáculo) e está fazendo as pessoas dependentes de uma instituição que as ensina esta "língua materna". Para Illich, a escola é a instituição do Estado que em primeiro lugar ensina às pessoas que elas precisam dessa instituição (e portanto se tornam dependentes) para se tornarem livres ou independentes (serem capazes de participar da comunicação). Pensamos, contudo, que ele está confundindo a "escola" como uma forma pedagógica em nosso sentido com a instituição de um Estado. Ele está na verdade aceitando uma perspectiva funcionalista externa e negligenciando os elementos que ele próprio parece reconhecer (nesse texto e em outros, por ex., aqueles sobre a alfabetização e a visualização que também implicam uma gramática, um artífice, uma distância em relação ao oral pela escrita e uma distância em relação à escrita pela leitura em voz alta) como sendo importantes para possibilitar o estudo, e que, a nosso ver, podem ser relacionados com a "escola" como a entendemos. Parece haver uma flutuação constante do vernáculo ao oral e implicitamente também o "natural" ou "nativo".

que devemos ser cuidadosos para que elas sejam travadas em um tempo e lugar que sejam organizados a partir do amor tanto pelo mundo quanto pela próxima geração.

Queremos pedir para que não se entenda isto como uma súplica pela escola como um lugar seguro de paz e entendimento. É nossa expressão da forte crença em que a sociedade pode ser mudada e renovada, que a emancipação é possível por meio da escola, e que uma "luta" intergeracional é diferente (e talvez mais produtiva a longo prazo) de uma guerra política ou cultural em termos de identidade (isto é, em termos de uma luta edípica entre a língua materna e a paterna). Mas somente se também dermos à escola e à sua língua uma oportunidade. A resposta simples e ao mesmo tempo radical à pergunta "que língua se deve falar na escola?" (por exemplo, em Bruxelas ou em qualquer outro lugar) é: não importa. Contanto que a sua gramaticalização e estudo sejam aceitos juntamente com a gramaticalização de outra língua. E provavelmente esses atos escolares envolvam uma política muito mais radical do que a atual política de identidade sobre cultura e língua.

Referências

BERNSTEIN, B. *Class, Codes and Control*. London: Routledge, 1971.

BOURDIEU, P.; PASSERON, J. C. *La Reproduction: Éléments pour une théorie du système d'enseignement*. Paris: Éditions de Minuit, 1970.

FREIRE, P. *Pedagogy of the Oppressed*. New York: Herder and Herder, 1968/1970.

ILLICH, I. *Shadow Work*. London; New York: Marion Boyars, 1981/2009.

MASSCHELEIN, J.; SIMONS, M. *Em defesa da escola: uma questão pública*. Tradução de Cristina Antunes. Belo Horizonte: Autêntica, 2014. (Coleção Educação: experiência e sentido.)

SERRES, M. *The Troubadour of Knowledge*. Ann Arbor: University of Michigan Press, 1997.

STANDISH, P. Uncommon Schools: Stanley Cavell and the Teaching of Walden. *Studies in Philosophy and Education,* n. 25, p. 145-157, 2006.

Experiências escolares: uma tentativa de encontrar uma voz pedagógica[1]

Maarten Simons, Jan Masschelein
Tradução: *Fernando Coelho*

Introdução

Como falar sobre a educação escolar hoje? Talvez a questão propriamente dita não tenha sido colocada de modo adequado, uma vez que tendemos a falar sobre aprendizagem. Como então falamos sobre a aprendizagem? Fala-se dela como de um processo, e assim é abordada como se tivesse um começo e um fim. O fim é comumente tratado em termos de conhecimento, habilidades, atitudes ou competências. O processo propriamente dito é visto como uma força de transformação, ou cada vez mais como um processo de construção ou de produção. Aprender é considerado, assim, como *um processo de mudança*, e dependendo da abordagem o processo de mudança é conceituado diferentemente. De um ponto de vista psicológico, os processos de aprendizagem são essencialmente processos de desenvolvimento ou de crescimento. Em uma

---

[1] Uma versão inicial deste texto foi publicada em inglês no livro *O ato de educar numa língua ainda por ser escrita* (Rio de Janeiro: NEFI, 2016) e em português, em versão diferente e com outra tradução, na revista *Childhood & Philosophy* (Rio de Janeiro: UERJ, v. 13, n. 28, set.-dez. 2017).

perspectiva econômica da teoria do capital humano, aprender tem a ver com acumulação (de capital). De um ponto de vista sociológico, aprender relaciona-se com processos de habituação, reprodução, apropriação ou aquisição, que são funcionais para o estabelecimento ou a mudança de ordens (existentes). De um ponto de vista biológico ou neurocientífico, aprender consiste no processamento de informação e adaptação, conexão e associação. A educação ou a escola são então os arranjos organizacionais ou institucionais que visam a tornar possíveis esses processos de aprendizagem (estimular, fomentar, suscitar ou facilitá-los). Poder-se-ia dizer que nessas abordagens a educação escolar é sempre tratada em uma perspectiva *externa*; ela é funcionalizada ou instrumentalizada, implicando-se de algum modo que aprender é em si mesmo algo "natural" que pode ser concebido sem se levar em conta a escolarização "artificial". Levamos em conta a escolarização a fim de avaliar se ela facilita ou melhora (ou não) a aprendizagem. E hoje, nessas perspectivas externas, a escolarização é considerada cada vez mais um arranjo institucional ineficiente ou não funcional.

A filosofia da educação ou a teoria educacional criticam frequentemente as perspectivas psicológicas, econômicas, sociológicas ou biológicas sobre a educação e a aprendizagem. Mas é surpreendente notar que elas também se prendem a uma perspectiva externa, funcionalizante ou instrumentalizadora. Nesta contribuição, queremos tocar nessa perspectiva onipresente da filosofia da educação, mostrando, por um lado, como ela de fato repete a maneira pela qual pensadores magistrais da área da filosofia e da teoria social e política tendem a tratar e a domar a educação e a aprendizagem; tentamos, por outro lado, oferecer uma perspectiva pedagógica *interna* que relacione explicitamente a aprendizagem à escolarização "artificial". Ou dito de outro modo, queremos tentar falar pedagogicamente sobre o que está em jogo na aprendizagem escolar. Esta, contudo, não se refere a narrativas comuns acerca de (boas, más, grandiosas, tristes) experiências de aprendizagem na escola. A língua pedagógica que temos em mente busca dar voz à experiência *enquanto* aprendizagem escolar.

A contribuição está estruturada em cinco partes. Começaremos (1) com um caso típico recente de um pensador magistral que está lidando explicitamente com a "mudança", e tem a ver, portanto, com a aprendizagem: Peter Sloterdijk. Em seguida (2) distinguiremos vários tipos de filosofia e teoria (social/política) de acordo com a "metáfora" (ou exemplo) que elas usam para conceber o significado da aprendizagem, e indicaremos como isto resulta frequentemente em uma instrumentalização ou marginalização da educação. Indicaremos, em seguida (3), como a filosofia da educação corre o mesmo risco de instrumentalizar e marginalizar a educação e naturalizar a aprendizagem. Tomando distância desta, queremos (4) apontar a importância do meio artificial da escola a fim de apresentar uma voz pedagógica que propõe pensar a aprendizagem como uma experiência escolar crucial e intrínseca. Na conclusão (5), sugerimos algumas razões pelas quais os filósofos (incluindo os filósofos da educação) parecem esquecer frequentemente que eles também foram à escola.

Um caso para começar: como Peter Sloterdijk aborda a escola

Se a educação tem a ver com mudança, como podemos pensar a mudança que está envolvida na educação? Poderíamos tomar como ponto de partida o trabalho recente de Peter Sloterdijk. Ele faz menção a um mandamento de Rilke que aparece em um torso de pedra, "você deve mudar a sua vida", em seu livro que carrega o mesmo título (Sloterdijk, 2014a). Nesse livro, que reflete claramente o trabalho de Nietzsche,

Pierre Hadot e Michel Foucault sobre a arte da existência e as práticas ou tecnologias do eu, Sloterdijk escreve uma história das técnicas e ideias frequentemente esquecidas sobre como e por que se deve mudar a própria vida. Claramente ele aborda a educação, particularmente, a educação escolar moderna como o tempo e o espaço em que "a vida muda" está sendo organizado. Entretanto, ele parece entender e desqualificar imediatamente essas "práticas de mudança" como sendo institucionalizadas, normatizadas ou governadas pelo Estado. Sloterdijk não reconhece as operações educacionais próprias que estão envolvidas nessas práticas, pois sua preocupação e seu interesse não são primeiramente educacionais, mas sobretudo relacionados à ética e à estética, sendo portanto sua intenção julgar a mudança educacional e a educação escolar com padrões éticos e estéticos.

Em seu livro *Die schrecklichen Kinder der Neuzeit* ["As terríveis crianças dos tempos modernos", em tradução livre], publicado em 2014, o foco não é a mudança individual, mas a mudança intergeracional, e como, gradualmente, a preocupação com a desconexão em relação à tradição – pais, cultura comum, normas e valores – se transformou em *leitmotiv* da Modernidade (SLOTERDIJK, 2014b). Ele rastreia as raízes da Modernidade até chegar à Antiguidade grega, mas também ao cristianismo primitivo, em que, por exemplo, o foco não é tanto a família ou o filho ou a filha obedientes, mas as figuras daqueles que se livram da vida familiar – e da tradição como um todo – para dedicar as suas vidas a um futuro que não é apenas continuação de um passado dado. Jesus, ou a figura de Jesus, é claramente, de acordo com Sloterdijk, uma encarnação desse movimento antigenealógico.

Não é, escreve ele, a lógica do herdeiro, mas a lógica do bastardo. Embora a Igreja Católica Romana posteriormente suavize essa lógica, é aqui que se encontra, segundo Sloterdijk, uma das origens do indivíduo livre moderno e talvez, atualmente, da figura do empreendedor. Para essas figuras, a genealogia, a tradição, a transmissão geracional e as normas e valores herdados são algo que é preciso transgredir, ou pelo menos parecem não ser algo que poderia dar significado e orientação à vida de alguém e ao futuro da sociedade. Essas figuras são, por assim dizer, agentes de mudança. Enquanto antes da Modernidade apenas alguns tinham a oportunidade e a coragem de agir como "bastardos", desconectando-se das suas casas, famílias e comunidades, ser um agente de mudança se transformou, de acordo com Sloterdijk, em um modo comum de existência para muitos doravante.

Não entraremos nos detalhes relativos às conclusões pessimistas – ou talvez realistas – desse livro, mas queremos chamar a atenção para como Sloterdijk aborda a questão da mudança em uma perspectiva particular. Enquanto se poderia argumentar que o que ele descreve – a interrupção da história, a ideia de deixar a sua casa ou o movimento de se distanciar dos seus pais, que representariam uma orientação coercitiva do passado para o futuro – é de fato aquilo em que consiste a educação, ele raramente aborda a educação como tal. Ele focaliza a cultura, a política e a religião, mas com uma exceção. Na introdução de seu livro, ele fala brevemente e um tanto enigmaticamente da "aprendizagem" como "a mais negligenciada noção dos dias atuais". Ele parece sugerir que deveríamos considerar a noção de aprendizagem muito mais cuidadosamente hoje, que deveríamos até mesmo desejá-la e celebrá-la, e – pelo menos esta é a nossa interpretação – esperar que será "a aprendizagem" que de algum modo nos salvará da condição pós-moderna, na qual já não acreditamos no passado como em tempos pré-modernos, mas também já não acreditamos no otimismo futurista da Modernidade. Entretanto, são apenas 3 ou 4 frases em um livro de 400 páginas. Desse modo, embora a sua principal preocupação não seja a educação, ele parece esperar tudo dela. De repente, um vocabulário educacional, ausente ao longo de todo o livro, surge como um requisito para conduzir-nos para fora da idade sombria do pós-modernismo.

"Aprendizagem social", "infância", "ensino" e os filósofos do "jogo"

Tomamos os dois livros recentes de Sloterdijk apenas como um exemplo para mostrar quão frequentemente os filósofos e os teóricos sociais, políticos e culturais discutem a questão da mudança, da transformação e das gerações, embora não tratando em detalhes a educação, ou, pelo menos, não tentando explicitamente entender que tipo de mudança é *típico* da educação e da aprendizagem. Ao mesmo tempo, o vocabulário educacional desempenha um papel no seu trabalho. Conquanto frequentemente escrita em comentários marginais, ainda assim todas as esperanças são depositadas nela. No que segue, distinguimos filósofos da *aprendizagem* de filósofos da *infância*, filósofos "do ensino" e filósofos do "jogo", e indicamos brevemente que papel as questões relacionadas à aprendizagem desempenham nas suas cenas teóricas.

Em sua teoria social e política, Habermas (1981), por exemplo, busca entender a mudança e a transformação social e política. Contudo, ao mesmo tempo, ele tem de valer-se de conceitos tais como capacidades cognitivas e processos de aprendizagem social para "explicar" mudanças de uma visão de mundo para outra. Seu ponto de vista é sociológico e político, mas ele precisa empregar conceitos do campo da educação para salvar ou finalizar o seu projeto sociológico e político. Similar a Latour (2004), que introduz o conceito de "curva de aprendizagem" para explicar como uma mudança gradual de uma constituição social para outra se dá, sem que essa mudança seja imposta de fora (política) ou de dentro (moral e ética). Para Sloterdijk, mas também para Latour e Habermas, a educação e a aprendizagem parecem ser conceitos que indicam um processo de mudança, mas sempre de um modo ou de outro esses conceitos são postulados como necessários para salvar ou fechar o seu projeto intelectual ético, político ou social, ou seja, para explicar como as mudanças éticas, políticas e sociais se dão. Como tal, a mudança educacional e o significado educacional de mudança estão sendo ignorados ou depreciados. E se é conceituada, de um modo ou de outro, a educação é restringida a uma forma de socialização (habituação, aquisição) ou – em círculos progressivos – a uma tentativa de contrassocialização. Finalmente, as teorias sociais e culturais desses *filósofos da aprendizagem (sociais)* são teorias sobre adultos, sobre como eles precisam da aprendizagem, mas sem se tornarem crianças.

Por *filósofos da infância* queremos nos referir a autores como Jean-François Lyotard e Giorgio Agamben, e talvez até Hannah Arendt. Lyotard (1988) se vale especificamente dos conceitos de "infância" ou "infantia" para abordar questões que são colocadas além da linguagem ou além do sistema capitalista, mas que, contudo, desempenham um papel central ou "assombram" o sistema. Usando a imagem da infância – pelo menos como *in-fantia*, isto é, *que não fala* – a sua ambição é conceituar condições e eventos que ainda não pertencem aos nossos discursos e línguas comuns, e, portanto, é um tipo de infância que continua a desempenhar um papel central na idade adulta. Ele refere-se a isso como uma falta inicial, uma ausência de determinação que não é (pode) nunca (tonar-se) completa, e continua a fazer a idade adulta refém. Para isso, ele se vale, por um lado, das ideias de Freud sobre a estrutura do trauma e do afeto (tendo sempre dificuldade em encontrar uma expressão na língua), e, por outro lado, o conceito de

Hannah Arendt de natalidade ou de capacidade de começar. De modo similar, Agamben (2002) introduz o conceito de "enfance/infancy" ou "infantia" para pensar a condição de potencialidade que ainda não é atualizada, e portanto para pensar a experiência de ser capaz de falar como tal. Mais precisamente, é, de acordo com Agamben, a experiência da linguagem como a experiência do homem que é um animal que tem linguagem, que é capaz de falar e portanto também de não falar ou de ficar em silêncio. Sem entrar em detalhes, e sendo injustos com a complexidade do trabalho desses autores, pensamos que as suas referências à educação e infância se tornam frequentemente *imagens* ou *metáforas* para pensar sobre o que está em jogo na vida adulta. Para eles, a educação e a aprendizagem não são os conceitos centrais. E se os seus pensamentos forem traduzidos em (filosofia da) educação, talvez não seja surpresa que a educação corra o risco de ser colocada em termos terapêuticos ou éticos. O risco é um tipo de personalização por colocar no centro da cena, de um modo ou de outro, uma relação dialógica ou analítica entre pessoas, ou seja, a pessoa do professor e a pessoa do aluno. A questão pedagógica central não é transformada em uma questão de socialização ou contrassocialização, mas se torna o ato de "fazer justiça" (a alguém, ou à própria *enfance/infancy*) em termos de "abrir futuros" como "capacidades de agir e falar".

Certamente de um modo diferente, podemos incluir também alguns *filósofos do ensino* a esse tratamento ético da educação. Embora não possamos, tampouco, expô-lo em sua complexidade, podemos apontar o uso que Levinas faz da metáfora do *ensino* para descrever a maneira pela qual a demanda ética é inscrita antes que o sujeito venha a si (Levinas, 1998). É uma descrição que no contexto da filosofia da educação é invertida com frequência, por assim dizer, para entender o ensino como quase idêntico a uma relação ética. Uma abordagem ética da educação que é frequentemente relacionada a uma compreensão da ética em termos de ser intimado ante a "face do outro" como a "Lei" além de qualquer lei, etc. Talvez outra versão dessa filosofia do ensino ético seja a obra de Judith Butler (2005) sobre o papel decisivo de um ato de interpelação na constituição da subjetividade. Alinhada a isso, há a interpretação do ato de ensinar como trabalho em concordância com a lógica da interpelação e o enfoque na dimensão relacional e performativa da subjetividade da criança.

Ademais, tais filósofos da *enfance/infancy* e os do ensino deveriam, talvez, ser distinguidos dos *filósofos do jogo*. De novo, sem pretender dar um posicionamento final sobre a complexidade da sua obra, poderíamos pensar em Wittgenstein (1965), sendo o seu conceito de jogo da linguagem o mais inteligente. Provavelmente aqui o foco e a preocupação já se colocam muito mais na prática da educação, embora a experiência da educação e a especificidade dos eventos e das relações educacionais e de aprendizagem sejam muito menos mencionadas. A educação nessas linhas não é uma questão de socialização ou capacidade de agir, mas uma matéria de iniciação.

Enquanto todos esses filósofos e teorias reconhecem que a infância e a mudança por meio da educação sejam importantes, e enquanto postulam a existência de condições de infância, a educação e a infância são ao mesmo tempo "instrumentalizadas", seja como uma condição temporária, um mal necessário, um fator lógico em vista da mudança ética, política ou social, seja como uma imagem ou uma prática para conceituar o que é difícil de conceituar na vida adulta. Na perspectiva de tais filosofias da idade adulta, e pensando em conformidade com essas linhas instrumentais, a educação e a aprendizagem são frequentemente marginalizadas, depreciadas ou – quando reconhecidas – celebradas como um caso, metáfora ou exemplo único.

O risco da/para a filosofia da educação

O risco da/para a filosofia da educação e da/para a teoria educacional é o de se verem presas no mesmo movimento de instrumentalização ou mesmo de marginalização da educação ou aprendizagem naturalizante. O risco é que a educação e a aprendizagem sejam consideradas prevalentemente um campo de aplicação de teorias desenvolvidas em outro campo e com outros propósitos, ou que seja um campo de prática com uma função ou significado que deve ser derivado de outras práticas não educacionais. Esse risco é real não tanto porque a teoria e a filosofia da educação se valeriam da psicologia (do desenvolvimento), da economia (e da teoria do capital humano), da biologia ou da neurociência. Tomar distância explicitamente dessas disciplinas é (ainda) em grande medida de central importância para o seu próprio entendimento e sua própria definição. O risco é real precisamente porque a filosofia e a teoria da educação tendem frequentemente a depender de pensadores magistrais (incluindo-se filósofos) tais como Habermas, Wittgenstein, Latour, Levinas, Lyotard, Agamben, Rorty, Arendt, etc. Ao mesmo tempo em que está frequentemente engajada em grandes esforços para deslindar as complexidades da obra dos pensadores magistrais, a filosofia da educação frequentemente transforma (implícita ou explicitamente) a educação e a aprendizagem em um campo de aplicação ou ilustração, se a educação e a aprendizagem, como uma preocupação educacional genuína, não é marginalizada completamente em nome de uma preocupação política, social ou ética.

O "imperativo da mudança" – como colocado por Sloterdijk (2014a) –, mas de modo mais geral o discurso sobre a mudança, para o qual os filósofos e os teóricos da educação são atraídos de tempos em tempos, de fato está levando, e com frequência, a um entendimento da educação ética, política e socialmente "colonizado". É colonizante, uma vez que o "você *deve* mudar a sua vida" ou o "nós *queremos* mudar a nossa – incluindo a sua e a deles – vida" estão sempre envolvidos, e sempre incluem um tipo de julgamento como seu ponto de partida. A mudança é motivada por um julgamento ou avaliação de que algo é de algum modo errado ou insuficiente ou precisa de luz e claridade, e de que a mudança é necessária, buscada, almejada, sugerida, requerida ou desejável. A mudança por meio da aprendizagem se torna uma questão de necessidade. Aprender é motivado por uma obrigação ou chamado (moral, ético), ou por novos regulamentos ou responsabilidades políticas; transforma-se em uma questão de socialização (e de acordo com a necessidade de reprodução social). Em outros discursos, ela é colocada como uma questão de investimento em capital humano (e segue a necessidade de acumulação de capital e taxas de retorno), ou uma questão de desenvolvimento e crescimento cognitivo e afetivo (de acordo com certas normas, estágios e funções cerebrais). É a mudança que é sempre motivada por uma finalidade e/ou por uma falta. Quando a mudança é dirigida a um futuro ou resultado projetado, a mensagem que acompanha é: "nós, vocês ou eles queremos ou temos que chegar a algum lugar". Quando é motivada por uma falta, a mensagem é: "nós, vocês ou eles não temos ou precisamos de algo".

A fim de desenvolver uma voz pedagógica (interna) ou dar uma voz à mudança pedagógica, sugerimos voltar à velha distinção entre iniciação/socialização/desenvolvimento, por um lado, e educação, por outro. A fim de esclarecer por que e como fazer essa distinção, permita-se-nos fazer um breve desvio pela influente distinção (mas, na verdade, velha e tradicional) entre qualificação, socialização e subjetificação (por ex., Biesta, Hasslöf, Ruitenberg). Para Biesta (2009), por exemplo, essas são as três *funções ou papéis* da educação, e ele afirma que todas três estão desempenhando um papel. Certamente, Biesta quer focalizar especificamente o papel da subjetificação – e o tornar-se uma pessoa, vir à presença encontrando um lugar no mundo, não pela inserção em ordens existentes, mas interrompendo ou perturbando-as –, contra os papéis frequentemente dominantes de socialização e qualificação. A questão crítica, contudo, é se esses são os três papéis ou funções que devem ser distinguidos quando se olha para a educação a partir de uma perspectiva *pedagógica/educacional*. Queremos pensar que este não é o caso, e que o refraseio de Biesta de uma velha distinção é o resultado da combinação de três diferentes abordagens que são exteriores à educação. É como se a função de qualificação viesse à tona ao se olhar para a educação a partir de uma perspectiva econômica, enquanto a socialização (e o processo de integração em normas e valores sociais) é o termo central quando se olha através de lentes sociológicas. A subjetificação, então, é o que surge ao se abordar a educação politicamente (segundo uma leitura *particular* de Rancière: tornar-se alguém que está ao mesmo tempo desafiando a ordem social existente em termos de igualdade) ou eticamente (de acordo com certa interpretação de Levinas: tornar-se alguém que está sempre motivado por um chamado do outro em termos de fazer justiça). Queremos argumentar que essa qualificação, socialização e subjetificação representam três versões da educação domesticadora; uma domesticação ético-personalizadora ou político-equalizadora da educação que impõe padrões éticos ou políticos à mudança (subjetificação), uma econômica que impõe um valor de troca ou cálculo de investimento (qualificação) e uma sociológica que domestica a mudança educacional ao impor as regras da reprodução social e cultural ou – em uma versão progressiva – as regras da renovação e da mudança social (socialização).

Ou dito de outro modo, a distinção entre qualificação, socialização e subjetificação não alcança uma perspectiva pedagógica/educacional. Em última instância, ela funcionaliza ou instrumentaliza a educação e a aprendizagem, ela domestica a aprendizagem ao impor finalidades ou funções externas. Nas próximas seções sugerimos uma perspectiva diferente, pedagógica, que leva a aprendizagem ou a educação de volta à escola, e considera a aprendizagem escolar como um estar-no-meio, não direcionado por nenhuma finalidade nem por uma falta ou necessidade.

Formas pedagógicas artificiais

A nossa perspectiva pedagógica não está focalizando a aprendizagem e a educação por meio da revelação do seu verdadeiro papel ou função, nem é uma tentativa de revelar a verdadeira natureza da aprendizagem ao liberá-la de suas organizações históricas. Nossa perspectiva pedagógica parte de um ponto de partida algo inusitado; ela quer dar voz à experiência de aprendizagem como sendo a experiência do estar-no-meio ao focalizar o sempiterno arranjo artificial chamado "escola" que faz essa experiência possível. Em outras palavras, queremos abordar as operações radicais do que chamamos de formas pedagógicas e que – sempre artificialmente – permitem que a aprendizagem e a educação aconteçam.

As operações pedagógicas (para realizar o estar-no-meio) podem ser resumidas como segue (ver também MASSCHELEIN; SIMONS, 2014). (1) Operações para fazer de alguém um "estudante" ou "aluno", isto é, suspender os laços familiares ou estatais ou de qualquer "comunidade passada/existente" (isto até certo ponto se refere ao bastardo de Sloterdijk). Implica fazer que o indivíduo possa tornar-se parte de qualquer família/comunidade que se lhe apresente. (2) Operações de suspensão da costumeira ordem das coisas, e portanto deixar o seu uso e funções comuns temporariamente sem efeito. Algumas coisas (por ex., livros, ferramentas, palavras...) podem tornar-se objeto de estudo, podendo-se começar o exercício com essas coisas, precisamente porque o seu uso normal é colocado entre parênteses. (3) Operações para colocar algo sobre a mesa (profanação) e para *fazer* "tempo livre", isto é, a materialização ou a especialização da *skholé*. Na Grécia Antiga, *skholé* significava o momento em que se escapava da determinação do fazer. É sobre o não terminado, o não fazer a apropriação e a destinação do tempo, e como tal um catalisador de começos. A escola nesse sentido coloca alguém na posição de começar. (4) Operações para fazer estar atento, isto é, para formar a atenção, apoiando-se no "amor pedagógico" tanto por certas coisas quanto pelos estudantes. Esta não é apenas uma questão de atitude ou relação, mas é sobre o uso de técnicas e alguns tipos de disciplina para chamar a atenção para algo. Disciplina, contudo, não como uma categoria moral ou política, mas como uma prática de habilitar. Pense-se, por exemplo, na disciplina produtiva de atletas para ficar em forma.

As formas pedagógicas se referem, então, a associações de pessoas e coisas em um arranjo como um modo para lidar com, prestar atenção a, tomar conta de algo – para entrar e ficar em sua companhia – em que este cuidado acarreta estruturalmente uma exposição, uma vez que é confrontado com alunos ou estudantes. É crucial enfatizar a esta altura que as formas pedagógicas não necessitam de uma utopia política projetada ou um ideal normativo da pessoa educada (para o qual elas seriam funcionais), mas são *em si mesmas* (na real e particular maneira pela qual elas estão reunindo pessoas e coisas) materializações de uma crença utópica: *todos podem aprender tudo*. Esta não é uma afirmação factual, mas uma crença. É outro modo de formular a suposição pedagógica básica de que seres humanos nascem sem destino (natural, social e cultural), e deveriam dar a si próprios um destino. O que as formas pedagógicas fazem é habilitar o "todos podem", por um lado, e o "tudo", por outro lado. Em outras palavras, em lugar de pensar sobre tal coisa como uma escola utópica (como se faz frequentemente), faz mais sentido ver a aprendizagem escolar encarnando a ideia utópica de que *todos* podem aprender *tudo*. O que a escola como uma forma pedagógica faz é o duplo movimento de trazer alguém para uma posição de ser capaz (e portanto fazer de alguém um aluno ou estudante) que é ao mesmo tempo uma exposição para algo fora (e portanto um ato de apresentar e expor o mundo). Esse duplo movimento não começa com as crianças tendo certo destino (baseado nas suas habilidades naturais ou sociais e identidades culturais), mas permite às crianças se tornarem estudantes e encontrarem o seu próprio destino. Poder-se-ia dizer que isto é porque a decisão de levar as crianças para a "escola" é em si mesma uma intervenção política, e que a escola não precisa de um ideal externo ou extra ou de uma função política projetada.

Recorrendo a Michel Serres (1997), esse duplo movimento poderia ser capturado no conceito de "ex-posição", e na forte experiência de alguém que aprende a nadar estando na condição de não ser capaz (completamente) ainda de nadar, e que contudo não está mais constantemente procurando um lugar ou chão seguro sob os seus pés. É uma condição ou experiência "intermediária" ou "no meio", ou seja, a condição na qual alguém deixou o seu lar seguro, o seu mundo da vida ou a sua casa, e tudo é (ainda) possível quando confrontado com o mundo lá fora. Nossa tese é de que essa condição e essa experiência são uma condição educacional e uma experiência, e não devem ser confundidas com uma condição e experiência ética, psicológica ou política. Ademais, nossa tese é de que essa condição de exposição é o que é habilitado ou preparado por meio de formas pedagógicas específicas, sempre artificiais. É o que está em jogo na aprendizagem "escolar", e o que merece ter uma voz e precisa de uma língua pedagógica.

Ao invés de narrar as (boas, más, grandiosas, tristes) experiências de aprendizagem na escola, uma língua pedagógica procura dar voz à experiência *enquanto* aprendizagem escolar. Não a experiência de uma condição na qual alguém não é (ainda) capaz de, por exemplo, escrever ou contar. Mas também não a experiência de (já) ser capaz de escrever ou contar. A experiência escolar se refere ao que é experimentado no momento único em que escrever ou contar se tornam uma possibilidade; a experiência enquanto se aprende antes de ser de fato capaz de escrever ou contar, mas não apenas a experiência de (simplesmente) não ser capaz de escrever ou contar. Pense-se na criança que aprende a escrever. Antes de ser capaz de escrever, a criança tem (provavelmente) a experiência de não ser capaz, mas ela não experiencia a aprendizagem. Quando é capaz de escrever, talvez se lembre do seu aprendizado, mas não experiencia ela mesma a aprendizagem. A experiência escolar é experiência no momento em que a habilidade de escrever (e portanto de não escrever) é experienciada como tal. As experiências escolares remetem à experiência de estar-no-meio de coisas, à experiência de um curso de vida interrompido em que novos cursos se tornam possíveis. Talvez tenha a ver também com a experiência do conhecimento e habilidade depois de cometer um erro. Ou o que é experienciado depois de ser forçado ou convidado a atravessar um rio e "se destacar da chamada direção natural" (SERRES, 1997, p. 8).

Queremos enfatizar mais uma vez que em uma perspectiva pedagógica a "escola" não é uma instituição ou um tipo de concha organizacional, mas o arranjo sempre artificial do tempo, do espaço e da matéria pelo qual você tem que passar para ter essas experiências. Como consequência, o termo "escola" não é usado aqui (como é com muita frequência) para uma instituição chamada de normalizadora ou de um maquinário de reprodução nas mãos das elites econômicas ou culturais. Há reprodução e normatização, certamente, mas então a escola não (e já não o faz) opera de uma forma pedagógica.

A questão, claro, é: qual é o papel ou o objetivo da escola ou o que está em jogo na experiência escolar? Neste ponto, queremos introduzir os conceitos de preparo e prática. A escola não consiste em fazer os estudantes e alunos melhores performadores – embora isso lhes seja frequentemente demandado. A escola consiste na oferta aos/às jovens do tempo e do espaço para que fiquem "em forma", para que trabalhem em seu "condicionamento" (intelectual, físico...), e, claro, pode-se esperar que esse preparo e essa forma ou condicionamento resultem em performances de excelência ou em contribuições únicas mais tarde, mas é absurdo dizer que a escola é responsável por isso. A escola consiste no preparo, não em performances. O foco no preparo e na prática talvez ajude a entender que as escolas nem sempre são os lugares nos quais as gerações vindouras de fato aparecem como a nova geração, e portanto nos quais a sociedade pode ser renovada. Nem as escolas nem a sociedade podem ter controle sobre essa renovação ou sobre como as gerações vindouras de fato usam o seu preparo ou o seu estudo. Isso parece ser típico da mudança ou da renovação pedagógica, e esse tipo de mudança é sempre o risco de uma sociedade que decide organizar ou permitir formas pedagógicas de escolas. Essas sociedades sempre confiam a mudança pedagógica à geração vindoura (que pode se tornar uma nova geração). Essas sociedades não "escolhem" iniciação ou socialização, mas a educação escolar. Ou para sermos mais precisos: é com a educação escolar que uma sociedade se torna de um modo particular consciente de si mesma. Uma sociedade que permite a forma escolar pensa – ou é provocada a pensar – de um modo diferente sobre si mesma.

A forma escolar torna possível que uma "nova" e uma "velha" geração venham à existência, juntamente com a experiência de não haver ligação "natural" entre elas. Talvez isso explique por que há tantas tentativas – tanto dentro das escolas quanto da sociedade – para domesticar as escolas, ou seja, para dar à mudança pedagógica uma direção específica, e portanto *impor* normas psicológicas, éticas, políticas ou sociais. Mas essa imposição tem a ver muitas vezes com o controle dos riscos da educação escolar, e portanto já tem a ver com o reconhecimento do potencial radical, e até mesmo revolucionário das escolas. Decidir por ou permitir a educação escolar implica aceitar que o que é valorizado por uma sociedade (e seus adultos) está sendo colocado sobre a mesa, e portanto pode ser fundamentalmente questionado e desafiado. A escola se opõe a toda reivindicação de naturalização ou sacralização e a todos os movimentos de conservadorismo e restauração associados a essas reivindicações. É nesse sentido que a escola está realmente afetando a sociedade e é sempre intrinsecamente "política". A forma escolar, com as suas pressuposições utópicas e antinaturais, é uma intervenção política.

Para concluir: uma voz pedagógica como uma voz do meio

Começamos com a tendência entre os filósofos e os teóricos da sociedade de naturalizar a aprendizagem e instrumentalizar a educação escolar, e, portanto, de mover a educação e a aprendizagem para as margens das suas teorias e filosofias sobre a idade adulta. Queremos dar voz ao que está no meio, e o que – na perspectiva desses adultos – talvez seja rumor nas margens. Como conclusão, quiçá valha a pena refletir sobre por que exatamente a escola e a aprendizagem são frequentemente colocadas de lado, tratadas como marginais ou são depreciadas. Pensamos (mas não estamos seguros de) que foi Bernard Stiegler que uma vez fez a observação de que os filósofos esquecem amiúde que eles também foram para a escola, e não gostam de serem lembrados disso. Mas por que não? Por que esse esquecimento, ou marginalização e depreciação? Antes de ir mais a fundo nisso, é útil lembrar outras manifestações do que é pelo menos uma relação ambivalente com a educação escolar (de alguém).

É surpreendente notar que as pessoas – especialmente em momentos em que celebram as suas próprias realizações intelectuais ou outras – não gostam de lembrar a sua dependência em relação à escola ou à universidade no que diz respeito ao que realizaram. É como se o seu passado educacional lançasse uma sombra sobre o seu estado adquirido de adulto, e sobre a liberdade e a libertação que associamos a esse estado. E, se lembramos o papel das escolas e do estudo e exercício para o que nos tornamos e para aquilo de que somos capazes hoje, ou é para enfatizar que chegamos tão longe a despeito da escola (e reafirmamos nossa independência) ou para contar histórias daqueles professores raros, iluminados, que, apesar do equipamento escolar normatizador, foram capazes de nos mostrar o mundo real e a nossa liberdade como realmente é (e, assim, essas histórias eivadas de agradecimento sobre professores inspiradores são frequentemente, também, apenas sobre a reafirmação do próprio estado presente de independência).

Outra observação, relacionada à anterior, é que aqueles que estão trabalhando em nossa educação escolar sempre têm um tipo de posição marginal (que de algum modo perturba a ordem social). Aqueles que escolhem tornar-se professores, por exemplo, com frequência não escolhem colocar os seus conhecimentos e habilidades a serviço da vida produtiva e econômica, mas a serviço da geração vindoura. É uma posição intermediária, ou seja, entre a família e a sociedade, entre a nova geração e a sociedade adulta, e portanto uma posição que é difícil de definir e que permanece ambígua. Há tendências, é certo, reiteradas, de transformar a educação em um trabalho comum ou em uma profissão. Mas, talvez, uma vez que ensinar implica sempre estar fora-de-posição – algo similar à posição dos artistas – essas tendências frequentemente falham, e têm que falhar, se a educação consiste em colocar o mundo a uma distância para estudá-lo. A esse respeito, deveríamos sempre lembrar a figura do *pedagogus* – de onde vem a nossa noção de pedagogo. Com frequência, essa figura era um escravo, mas um escravo com privilégios, uma vez que lhe era permitido levar as crianças à escola. Nesse sentido, ele era o escravo liberto, que literalmente levava os jovens ao tempo livre, ou seja, ao estudo e exercício. Na perspectiva da sociedade e da vida econômica adulta, a posição dos professores, e de todos aqueles que estão envolvidos com a educação (e, portanto, também pesquisadores em educação), é de que estão vivendo uma vida nas margens. Como figuras marginais, eles são não produtivos, e, assim, vistos como não realmente importantes. Ao mesmo tempo, considera-se que sejam instrumentais ou funcionais para a vida real e para o mundo real produtivo (que quer reproduzir-se). Mas poderíamos também olhar para esses papéis e posições como exatamente libertados e libertadores, e, portanto, eles são com frequência também invejados nesse aspecto.

A questão que deveríamos explorar mais a fundo é, contudo, sobre as razões da ambivalência, para não dizer diretamente depreciação ou marginalização. A primeira razão poderia ser: se a educação escolar, no sentido forte, consiste realmente na mudança de alguém, e portanto consiste sempre no fato de se tornar alguém diferente, é muito difícil lembrar quem essa

Experiências escolares: uma tentativa de encontrar uma voz pedagógica

pessoa foi antes (implicando também que não há "alguém" estável que experienciaria a mudança). Ou dito de outro modo: é sempre na perspectiva da pessoa que alguém se tornou que se retorna ao seu passado. Há uma espécie de irreversibilidade em jogo, e assim a experiência e o processo escolar em si mesmos são difíceis de lembrar. Provavelmente, ao fazer algum esforço, poder-se-ia imaginar quem a pessoa era antes de ler ou estudar um assunto, obra ou autor específico. Mas é sempre a projeção de um estado de não-saber ou não-ser-capaz baseado no que é experienciado hoje como saber ou ser capaz. Provavelmente há esta tendência de esquecer, exatamente porque é difícil lembrar a própria aprendizagem em sentido estrito. Poder-se-ia dizer que a aprendizagem nesse sentido se aproxima da estrutura do trauma e da lógica do inconsciente. Mas há uma diferença fundamental; não é em relação a uma lembrança dolorosa, mas em relação a um esquecimento alegre, e ele provavelmente não precisa de análise ou terapia, mas celebração e gratidão.

A segunda razão possível é que as escolas sempre organizam uma "desordem fundamental"; arranjando um meio sem direção e aceitando que "menores" e "novatos" possam realmente questionar e desafiar "adultos" e "nativos". A profunda ambiguidade das sociedades que "decidem" ter escolas é relacionada, poder-se-ia dizer, ao fato de que este é um ato generoso, por um lado. Mas que o ato é acompanhado, por outro lado, de um grande medo (e não aceitação) de que o que é realmente valorizado e aceito se torne, de fato, realmente questionado ou objetado por menores ou "imaturos", mesmo sem razões ou argumentos. Algo que é, talvez, para os filósofos (ou pelo menos muitos deles) ainda mais difícil de lidar: a ausência de razão (ou razões). Em suma, a depreciação, marginalização e instrumentalização da escola seriam o resultado de um profundo medo de que a geração que está chegando se torne de fato a nova geração.

Mais razões devem ser formuladas, e algumas delas podem ser encontradas no famoso texto de Adorno (1971) sobre os "tabus" de ser professor. Mas, como conclusão, gostaríamos de voltar à instrumentalização e marginalização que é central à maioria, se não a toda filosofia que transforma a educação em um campo de aplicações ou a usa como um campo para ilustrações. Talvez devêssemos mesmo aceitar o desafio de reconsiderar uma narrativa filosófica que é frequentemente usada para articular aquilo em que a educação consiste: a alegoria da caverna, e a história sobre o filósofo iluminado que quer trazer as pessoas enjauladas ou aprisionadas para a luz. Essa não é precisamente uma história filosófica sobre educação, sobre como o filósofo–professor tem que libertar as pessoas acorrentadas e mostrar que o que elas consideram verdade são meramente sombras e representações? A história da caverna é a celebração do *status* e do *ethos* do filósofo – ou pelo menos um filósofo particular. É sobre a filosofia, uma posição filosófica particular, mas não é sobre educação. Talvez precisemos de uma história educacional/pedagógica para a experiência da aprendizagem escolar. É uma história sobre como levar as pessoas para dentro da caverna, isto é, para a escola, e, portanto, sobre como acorrentar as pessoas gentilmente a fim de dar-lhes tempo e espaço para pensar, para estudar, mas também para apresentar-lhes o mundo e pedir a sua consideração. Essa não seria uma história filosófica (crítica) sobre como libertar os estudantes da escola, mas uma história pedagógica sobre como trazer as crianças para a escola. Sobre como dar-lhes a oportunidade de se tornarem estudantes e oferecer-lhes a experiência da escola.

Referências

ADORNO, T. *Erziehung zur Mündigkeit*. Frankfurt: Suhrkamp, 1971.

AGAMBEN, G. *Enfance et histoire*. Paris: Payot, 2002.

BIESTA, G. Good Education in an Age of Measurement: On the Need to Reconnect with the Question of Purpose in Education. *Educational Assessment, Evaluation and Accountability*, v. 21, n. 1, p. 33-46, 2009.

BUTLER, J. *Giving an Account of Oneself*. New York: Fordham University Press, 2005.

HABERMAS, J. *Theorie des kommunikativen Handelns*. Frankfurt am Main: Suhrkamp, 1981.

LATOUR, B. *Politics of Nature: How to Bring the Sciences into Democracy*. Cambridge Massachusetts: Harvard University Press, 2004.

LEVINAS, E. *Otherwise than Being, or Beyond Essence*. Pittsburgh: Duquesne University Press, 1998.

LYOTARD, J.-F. *L'Inhumain: Causeries sur le temps*. Paris: Galilée, 1988.

MASSCHELEIN, J.; SIMONS, M. *Em defesa da escola: uma questão pública*. Tradução de Cristina Antunes. Belo Horizonte: Autêntica, 2014. (Coleção Educação: experiência e sentido.)

SERRES, M. *The Troubadour of Knowledge*. Ann Arbor: University of Michigan Press, 1997.

SLOTERDIJK, P. *You Must Change Your Life*. Cambridge: Polity Press, 2014a.

SLOTERDIJK, P. *Die schrecklichen Kinder der Neuzeit*. Frankfurt: Suhrkamp, 2014b.

WITTGENSTEIN, L. *Philosophical Investigations*. New York: The Macmillan Company, 1965.

Em defesa de uma defesa:
elogio de uma vida feita escola

Walter Omar Kohan

Moro no Brasil desde 1997. Cheguei no início do mês de maio desse ano, apenas alguns dias depois da morte de Paulo Freire. Aprendi muitas coisas nestes anos no Brasil, do Brasil, pelo Brasil, graças ao Brasil... Uma delas é que, para começar a pensar em filosofia, em educação, ou em infância, um bom caminho costuma ser olhar para, ou lembrar de, letras de música popular brasileira. Refiro-me não apenas à busca de uma inspiração para o início temporal de um pensamento, mas para aqueles momentos em que o pensamento parece travar-se ou mover-se em círculos e precisa de uma força que o tire do lugar e o faça arrancar novamente. Como se Platão tivesse razão lá no início do *Fédon* (61a) quando diz que a filosofia é a música em mais alto grau (ou a música é a filosofia em mais algo grau), pois a frase ὡς φιλοσοφίας μὲν οὔσης μεγίστης μουσιχῆς (*hos philosophías mèn ouses megístes mousikês*) pode ser lida nos dois sentidos.

Penso, em outras palavras, naqueles momentos em que o pensamento precisa de uma infância, não apenas cronológica, mas como força de início. Sinto-me agora num desses momentos, não só porque estou por iniciar a escrita de um texto sobre a escola, mas por que acabo de escrever um outro também sobre a escola e preciso de um novo início. Não quero me repetir, fazer de conta, escrever sem escrever. Não o merecem os amigos envolvidos na empreitada, não mereço eu mesmo fazer isso comigo, muito menos a escola a ser defendida... Então, vem a mim a letra do *Samba da Bênção* de Vinicius de Moraes e Baden Powell que afirma que "a vida é arte do encontro" e diz também "embora haja tanto desencontro pela vida". Parece-me que posso encontrar aí um início... Vamos ver, tentaremos pensar essa coisa estranha que poder ser uma arte, a do encontro, que habita, tanto como seu contrário, a vida... Começarei pelo encontro com uma vida (uma vida em particular) para a partir dela pensar o que ela nos diz sobre o papel da escola na vida (ou da vida na escola) e assim, talvez, possamos entender algo a respeito dessa relação numa vida qualquer, em qualquer vida. E, quem sabe, a arte do encontro que é a vida nos permita encontrar uma infância para a própria vida escolar.

Elogio de uma pedagogia

Pensar significa, entre outras coisas, lembrar. Soube do trabalho de Jan Masschelein em 1998, através de um artigo seu sobre a infância e a relação pedagógica (MASSCHELEIN, 2003), de tom arendtiano e rancieriano no final dos anos 1990. Pareceu-me uma visão renovadora, inspiradora, naquele momento em que nem H. Arendt nem J. Rancière eram tão insistentemente evocados, como depois seriam, no campo educacional brasileiro. Naquele período estava organizando – junto a um grupo de colegas com os quais formávamos o projeto "Filosofia na Escola", na Faculdade de Educação da Universidade de Brasília (UnB) – um Congresso Internacional de Filosofia com Crianças, em Brasília, para julho de 1999. Participariam do evento pessoas do mundo inteiro, muitas trabalhando com Matthew Lipman, como Ann M. Sharp, e me pareceu que poderia ser interessante expor aquelas pessoas às ideias de Masschelein, vindas estas de uma tradição bastante diferente da do pragmatismo estadunidense que está na base de *Filosofia para crianças*. Porém, primeiro veio um pequeno desencontro. Na época ainda não eram tão frequentes os *e-mails*, então escrevi uma carta convite para Masschelein ao endereço postal que estava no final do artigo publicado em *Educação & Sociedade*; pouco tempo depois recebi um retorno muito cordial dele agradecendo o convite mas justificando sua impossibilidade de participar porque estaria viajando para o Vietnã, a trabalho (de fato, nesse momento nem sequer tinha entendido o lugar para onde viajaria, dado o caráter críptico da letra manuscrita de Masschelein; só recentemente pude entender esse lugar ao ler novamente aquela carta com a sua ajuda). Algo travou em mim e não voltei a contatá-lo, até que Jorge Larrosa, que frequentemente me falava de Jan e de seus trabalhos com ele, me convenceu a organizarmos, junto com Maximiliano López e Wim Cuyvers, um seminário conjunto.

Tratava-se de algo especial, com aparência de loucura, ou pelo menos de algo que raramente poderia dar certo. Ou então Jorge deve ter pintado dessa maneira o convite, sabendo que assim me convenceria mais facilmente a aceitá-lo. Era o ano de 2011 e eu já trabalhava desde 2002 na Universidade do Estado do Rio de Janeiro (UERJ), na cidade do Rio de Janeiro. Jorge nos contou que Jan costumava viajar para fazer exercícios que consistiam em caminhar junto a estudantes belgas com um colega arquiteto, Wim Cuyvers, por diversas cidades do mundo, e que poderíamos propor-lhe que viessem ao Rio com uma turma de estudantes. Finalmente, vieram mais de trinta alunos belgas; o curso foi realizado em novembro de 2012 e foi uma experiência profundamente marcante para todos nós que participamos dela.

Boa parte dos membros do Núcleo de Estudos de Filosofias e Infâncias (NEFI) da UERJ se envolveram na organização. Juntamos a seu grupo mais de trinta alunos brasileiros, que com os belgas caminharam pela cidade, em duplas, em busca de *skholé*. Organizamos um livro com várias colaborações dos participantes e dos organizadores do curso, entre elas do próprio Masschelein, que conta algo de suas viagens anteriores (KOHAN; MARTINS; VARGAS, 2013). Nesse livro, com Jorge escrevemos sobre os desdobramentos do exercício, pois acompanhamos os estudantes belgas até a apresentação do seu trabalho final em Leuven, no final do período. Como parte de nossa preparação para o seminário, os membros do NEFI também lemos alguns livros e textos de Masschelein, preparação que depois ajudaria na publicação de dois dos seus livros em português: *Em defesa da escola* (MASSCHELEIN; SIMONS, 2013) e *A pedagogia, a democracia, a escola* (MASSCHELEIN; SIMONS, 2014).

Devo agradecer a Jorge a sua insistência e generosidade. Foi importante conhecermos Masschelein a partir de sua prática pedagógica, porque assim seus escritos ganharam um sentido completamente novo quando relacionados a essa prática. Tive oportunidade depois de acompanhar e participar de outros exercícios pedagógicos que, de alguma forma, reforçaram aquela impressão inicial e mostraram Masschelein como um intelectual vivo, comprometido, constantemente preocupado com o mundo e com seu papel de pedagogo. Compartilhar seu trabalho traz a sensação de estarmos diante de um raro exemplo daqueles professores que habitam a universidade co-locando permanentemente em questão a si mesmos e os modos e sentidos dessa presença.

Não se trata, apenas, de um detalhe. Ao contrário: a academia está cheia de tanta formalidade, tanto faz de conta, tanta dualidade entre o discurso e a prática, que conhecer a prática pedagógica de Masschelein significa também uma espécie de contracorrente, uma forma de habitar a escola-universidade fazendo a mesma escola-*skholé* declamada nos livros: como se a *skholé* que inspira a sua escrita respirasse na vida pedagógica com que Masschelein habita a universidade. De modo que este texto está inspirado não só nas leituras das obras de Masschelein, mas também na sua forma de habitar o mundo universitário. Para sermos justos com Vinicius de Moraes, no encontro entre a vida que se mostra nos livros e a que se evidencia na forma em que se anda pelo mundo.

Também é preciso esclarecer, por ser este um texto inspirado na vida como arte do encontro, que existe uma espécie de autoria compartilhada nos textos de Masschelein, que também se percebe em sua forma de habitar a universidade. Escutemos, ou leiamos o próprio Masschelein em uma nota de esclarecimento com tom de confissão escrita a propósito da publicação, entre nós, de *A pedagogia, a democracia, a escola*. Aí, o autor belga afirma como esses escritos foram feitos, todos eles, "a quatro mãos":

> Talvez seja incomum, mas é necessário começar mencionando que, embora alguns dos textos que estão aqui reunidos tivessem apenas um autor no momento de sua publicação, muitos deles têm, na verdade, dois autores; além disso, alguns dos textos produzidos por apenas uma pessoa não poderiam ter sido escritos sem a existência desse outro autor. De fato, Maarten Simons e eu passamos a sentir que é impossível falar, pensar e escrever sozinhos sobre a maioria das coisas que são abordadas nos textos. Outro nome para essa experiência, talvez o único, é amizade. A amizade não se resume a intimidade ou privacidade. É uma experiência mundana; para os amigos o mundo se torna objeto de preocupação, algo para se pensar, algo que provoca a experimentação e a escrita. Uma filosofia da educação – na medida em que encara o mundo – é possível

sem a amizade? Evidentemente, de modo institucional, ela nunca foi firmemente obrigatória para indicar e reivindicar a contribuição pessoal de alguém ou, pelo menos, para indicar uma ordem de nomes. Isso reduz o tempo e o espaço para a amizade, constitui a sua banalização. Para este livro, decidimos, juntamente com Walter Kohan (com quem escrevemos a Cor-respondência), que Maarten e eu fôssemos autores. Achamos que esta seria a coisa certa a fazer, mesmo que, como mencionado anteriormente, alguns dos textos, inclusive estas notas introdutórias, sejam ou tenham sido publicados antes sob apenas um autor (MASSCHELEIN; SIMONS, 2014, p. 7).

A posição de Masschelein ganha ainda mais sentido nesses tempos de competitividade e produtivismo individualistas da academia. Sua afirmação da amizade como pedra basilar de um modo de entender e habitar o espaço acadêmico usualmente conhecido como "filosofia da educação" constitui uma forma concreta de vida acadêmica outra, de uma maneira dissonante de viver a universidade. Duas vidas se encontram para renovar um espaço que vai perdendo vida a cada passo. Assim, a vida da amizade tem, para Masschelein, não o sentido de uma relação pessoal afetiva ou amorosa, de algo particular ou privado, mas, ao contrário, de uma experiência mundana. Ou seja, a sua amizade com Maarten Simons diz respeito a um certo estilo de vida acadêmica, a uma maneira específica de tornar as coisas públicas e de (pre) ocupar-se com o mundo. A vida dos amigos projeta-se num mundo público, de uso geral, comum. Justamente essa preocupação compartilhada, comum, dos amigos com o mundo é a condição e ao mesmo tempo o sentido principal dos seus escritos com M. Simons. A escrita deixa de ter seu sentido localizado numa utilidade ou efeito de aproveitamento para se tornar um corre-corre acadêmico que é ela o próprio *locus* onde se dá um modo de vida, onde se compartilha uma certa preocupação com o mundo. Masschelein escreve com Simons em nome de um sentimento compartilhado pelo mundo comum: a escrita testemunha uma forma de amizade. Também a amizade encontra uma outra vida nessa escrita da vida acadêmica compartilhada.

De modo que cada vez que aqui escrevamos "Masschelein" pode-se ler também, ou melhor, dever-se-ia ler "Masschelein e Simons". Essa forma de habitar a universidade está também relacionada a uma compreensão e uma prática da pesquisa educacional, que envolve, para os autores belgas, três marcas principais: a) o pesquisador envolve-se na pesquisa de uma forma que ele próprio se transforma. Nesse sentido, a pesquisa em educação se caracteriza por um trabalho do pesquisador sobre si: assim, uma pesquisa é educacional porque coloca em questão, primeiramente, o próprio pesquisador; b) a educação é, de alguma forma, o tema ou o problema que está sendo pesquisado. Nesse segundo sentido, uma pesquisa é educacional porque trata de educação, porque permite elucidar ou problematizar uma questão educacional, porque confere sentido a uma prática educacional; c) finalmente, a pesquisa educacional trata de tornar algo público, de tornar-se atento ao mundo em sua verdade e disponibilizar a pesquisa para qualquer um. Nesse terceiro sentido, uma pesquisa educacional disponibiliza uma percepção sobre o mundo que não era perceptível. Eis o seu valor ou sentido educacional (Masschelein; Simons, 2014).

Destacamos, novamente, que não se trata apenas de um enunciado teórico, de uma eventual contribuição aos estudos sobre a pesquisa acadêmica, mas de uma prática, um exercício, uma forma de habitar a universidade que, no caso dos autores belgas, tem como base institucional concreta o Laboratorium voor Educatie en Samenleving na Universidade Católica de

Leuven (KU Leuven). Nesse espaço trata-se, sobretudo, de reinventar a pesquisa educativa; de fazer, através dela, escola como *skholé*, ou seja, de parar um pouco o tempo vertiginoso da produtividade acadêmica à qual alguns pretendem submetê-la para experimentar nela algo de tempo livre a partir de deslocamentos provocados pelos exercícios de caminhada como os mencionados anteriormente.

O próprio Masschelein, num relato autobiográfico ainda em fase de publicação, sobre o que significa hoje fazer universidade, conta como chegou teórica e existencialmente a essa concepção:

> Estando muito cansado de ser um crítico e des-construtor de teorias e práticas educacionais e infeliz com o modo como meu trabalho acadêmico com os alunos estava acontecendo, fui convidado, no início de 2002, por um amigo arquiteto, Wim Cuyvers, para me juntar a ele e seus estudantes em uma viagem a Sarajevo. Quase 40 horas em um ônibus com um grupo misto de estudantes de arquitetura e ciências educacionais a uma cidade devastada pela guerra, para que os alunos caminhassem ao longo de linhas arbitrárias e pensassem o projeto de uma nova escola para Sarajevo. Foi o início de uma nova prática, construindo um novo olhar. Desde esse momento viajei todos os anos, muitas vezes com Wim, ou outros amigos e colegas, com estudantes de pós-graduação, durante 10 a 14 dias por cidades em crise ou cidades pós-conflito (Sarajevo, Belgrado, Tirana, Bucareste, Kinshasa, Tânger, Atenas, Bruxelas), megalópolis não turísticas na China (Shenzhen, Chongqing), pequenas cidades banais (St-Claude, Genk) e, mais recentemente, por convite de Walter Kohan, a uma cidade icônica (Rio de Janeiro). Durante essas viagens, os alunos foram convidados a caminhar dia e noite ao longo de linhas arbitrárias desenhadas em mapas da cidade,

linhas que começam e que levam a nenhum lugar em particular, linhas sem plano, cruzando bairros, edifícios, áreas, aleatoriamente. Ao longo destas linhas eles mapearam suas observações e registraram parâmetros, pensaram no projeto que iriam apresentar. À noite, as observações eram traduzidas em pontos em mapas compartilhados, em esboços e considerações. Eu andei igualmente ao longo destas linhas diariamente; durante longas conversações noturnas fiz a cada um dos estudantes perguntas muito simples: O que você viu? O que você ouviu? O que você acha disso? O que você faz com isso? No final da viagem, os estudantes tiveram que apresentar seus mapas e desenhos publicamente, em algum lugar da cidade-paisagem (MASSCHELEIN, 2016, [s.p.]).

Dessa forma apresenta-se Masschelein: uma espécie de Jacotot andante, um professor que caminha com seus estudantes e lhes faz as perguntas do mestre ignorante para que eles explorem toda a potencialidade de sua inteligência. Um mestre que não ensina a caminhar, mas que manda caminhar arbitrariamente e caminha junto aos seus estudantes submetendo-se à mesma arbitrariedade, à do caminho, à do que, nele, pode chamar a sua atenção; um mestre que escuta seus alunos e cuida para que essa caminhada seja feita com atenção; um mestre que pede para registrar cartograficamente as observações e para tirar delas todo o proveito que seja possível em termos do projeto ("a nova escola") que dá sentido ao caminhar; um mestre que dispõe para o encontro com os estudantes um tempo que vai muito além do tempo cronometrado da instituição; um tempo demorado, de longas conversações; um mestre que sai do seu lugar e que leva consigo a academia para se expor junto aos seus estudantes à arbitrariedade dos caminhos da cidade.

Certamente, houve, como no caso do mestre ignorante, um antes e um depois; uma primeira viagem transformadora, uma experiência inicial comovedora que tornou impossível para Masschelein continuar realizando da mesma maneira sua prática acadêmica. Se para Jacotot a passagem foi da razão explicadora à razão dos iguais, no caso de Masschelein foi da crítica intencional das teorias e práticas pedagógicas a uma pedagogia prática da atenção. Houve também, no mestre, uma história vivida para que essa experiência ecoasse de uma forma peculiar: "Estava muito cansado [...] e infeliz [...]". E houve, também, sempre, a amizade no início do caminho. A partir daquela primeira viagem a Sarajevo com o amigo Wim Cuyvers e a sua turma, durante os últimos quinze anos, Masschelein realiza sistematicamente, com cada turma de alunos do primeiro ano do mestrado em Ciências da Educação da KU Leuven, viagens pedagógicas nas quais exercita e coloca à prova suas ideias sobre a escola e a pedagogia, a sua "pedagogia pobre" (MASSCHELEIN; SIMONS, 2014).

Mais recentemente, Masschelein tem experimentado algumas formas alternativas de viagem: em 2015, os estudantes pegaram um ônibus de baixo custo e foram até algum lugar afastado do Leste Europeu; em 2016, a viagem foi de barco em torno do Rochedo de Gibraltar. Contudo, o sentido principal das viagens mantém-se o mesmo: é sempre o de promover uma "educação formadora de mundo" (MASSCHELEIN, 2013, p. 259), aquela que afasta os estudantes das perspectivas críticas, a que busca obter uma "opinião formada sobre tudo", para submergi-los em práticas de atenção para tornar o mundo verdadeiro ou real, para que o mundo fale a eles de outra forma, para que cada um possa "estar presente no presente" (p. 262), através de exercícios de caminhada e percurso por uma cidade mediante linhas traçadas sempre arbitrariamente pelo pedagogo, cuja função principal é justamente traçar essas linhas e manter atentos, nelas, os caminhantes. O pedagogo, professor universitário, vive uma espécie de experiência de amizade com os estudantes, no sentido de alguém que compartilha, com eles, uma preocupação com o mundo e que compartilha, com eles, uma exposição ao que o caminho pode porventura trazer de mundo.

Elogio de uma filosofia?

Talvez por que minha vida acadêmica esteve sempre atravessada de uma forma ou outra pela filosofia, desde que o conheci me pareceu ver em Masschelein uma recriação de uma certa maneira de atualizar uma vida filosófica. Ele se aproximaria daquela ascese filosófica que Michel Foucault pareceu buscar obstinadamente entre os antigos gregos nos seus últimos cursos. Neles, Foucault mostra que com Sócrates a filosofia não nasce apenas como doutrina, teoria ou sistema, mas também como um cuidado com a própria vida, como um fazer da própria vida um problema crucial para a pensamento: por que se vive da maneira em que se vive e não de outra? Nessa leitura de Foucault, o que de fato Sócrates inaugura é a vida como problema para a filosofia e também a filosofia como educação, como educação de si mesmo e dos outros no seu caminhar pela cidade interrogando os seus outros habitantes.

Há duas características importantes nessa tradição da figura do educador socrático: a) ele não leciona, não "dá aula", não transmite um saber ao qual os alunos deveriam chegar; b) outros aprendem com ele. O gesto socrático seria deslocar o sentido da transmissão do saber para o cuidado: como Sócrates nada sabe, nada pode transmitir em termos de saber, e como é o único que cuida de si, o que mais cuida do que é importante cuidar na pólis, ele transmite essa relação de cuidado que os outros aprendem, à sua medida, com ele.

Assim, Sócrates faz os outros prestarem atenção a uma dimensão de sua vida que não percebem antes de falar com ele, chama a cuidarem do que não cuidam, diria Foucault, a olhar para o mundo com interesse, poderíamos dizer com Masschelein. Sócrates parece ser uma espécie de pedra de toque para chamar a atenção do outro e fazer com que ele pense e viva de outra maneira. Sócrates não fala a partir de nenhuma posição social ou papel em particular, não cumpre um papel institucional, nenhuma função corporativa, mas ele funciona como uma espécie de voz que fala a alguém e diz algo assim como "se você não mudar sua vida, sua vida perde algo valioso para o mundo, você perde sua própria potência/potencial, e o mundo também perde algo se você não estiver acordado, atento".

Certamente, esse Sócrates é uma figura mítica, excepcional. Ele parece estar afirmando ao mesmo tempo uma experiência filosófica e educacional e, de alguma forma, a inseparabilidade entre uma e outra. Desde que conheci o modo de Masschelein habitar a vida universitária pareceu-me que ele encarna, à sua maneira, essa figura do educador-filósofo. Há também algumas diferenças, claro. A primeira diz respeito ao que pareceria ser uma grande "vantagem" dessa figura mítica socrática: ele não tem que responder a nenhuma instituição, e é por isso a expressão de uma vida educacional e filosófica livre dos liames e obrigações institucionais. Em outras palavras, Sócrates faz escola sem escola, nas ruas, ao ar livre, à sombra de uma árvore, e é aí que justamente se afasta Masschelein, para quem a escola exige essa separação, essa porta que se fecha e simbolicamente divide o escolar do social. Um outro Sócrates do qual Masschelein explicitamente quer se separar tem a ver como esse "você tem que mudar a sua vida", que aparece para o pedagogo belga como um mandamento ético que ocultaria ou dissimularia a experiência educacional, que não teria a estrutura de um comando moral imediato, mas que se refere ao des-fechamento do mundo e à des-coberta de uma (im)-potencialidade (KOHAN; MASSCHELEIN, 2014). Em outras palavras, onde o filósofo diz "você *deve* mudar a sua vida", o educador diz "você *não é* in-capaz", "você pode colocar atenção no mundo". O pedagogo seria quem leva o aluno até a escola, o local onde o mundo se des-fecha e a potência se des-cobre. Masschelein duvida que esses elementos estejam presentes na prática de Sócrates e se atenta, ao contrário, para a escola de Isócrates como figura de referência no mundo grego antigo.

Contudo, a relação de Masschelein com a filosofia é bastante ambivalente. Por um lado, ele realiza uma crítica muito forte da tradição filosófica que ele vê nascer nesse gesto socrático-platônico aristocrático, de superioridade, através do qual o filósofo afirma um caminho que deveria ser seguido para sair da escuridão... Assim a filosofia teria, historicamente, se não domado a escola, pelo menos contribuído para esquecê-la ou negligenciar o seu caráter público fundamental... E, nesse movimento, também ela impediria de ver a especificidade da educação ou pedagogia como uma prática ou exercício que permite uma certa experiência de atração, abertura ou des-cerramento do mundo ao mesmo tempo que a (des-)coberta da própria capacidade ou potência. Ou seja, enquanto o pedagogo atrai alguém para o mundo ao mesmo tempo que lhe faz sentir a sua própria potência, o filósofo, ao contrário, se encarregaria de confirmar a impotência de qualquer um que não seja filósofo (KOHAN; MASSCHELEIN, 2014).

Por outro lado, os autores com os quais Masschelein dialoga, desde o próprio Isócrates entre os gregos, que fala curiosamente em nome de uma certa ideia de filosofia que disputa com Sócrates e Platão, são todos eles filósofos consagrados pela tradição. Claro que também é verdade que os autores contemporâneos que mais influenciam Masschelein — a saber, J. Rancière, H. Arendt e M. Foucault — têm uma relação igualmente ambígua e crítica relativamente à filosofia ou pelo menos ao modo dominante de praticá-la. Vejamos com certo detalhe essa retomada e essa relação.

De Isócrates, Masschelein toma sua ênfase – oposta à escola socrático-platônica – na importância da filosofia para a formação do julgamento da deliberação dos jovens para uma vida democrática. Na sua leitura, Isócrates é significativo porque situa a filosofia do lado da opinião e a concebe como uma prática e um estudo, um exercício da opinião e não um saber hierarquizado ou superior (KOHAN; MASSCHELEIN, 2014). Ou seja, a filosofia seria uma espécie de prática em relação às palavras (e não a formas ou ideias abstratas) que é adestrada através do estudo e do exercício. Nesse sentido, Masschelein vê em Isócrates um aliado contra a tradição aristocrática da filosofia surgida da tradição socrático-platônica.

De J. Rancière, Masschelein toma a distinção entre polícia e política que Masschelein estende ao que ele chama de o regime pedagógico, a pedagogia e o pedagógico (MASSCHELEIN, 2003). Através dessa ênfase no pedagógico, Masschelein procura liberar a educação de seu tom missionário, deixando de ser uma tentativa de fazer algo com os alunos, seja para proporcionar a eles determinadas competências, para emancipá-los ou para o que quer que seja, e permitindo que a infância se mostre não como fase ou etapa a ser educada, mas como potência e como exposição de movimento, de deslocamento, de se colocar a caminho. Assim, o mestre, longe de ser quem forma a infância, é quem procura manter o aluno nela para que, dessa potência e exposição ao mundo, ele possa tirar toda a força da qual é capaz. Mais recentemente, Masschelein tem concentrado seus esforços em defender essa posição a partir de uma defesa da escola como *forma* eminente de experiência igualitária de tempo livre, espaço dissociado da experiência social do tempo (RANCIÈRE, 1988).

A partir de H. Arendt, Masschelein se inspira nos "exercícios de pensamento", preocupados com o presente e com nossa presença no presente, ou seja, com não nos esquecermos de nós mesmos na fenda do tempo que habitamos, entre o passado e o futuro. Esses exercícios intelectuais surgem e encontram sentido num duplo amor: pelo mundo e pelas novas gerações (MASSCHELEIN, 2014; KOHAN; MASSCHELEIN, 2014). Também a partir de Arendt, Masschelein se inspira para pensar o que faz um professor: colocar algo sobre a mesa e afirmar assim a sua autoridade e a sua responsabilidade. A autoridade diz respeito não a um exercício de poder, mas ao sentido de autoria que inaugura com a sua tarefa: algo com autoridade diz algo, significa, abre um sentido, fala, dá vida, aumenta o mundo, cuida dele: a partir do ato de um professor o mundo ganha um outro sentido para o aluno. Daí nasce também a responsabilidade pedagógica: colocar algo do mundo sobre a mesa, oferecê-lo aos estudantes chama à responsabilidade por isso que se lhes está oferecendo como objeto de estudo.

A partir da pensadora alemã, Masschelein e Simons também se inspiram em algo que merece um aparte no Brasil em tempos da "Escola Sem Partido": a separação entre educação e política. Contudo, essa separação tem um sentido oposto em um e outro caso: para os autores belgas, a experiência escolar não deve ser política no sentido de não estar submetida a uma finalidade política previamente estabelecida por quem quer que seja. Por isso, a escola enquanto escola não é política: porque, quando ela é propriamente uma escola, não se submete a nenhuma política afirmada fora do próprio âmbito escolar. Mas, em outro sentido, para Masschelein e Simons a escola é eminentemente política: a) porque o ato de criação de uma escola por uma comunidade é um ato político, na medida em que uma escola (enquanto escola) instaura um espaço para renovar a ordem social, inclusive sem que os criadores da escola tenham controle ou domínio sobre essa recriação ou renovação; e b) porque a experiência escolar contém uma projeção fortemente política na medida em que ela permite aos seus participantes tomar distância do mundo tal como é habitado socialmente para poder recriá-lo ou habitá-lo de outra maneira.

Assim, se para os defensores da "Escola Sem Partido" a despolitização da escola comporta um enfraquecimento da sua potência transformadora, para os autores belgas ela se fortalece em sua potência política como *locus* em que a nova geração poderá recriar o mundo. São duas ideias diametralmente opostas de escola e de política: da ausência da política pela impotência com que a instituição escolar é concebida em face da ausência da velha política dos velhos como possibilidade da afirmação de uma nova política dos novos.

Finalmente, uma outra influência filosófica significativa em Masschelein e Simons é a do já mencionado Michel Foucault, em particular do último Foucault, na visão afirmativa da disciplina em sua leitura dos gregos, da *áskesis*, dos exercícios e práticas de si que permitiriam uma certa libertação das práticas de governo e um certo exercício prático da liberdade através do cuidado de si... De alguma forma, o trecho autobiográfico de Masschelein anteriormente citado ecoa a passagem do Foucault do poder ao Foucault da estética da existência... Os exercícios de pensamento propiciados pelos pedagogos belgas são exercícios de autoformação e autoeducação, na medida em que transformam o modo de ser de quem os pratica. Trata-se de afirmar a vida de um sujeito como exercício, um trabalho de si sobre si por parte de quem não quer ser governado pelo outro ou pelos dispositivos do biopoder... São exercícios de atenção para alimentar uma vida atenta, à espreita, uma espécie de atletismo escolar, um expor-se para estar preparado à exposição, uma vida estudantil de experimentos e exercícios com outros, de exercícios de pensamento para pensar e ver o mundo de outra maneira, para atentar e habitar de outras formas o mundo comum...

Elogio de uma vida...

Quanto importam os nomes, as palavras, os adjetivos? Quanto interessa o que é filosofia, educação, pedagogia? Afinal, a filosofia, essa velha matrona, se mostra e se esconde, não se deixa nunca apreender de uma única forma. E, sem perder a inspiração de Vinicius de Moraes, estamos mais interessados na vida como a arte do encontro, embora haja tanto desencontro pela vida. Sob o guarda-chuva da filosofia, M. Serres marca o caminho de uma pedagogia da sedução: "seduzir: conduzir a outra parte. Bifurcar da condição dita natural" (SERRES, 1991, p. 28). Eis a sedução da vida pedagógica e filosófica de Masschelein: ela nos conduz a uma travessia, nos afasta da condição natural e nos transporta a um lugar ignorado; faz-nos sair dos lugares cômodos, conhecidos, confortáveis.

Voltemos ao seu relato autobiográfico. Depois de apresentar a virada que significou aquela primeira viagem a Sarajevo, Masschelein oferece sua leitura do movimento provocado por essa viagem:

> No início, não fazia ideia do que estava me envolvendo. Simplesmente aceitei o convite para ir a Sarajevo, para deixar o espaço institucional da universidade e tentar encontrar outras formas de lidar com a educação, com os alunos, com o mundo em um momento em que eu estava de fato muito perto de sair completamente da vida acadêmica. Agora acho que foi o ponto em que eu comecei a desviar, de certa forma comecei a gaguejar e tive a sensação de que realmente outras práticas eram possíveis, onde o meu estar encerrado neste beco sem saída de uma posição crítica, que não faz nada mais do

que julgar os outros e pedir aos outros que justifiquem suas reivindicações para demonstrar que são de fato incapazes de fazê-lo (já que parece não haver fundamentos finais possíveis, somente históricos, sociais ou culturais), perdia força de modo que novos pensamentos podiam chegar a minha mente e eu podia começar a pensar de forma diferente. De fato, eles podiam vir *à* minha mente e não *a partir de* minha mente porque eu mesmo fiquei exposto (fora de posição). E percebi que isso não tinha nada a ver com a minha intenção de ficar exposto ou "de mente aberta", mas que tinha a ver com as condições materiais, espaciais, sensoriais, sociais e intelectuais que caracterizaram mais ou menos involuntariamente a viagem a Sarajevo, que me deixaram exposto, e "isso" me fez pensar. "Isso" foram condições e questões que reconstruí gradualmente só mais tarde e depois tentei produzir mais conscientemente nas caminhadas subsequentes MASSCHELEIN, 2016, [s.p]).

A viagem a Sarajevo tirou Masschelein de seu lugar, o fez mudar de posição, o expôs, de outra maneira, ao mundo. Para isso, teve que se deixar levar, confiar e apostar no amigo, na amizade, na força do mundo para se expor ao que ele pode nos trazer: expor-se "às condições materiais, espaciais, sensoriais, sociais e intelectuais que caracterizaram mais ou menos involuntariamente" uma viagem, a Sarajevo ou a qualquer outro lugar. Eis o que também ensina a pedagogia pobre de Jan Masschelein: que não há aprendizagem sem entrega, sem exposição a uma viagem que tire do lugar, que nos faça sair da zona de conforto. Usualmente entendemos que uma prática pedagógica leva outros a um novo lugar. É verdade. Mas o que a vida de Masschelein ensina é que não há pedagogia sem viagem pedagógica do pedagogo, sem que o próprio pedagogo se deixe levar e saia de sua zona de comodidade.

Para escrever esse relato autobiográfico, ainda em fase de preparação, Masschelein se inspira nas notas preparatórias de Roland Barthes para os seus cursos e seminários de 1976-19777, no Collège de France, sobre "como viver juntos" e em uma referência que Foucault faz na aula de 7 de janeiro de 1976, do curso *É preciso defender a sociedade*, quando afirma que suas aulas aí não são propriamente aulas de um professor, mas uma espécie de prestação de contas, um declarar publicamente, um submeter ao público a pesquisa que se faz, pois, a princípio, o Collège de France é uma instituição de pesquisa e não de ensino.

Masschelein nos leva a Barthes, que, na sua aula inaugural na mesma instituição, afirma que gostaria de renovar, através de sua prática, a maneira de apresentar o discurso, de "mantê-lo" sem o impor. Sugere que um ensino é opressivo não pelo saber ou cultura que ele transmite, mas pelas formas discursivas com que ele é afirmado. Por isso, acrescenta algumas indicações metodológicas:

> Já que este ensino tem por objeto, como tentei sugerir, o discurso preso à fatalidade de seu poder, o método não pode realmente ter por objeto senão os meios próprios para baldar; desprender, ou pelo menos aligeirar esse poder. E eu me persuado cada vez mais, quer ao escrever, quer ao ensinar, que a operação fundamental desse método de desprendimento é, ao escrever, a fragmentação, e ao expor, a digressão ou, para dizê-lo por uma palavra preciosamente ambígua: a excursão (BARTHES, 1996, p. 41-42).

Para interromper ou pelo menos aligeirar o poder do discurso é preciso escrever através de fragmentos e expor por meio de digressões. Para sintetizar as duas formas: ex-cursões, palavra "preciosamente ambígua", cursos fora do curso. Com essa palavra, Masschelein concebe sua prática pedagógica, seus cursos caminhantes, suas caminhadas cursantes: como ex-cursões, cursos fora do curso. Assim percebe Masschelein sua vida pedagógica na universidade, como um curso fora do curso.

E como a vida é a arte do encontro, seguimos lendo Barthes, a quem nos levou Masschelein. E assim continua o francês, depois de comemorar a ambiguidade da palavra "excursão":

> Gostaria, pois, que a fala e a escuta que aqui se trançarão fossem semelhantes às idas e vindas de uma criança que brinca em torno da mãe, dela se afasta e depois volta, para trazer-lhe uma pedrinha, um fiozinho de lã, desenhando assim ao redor de um centro calmo toda uma área de jogo, no interior da qual a pedrinha ou a lã importam finalmente menos do que o dom cheio de zelo que deles se faz (BARTHES, 1996, p. 42).

As idas e vindas de uma criança que brinca em torno da mãe. Que traz ora uma pedrinha, ora um fiozinho de lã. Mas o que importa não é o que a criança leva ou o traz, mas o "dom cheio de zelo" com que ela faz o que faz. Barthes dá razão a M. Serres: "A viagem das crianças; eis o sentido desnudo da palavra grega pedagogia" (1991, p. 27). Olhe o que encontramos no final, Vinicius. A pedagogia é uma viagem infantil. A vida é uma excursão. A vida pedagógica que nos oferece Jan Masschelein é uma excursão infantil.

Referências

ARENDT, Hannah. The Crisis in Education (1958). In: ARENDT, H. *Between Past and Future: Eight Exercises in Political Thought.* New York: Penguin, 1977.

BARTHES, Roland. *Aula.* São Paulo: Cultrix, 1996.

FOUCAULT, Michel. *A hermenêutica do sujeito.* São Paulo: Martins Fontes, 2006.

FOUCAULT, Michel. *A coragem da verdade.* São Paulo: Martins Fontes, 2011.

KOHAN, Walter; MARTINS, Fabiana; VARGAS, Maria Jacintha (Orgs.). *Encontrar escola: o ato educativo e a experiência da pesquisa em educação*. Rio de Janeiro: Lamparina, 2013.

KOHAN, Walter; MASSCHELEIN, Jan. Filosofia como (auto)educação: para fazer a voz do pedagogo ser ouvida. In: MASSCHELEIN, Jan; SIMONS, Maarten. *A pedagogia, a democracia, a escola*. Belo Horizonte: Autêntica, 2014. p. 197-235.

LIDDELL, Henry G.; SCOTT, Robert. *A Greek-English Lexicon*. Oxford: Clarendon Press, 1958. Nova edição por Henry Stuart Jones, 1966.

MASSCHELEIN, Jan. O aluno e a infância: a propósito do pedagógico. *Educação & Sociedade*, Campinas, v. 24, n. 82, p. 281–288, abr. 2003.

MASSCHELEIN, Jan. O mundo mais uma vez. Andando sobre linhas. In: KOHAN, Walter; MARTINS, Fabiana; VARGAS, Maria Jacintha (Orgs.). *Encontrar escola: o ato educativo e a experiência da pesquisa em educação*. Rio de Janeiro: Lamparina, 2013. p. 259–264.

MASSCHELEIN, Jan. Addressing Societal Challenges: Making University Today. Exercises in poor pedagogy. Notas de curso, 24 nov. 2016, rascunho.

MASSCHELEIN, Jan; SIMONS, Maarten. *Em defesa da escola: uma questão pública*. Tradução de Cristina Antunes. 1. ed. Belo Horizonte: Autêntica, 2013.

MASSCHELEIN, Jan; SIMONS, Maarten. *A democracia, a pedagogia, a escola*. Belo Horizonte: Autêntica, 2014.

MASSCHELEIN, Jan; SIMONS, Maarten. The Language of the School: Alienating or Emancipating? In: KOHAN, Walter; LOPES, Sammy; MARTINS, Fabiana (Orgs.). *O ato de educar em uma língua ainda por ser escrita*. Rio de Janeiro: NEFI, 2016. p. 291–300.

RANCIÈRE, Jacques. *Le maître ignorant*. Paris: Fayard, 1987. Tradução para o português de Lílian do Valle. *O mestre ignorante*. Belo Horizonte: Autêntica, 2002.

RANCIÈRE, Jacques. Ecole, production, égalité. In: *L'école de la démocratie*. Edilig: Fondation Diderot, 1988.

SERRES, Michel. *Le tiers-Instruit*. Paris: François Bourin, 1991.

SIMONS, Maarten; MASSCHELEIN, Jan. School Experiences: An Attempt to find a Pedagogical Voice. In: KOHAN, Walter; LOPES, Sammy; MARTINS, Fabiana (Orgs.). *O ato de educar em uma língua ainda por ser escrita*. Rio de Janeiro: NEFI, 2016. p. 249-258.

Sobre a precariedade da escola[1]

Inés Dussel
Tradução: *Fernando Coelho*

Elogiar a escola não é fácil em um clima político e cultural em que a crítica antiescolar é conduzida tanto por lideranças destacadas quanto por seus seguidores. Dizia Georges Dumézil: a escola é esterilizante, deformadora, nefasta. Diz Sir Ken Robinson: a escola mata a criatividade. A convicção de que a escola é uma instituição autoritária e que combina a obsolescência das suas formas e conteúdos com a rigidez e a dificuldade de mudar está bem instalada no senso comum.

Essa crítica parte de alguns pressupostos sobre o que foi e é a escola, os quais é conveniente desmontar, e esse é um dos propósitos deste texto. Mas também cabe suspeitar das novas autoridades que se levantam para tomar o seu lugar: as mídias digitais, a autoaprendizagem, as instituições educativas "feitas sob medida". O fim do recinto escolar, promete-se, trará a libertação total do ser humano, mas é preciso formular a pergunta sobre que custos são impostos pelos novos modos de submissão que acompanham essas liberdades, pergunta que não

---

[1] Agradeço os comentários dos participantes do Seminário "Elogio da Escola", organizado pela UDESC e pela UFSC em Florianópolis, nos dias 11 e 12 de outubro de 2016, assim como a leitura cuidadosa de Darío Pulfer, de Buenos Aires, que ajudou a introduzir matizes importantes no texto.

se ouve com a mesma frequência com a qual se vê a celebração das TICs no debate público sobre a escola.

No elogio coletivo que se propõe neste livro, há um aspecto que desejo ressaltar, e que vai na direção contrária à crítica habitual à escola por sua rigidez e conservadorismo. Proponho, ao contrário, pensar acerca do seu caráter precário, instável, sempre por fazer, e também sempre a ponto de ser destruída. Em um ensaio recente, Martin Lawn convida à observação das ruínas das escolas, os edifícios abandonados, como sintomas do descalabro do projeto moderno da escolarização (LAWN, 2016). Desejo dar um passo a mais e, juntamente com Latour (1993), dizer que "nunca fomos modernos", que a escola moderna sempre foi um espaço mais precário do que se postula ou imagina, e que continua sendo assim atualmente, ainda que em condições diferentes. Essas condições diferentes são as que eu pretendo explorar neste capítulo, analisando distintas versões possíveis da precarização e propondo uma leitura diferente sobre o que é a escola e as suas condições para perdurar.

A precariedade está associada a enunciados que reconhecem filiações diferentes. Uma delas pode ser vista no trabalho de Judith Butler (2006) sobre as *vidas precárias*, que não são somente as vidas fragilizadas dos excluídos e dos marginalizados, mas que se conectam com o que há de precário e vulnerável na vida mesma. Esse é para Butler o ponto de partida de uma ética e de uma política que se opõem ao regime discursivo dominante que não dá valor à vida, ao mortal, ao finito. Um exemplo dessa negação da mortalidade é o "sem-fim" das tecnologias digitais, que encontram um epítome na escrita dos *blogs*: sempre "*in progress*", sempre fazendo-se, nunca em forma terminada e acabada, o que é uma evidência da dificuldade dessa nova configuração cultural em aceitar e lidar com os limites da escrita e das possibilidades humanas (FISH, 2012; CABRERA, 2008). Precário, então, não é o efêmero ou passageiro, mas o que dá conta de que há um princípio e um fim da vida, sendo esta, portanto, digna de ser cuidada e apreciada em qualquer uma de suas manifestações. Essa é uma primeira associação que é conveniente trazer para repensar a escola.

Por ouro lado, a precarização surge no jargão econômico e sociológico para falar das condições instáveis e imprevisíveis como as que o capitalismo contemporâneo oferece. Por exemplo, fala-se do surgimento do "precariado", em substituição ao proletariado, advindo de relações estruturadas de contratação e reprodução da força de trabalho (Standing, 2011). O *precariado* é a "nova classe perigosa" que já não se define pela seguridade trabalhista, mas pela flexibilidade e incerteza; para alguns outros críticos como Robert Castel (2006), a precariedade não produz subjetivação, mas desfiliação, um vagar sem rumo que empobrece as vidas humanas não somente no aspecto material, mas sobretudo subjetivo.

Há algumas outras possibilidades disponíveis para pensar a precariedade. A "crítica-artística" (como chamam Boltanski e Chiapello [1997] a contenda que surge no calor de Maio de 68 e que postula a liberdade e o prazer como critérios fundadores) associa a precariedade já não à perda de horizontes ou de dignidade das vidas humanas, ou à sua vulnerabilidade, mas a movimentos que abrem novas possibilidades. Um exemplo dessa aproximação é o trabalho do crítico de arte Hal Foster, que analisa a precariedade como estética disruptiva, que se poderia dizer emancipadora. Foster retoma do *Oxford English Dictionary* a definição da palavra *precário* como uma derivação do latim *precarius*, isto é, conseguido por rogo ou súplica, dependendo do favor de outro, e portanto incerto. *Precarius* vem de *precem*, prédica ou oração (Foster, 2015, p. 103). Essa raiz etimológica remete a uma dimensão política da precariedade, porque dá ênfase ao que outro(s) fazem ou não fazem, isto é, à autoridade que outorga ou não um estado. Por isso, a precariedade é para

Foster uma estratégia artística de ruptura, como se vê na obra de Thomas Hirschhorn, que criou o Museu Precário Albinet nos subúrbios franceses em 2004, ou erigiu monumentos a filósofos como Spinoza no Bairro Vermelho de Amsterdã ou a Gramsci no sul do Bronx. A arte fora do lugar estabelecido politicamente para circular, a arte associada e inscrita nas vidas marginais, mostra o que o poder ou a autoridade não fez, e pede e convoca novas autoridades. A precariedade se mescla ao surgimento, com a convocação para atuar e autorizar-se a si mesmo, questionando as figuras de autoridade, as ordens e os referentes sociais estabelecidos.

Nessa perspectiva, precarizar é uma forma de intervir em um estado de coisas – uma disciplina, uma ordem social – que permite pôr em evidência as exclusões ou as imposições e criticar ou subverter certo *status quo*. Assim explica um historiador da arte espanhol quando diz que é preciso precarizar este campo para "que em lugar de oferecer respostas claras, fixas e inamovíveis seja pelo menos capaz de formular perguntas que não são fáceis de responder – e que em algumas ocasiões não podem ser respondidas" (HERNÁNDEZ NAVARRO, 2016, p. 17). Afirmações e propostas semelhantes a essa crítica-artística podem ser encontradas na pedagogia crítica das últimas décadas. Assim como a intervenção de Hirschhorn sobre os museus ou os monumentos, o chamado a precarizar a escola, a des-discipliná-la e desestruturá-la, equivale a fazer dela um espaço menos fixo e imóvel, questionar as suas autoridades, desestabilizar as suas ordens.

Contudo, poder-se-ia discutir o pressuposto de que a escola, ou qualquer outra instituição quejanda, é um espaço fixo e imóvel, e que é a crítica ou a intervenção que a coloca em movimento. Em uma perspectiva relacional pós-estrutural como as que exprimem, com as suas variantes, Butler e Latour, não se deveria dar por estabelecidas a fixidez e a imobilidade, nem considerá-las um *a priori* ontológico das instituições. A escola é mais o resultado precário e provisório da montagem de dinâmicas e relações heterogêneas do que o reflexo de processos infraestruturais e/ou supraestruturais de dominação e controle totais.

A direção da pergunta, então, se inverte: já não é como desestabilizamos a escola, mas como entendemos que ela não é nada estável. O que é preciso indagar é como, no contexto das relações sempre precárias e em movimento, a instituição escolar consegue sustentar-se de pé e pode estabilizar-se, ainda que seja por alguns momentos. Nessa indagação, é útil retomar as linhas centrais da Teoria do Ator em Rede (TAR), provavelmente uma das perspectivas contemporâneas mais interessantes para pensar o social, tanto porque mantém os desafios teóricos do pós-estruturalismo, como porque não se contenta em assinalar a multiplicidade nem abandona a tarefa política de "montar o social" (LATOUR, 2005). Para a TAR, a durabilidade é algo por que se tem de lutar, pelo qual se tem de trabalhar: a regra é o movimento, e a estabilidade é o êxito de uma série de operações para manter uma rede social junta e orientada.[2] John Law (2009)

---

[2] Em um trabalho anterior (DUSSEL, 2013), discuti algumas das implicações da TAR para uma teoria da escolarização. Brevemente, seria preciso destacar que o poder não é algo dado por sua função reprodutora, mas é muito mais um efeito ou função da configuração de uma rede. Em particular, Latour (2005) dá atenção aos "móveis imutáveis", mediadores que atuam como delegados de outras redes ou atores e que se transformam muitas vezes em pontos obrigatórios de passagem, lugares ou artefatos ou personagens que aparecem como aqueles que dão estabilidade a uma rede. Para entender a perduração ou estabilidade da escola, seria preciso analisar quais são esses "móveis imutáveis" que organizam ou estabilizam interações (o edifício escolar, o quadro-negro e os uniformes poderiam estar entre eles). Nessa conceituação, é preciso prestar especial atenção ao espaço e à escala, em particular como as redes se estendem e vão traduzindo-se entre distintos atores (LAW, 2009), porque é nesse movimento que se estabilizam e se tornam eficazes.

destaca três tipos ou condições de perdurabilidade, que podem ajudar a entender por que uma rede se mantém estável: materiais (isto é, os recursos de que dispõem, a factibilidade de uma dada montagem), estratégicas (condições políticas) e discursivas (a hegemonia, as condições da discursividade que sustentam uma montagem provisória). Essa abordagem da perdurabilidade soma pluralismo e instabilidade: não é algo dado de uma vez por todas, não é inércia, mas a estabilidade é um trabalho que exige muito esforço, e não responde a um centro ou a uma lógica unívoca. Por outro lado, é essa estabilidade provisória que permite que a montagem produza certos efeitos, que podemos chamar, seguindo Castel, subjetivações, mas que também podem remeter às aprendizagens e êxitos que se alcançam pela organização de instituições e de fluxos sociais.

Nessa linha se definiram as escolas como "montagens sociais frágeis, que são continuamente validadas e impulsionadas por vários esforços de redes de atores sociais que têm interesses e compromissos díspares" (BALL; MAGUIRE; BRAUN, 2012, p. 70). Ampliando essa perspectiva, proponho considerar a escola como uma construção material, como uma montagem provisória, instável, de artefatos e pessoas, ideias, que capturou algumas dessas táticas e estratégias para educar o cidadão. Sustentar essa montagem demandou e demanda muitos esforços: o esforço dos professores para circunscrever as crianças em certas formas de trabalho, o balizamento ou a vigilância de certa fronteira do que se podia fazer ou não fazer na escola, a organização de rotinas, rituais, modos de falar, de vestir, a disposição dos corpos no espaço, a reforma da arquitetura escolar para dar lugar a essas necessidades. Há muitos "fazeres ordinários", cotidianos, da escola (CHARTIER, 2000), os quais é preciso destacar para analisar como é que esta consegue sustentar-se como instituição relativamente estável. Chartier analisa os cadernos de aula, mas também poderia ser analisado o trabalho das cozinheiras da escola, mostrado por Maximiliano López em sua bela *Teoria da escola* (2016), que quebram centenas de ovos para preparar a comida do dia, ou dos porteiros da escola, que regulam o fluxo de entradas e saídas, recebem ou despedem as crianças, deixam fora os pais ou outros adultos.

Neste ponto de reconceituação do que é a escola e como se organiza, eu gostaria de propor um diálogo com a perspectiva filosófico-política de Jan Masschelein e Maarten Simons sobre a escola. Em seu livro *Em defesa da escola* (2014), sugerem que ela implica, antes de tudo, uma suspensão de um tempo e de um espaço para profanar o saber instituído, para pôr algo sobre a mesa e convidar a questioná-lo e analisá-lo a partir de outros lugares. É também um âmbito em que se educa a atenção, em que se produz ou se promove um tipo de trabalho e de olhar para o mundo que não está disponível em outros espaços, e que é antes de tudo um espaço de iguais. Mas, retomando alguns dos argumentos anteriores sobre a precariedade e instabilidade das montagens, poder-se-ia perguntar como é que a escola pode realizar esses atos de suspensão, quais são as condições ou as operações que têm que ser postas em ação para fazê-lo, quais são esses fazeres ordinários que permitem que o convite a profanar o saber possa se concretizar em ações cotidianas, e como se pode fazer para que isto que faz a escola, ou que faz que a escola seja escola, perdure. Eu gostaria de dialogar com a perspectiva de Masschelein e Simons a partir de algumas contribuições da etnografia e da história da escola, que têm uma visão mais desordenada e mais conflituosa do que é e do que faz a escola, visão que me parece enriquecer os olhares e também as políticas que podemos pensar em sua defesa.

Um aspecto que deveria ser considerado mais de perto refere-se à escola como suspensão. O que é essa suspensão, como se produz, em que condições? Considero muito sugestiva a definição que dá o antropólogo Jan Nespor da escola como "uma intersecção em um espaço social, um nó na rede de práticas que se expande em sistemas complexos que começam e terminam fora da escola" (NESPOR, 1996, p. xiii). Nespor diz também que as salas de aula são "espaços porosos e precários" (p. xiii): as paredes da escola nunca contiveram de todo nem por muito tempo o que se passava fora. Nesse sentido, poder-se-ia dizer que se a suspensão era um gesto importante para conseguir produzir filiações diversas das familiares ou locais, um espaço e um tempo de *skholé*, não é preciso acreditar que com esse gesto a escola deixava de estar atravessada pelos tempos.

Podem ser tomados como exemplos dessas condições e limites da suspensão os uniformes escolares que estudei em minha tese de doutorado: eram superfícies ou artefatos em que se inscreviam o poder do estado-nação sobre os corpos infantis, o poder disciplinador, mas também, a partir de fins do século XVIII e sobretudo no século XIX, a vontade igualadora jacobina de que todos brilhassem de forma igual, porque eram iguais na República. Como diz o filósofo Etienne Tassin, retomando Hannah Arendt, "não há política senão da aparência, e essa é a sua nobreza. [...] A política sempre está do lado daquilo que se apresenta" (citado em DIDI-HUBERMAN, 2014, p. 24).[3] Poder-se-ia pensar, também, que essa suspensão que o uniforme impõe ao definir um corpo escolarizado é atravessada pela política – e nesse sentido, seria preciso voltar a pensar a política e a politização como parte do escolar e não somente como aquilo que busca domesticá-lo (SIMONS; MASSCHELEIN, 2014, p. 100 *et seq.*). O uniforme, em suas marcas concretas, sua cor, seu estilo, sua textura, ao mesmo tempo em que ajudou a delimitar um espaço do escolar, a estabelecer áreas e espaços em que a sua razão e a sua lei eram vigentes (incluindo-se, às vezes, o lado de

---

[3] No original: "Il n'y a de politique que d'apparence, là est sa noblesse. [...] la politique est toujours du côté de ce qui se présente [...]".

Sobre a precariedade da escola

fora da escola: sempre que se vestisse um uniforme era preciso comportar-se como um escolar), também foi atravessado pelos tempos, e definiu uma presença política do escolar na sociedade.

O exemplo do uniforme permite ver que a escola não é uma instituição homogênea e unificada, mas, como já assinalamos, uma montagem provisória de práticas, artefatos, pessoas, saberes, que não se define somente pelas paredes ou pelas formas de regras estatais, mas por complexas interações em várias direções, entre elas as operações para montá-la. Suspender um tempo e um espaço exigiu distintas operações, entre as quais definir uma vestimenta própria e codificar uma série de interações e regras sobre o seu uso, que ajudaram a estabilizar os limites entre o dentro e o fora da escola. Nesse contexto, as perguntas que poderiam ser chamadas de empíricas sobre como *tal* escola consegue fazer *tal* operação se tornam mais importantes; nesse caso, analisar por que os uniformes, quais, quando e até quando permite entender melhor a rede de relações que se montam na escola, e também as diferenças entre umas escolas e outras (entre privadas e públicas, entre escolas de distintas regiões e nações, entre regras mais rígidas e outras mais brandas). A continuidade não é um dado imutável; pensar a partir de uma perspectiva que parte do movimento e da instabilidade obriga a nos perguntarmos quais são as condições e operações que tornam possível essa montagem particular e heterogênea, esse gesto de suspensão de um tempo e um lugar e de profanação do conhecimento, e o que sustenta unida e relativamente estável a instituição escolar.

Essas perguntas são mais importantes hoje, quando as escolas estão mais precarizadas e fragilizadas, e quando parece que é mais difícil manter montado aquilo que antes tinha melhores condições para a durabilidade. Estão, por um lado, mais permeadas pelas condições de flexibilidade laboral e pela desfiliação, pela comoção e pela emergência; são muitas as escolas que trabalham em e a partir das "beiradas" do escolar, repensando formas e rotinas para sustentar a escolarização como projeto de integração à cultura. Mas também há códigos curriculares mais fragmentários e instáveis, submetidos às novas demandas para interessar e incluir distintas populações e a exigência da inovação e atualização. Há certa resignação em não contribuir para formar em algo comum e em relação ao fato de que a escola já não é um assunto público, mas uma negociação local fechada e submetida às relações de força imediatas. Tudo isso distancia as escolas desse ideal de plenitude e estabilidade que se imaginava, a partir da crítica que buscava desmontá-lo, a qual parece um tanto defasada no que diz respeito às condições em que operam as instituições escolares.

Eu gostaria de me deter um pouco mais nas condições que existem para que a escola se sustente como tal, essas que hoje parecem ainda mais incertas que antes. Para isso, seguirei a reflexão que John Law (2009) propõe sobre os três tipos ou condições da perdurabilidade das montagens sociais: a discursiva, a material e a estratégica, tratando de vinculá-los às operações e trabalhos que fazem as escolas.

A durabilidade discursiva tem a ver com as condições da discursividade ou da hegemonia que sustentam certas montagens. Seria preciso lembrar que a escola surgiu como um intento de eliminar, superar ou atenuar a fragilidade humana (HAMILTON; ZUFIAURRE, 2014): sem a escolarização, sem a distribuição de certa experiência codificada, cada geração se veria obrigada a começar de novo toda vez. O vínculo da escola com a fragilidade da experiência e a transmissão humana é profundo e múltiplo, e talvez seja parte do que se procura negar ou esconder atrás do mito de sua plenitude e estabilidade. O que é evidente é que a escola, para sustentar-se como montagem, precisa de condições discursivas que afirmem a sua importância e a sua centralidade para a transmissão da cultura; sem essa legitimidade, o que realiza tem poucas chances de perdurar.

Como viemos argumentando desde o início deste texto, as condições discursivas atuais são bastante adversas à sustentabilidade dessa montagem escolar, algo de que também tratam Masschelein e Simons quando discutem as estratégias de domesticação da escola. Desejo sublinhar que a crítica antiescolar tem vários pontos que surgiram no século XX. Por um lado, a demanda pela democratização das escolas: poder-se-ia dizer que foi na ordem de se fazer cada vez mais popular, cada vez mais inclusiva, que a escola foi adotando formas e saberes do entorno e das famílias (HUNTER, 1998). O desafio de incluir a todos, de dar lugar aos saberes populares e às demandas e necessidades locais foi acarretando um deslocamento do ideal burocrático e abstrato de igualdade educativa em direção de um ideal de inclusão localizada, adaptada, organizada segundo o gosto do público. Este é provavelmente o momento em que se tornou mais difícil falar de "a escola", e construir condições discursivas para uma maior durabilidade, porque começaram a surgir instituições com perfis mais próprios e propostas distintas, "customizadas" para o poder aquisitivo ou para a demanda das famílias. Destaco a ideia de adaptação ao gosto do público, porque me interessa dar ênfase à cadeia de associações entre adaptação local – audiência – consumo de massas, entre o público e os públicos consumidores, que foi acontecendo ao longo do século XX. A formação de uma audiência televisiva foi simultânea à democratização de muitas relações sociais, e à inclusão de muitos setores postergados à esfera pública e ao consumo de massas (MEYROWITZ, 1985). Embora as relações entre cidadania e consumo sejam complexas (GARCÍA CANCLINI, 1995), é importante assinalar que há uma tensão importante entre a demanda pedagógica de que a escola dê lugar a histórias, experiências e saberes distintos, o crescimento da lógica mercantil nas relações políticas e na ocupação do público por essa lógica, e o projeto da escolarização erguido com base em um ideal igualitário, para não dizer burocrático. Nessa tensão, os dois primeiros elementos terminaram aliando-se e confluindo, enquanto o terceiro foi declinando cada vez mais. Não é por acaso, então, que tenha caído em desgraça a escola como espaço diferenciado e separado (suspendido) da vida cotidiana, como espaço público que pode colocar-se à margem das relações de forças locais, e que seja cada vez mais forte a reivindicação de que se pareça cada vez mais com o lado de fora imediato, que se adapte às aprendizagens comuns, que tome suas tendências e suas formas.

Esses discursos críticos pedagógicos confluem com outros no questionamento das condições discursivas que sustentavam a montagem escolar, sobretudo com movimentos discursivos da tecnocultura que se erigem como as novas autoridades desses tempos. Sigo aqui Miguel Morey, filósofo espanhol, grande leitor e comentador de Foucault, em sua reflexão sobre a biblioteca e o arquivo como duas formas de organizar o conhecimento. Morey diz que Maurice Blanchot nos anos 1930, à guisa de grito de guerra contra as velhas instituições do saber, se sublevou contra as bibliotecas como "o esqueleto fundamental, essencial, das obras limitadas que todo homem culto deve conhecer" (MOREY, 2014, p. 194). Nas palavras de Blanchot, "já não existe biblioteca, a partir de agora, cada um lerá do seu modo" (*La última palabra*, 1935, citado em MOREY, 2014, p. 192). O gesto ou ação que propõe a crítica antiautoritária da biblioteca é "fazer perder a autoridade da biblioteca no que tinha de projeto único, unitário, de orde-nação da cultura" (p. 192). Foucault, anos depois, radicalizará esse gesto, saudando e celebrando que o desaparecimento de uma forma de organizar a cultura, de sustentar um *corpus* organizado da tradição, abre a possibilidade de que cada um possa ordenar a sua própria biblioteca. Foucault opõe à monarquia da biblioteca (e onde diz biblioteca poder-se-ia ler escola, que funciona mais ou menos como instituição centralizadora da cultura) a pluralidade do arquivo, sua horizontalidade.

Contudo, com a explosão digital da cultura e o aparecimento de novos arquivos como a *web*, a situação muda. Para Morey, é desnecessário insistir na celebração de novas liberdades, sendo preciso, porém, assinalar que também "tem algo que soçobra":

> A substituição da biblioteca pelo arquivo implica um ponto de crise, talvez o mais violento de nossa sociedade, no fracasso educacional com o qual nos ameaça, o fracasso da formação. Se saber é cortar, que saber podemos ensinar nas escolas? Se já não há biblioteca da tradição, o que se pode ensinar? A promessa que acompanhava a substituição da biblioteca pelo arquivo era uma promessa de desaprendizagem, graças a ela íamos poder desaprender, aprender a nos desprender das velhas amarras que atavam nossa experiência e nosso comportamento aos ditados de uma tradição enormemente enganadora, interessada e sectária. Em lugar disso, agora está o espaço aberto do arquivo. Mas desse espaço aberto não se produz nenhuma pedagogia (MOREY, 2014, p. 11).

Se "um saber [...] é um espaço de liberdade em relação àquilo que a tradição determinava como enclausurado de uma vez por todas" (MOREY, 2014, p. 204), como educar se não há tradição que possa autorizar uma adoção de profanação? Que liberdade há quando é definida pelo algoritmo das máquinas de busca, que já não se apoiam em uma tradição, mas em uma hierarquia de interesses econômicos complexa e opaca, formas culturais dominantes e lugares comuns? Que espaço resta para que o sujeito tome distância desse arquivo? A discursividade que se impõe com a cultura digital propõe a popularidade, a imediatez e a emocionalidade como as novas pedras de toque da cultura (VAN DIJCK, 2013); a profanação perde o seu fio e o seu potencial emancipador quando é uma operação cotidiana e se converte em estratégia de mercado para vender a última novidade – algo sobre o que voltarei adiante. O fato de que a tradição e a transmissão também tenham caído em desgraça, que estejam tão deslegitimadas pelos discursos políticos e pedagógicos contemporâneos, fala das dificuldades para que uma certa operação escolar possa perdurar. É preciso incorporar este espaço nas teorizações atuais sobre a escola para se poder pensar também nos desafios que enfrenta.

Em relação às condições materiais e estratégicas para a perdurabilidade da montagem escolar, eu gostaria de propor algumas reflexões sobre outra série de desafios que, como o último que foi lançado, vêm das mudanças na cultura material e tecnológica desta época e das novas condições do capitalismo.

Como assinalam Masschelein e Simons, a suspensão que a escola tem que fazer implica produzir uma atenção e realizar um trabalho sobre a percepção. Essa produção requer certas condições que estão sempre em movimento. Uma contribuição relevante para entender como se produziu essa educação da atenção é dada por Jonathan Crary (2008) em sua história da atenção. Crary estuda as tecnologias e discursos que permitiram educar a percepção para que houvesse um esforço e uma disposição em acordo para atender a certas coisas e não a outras, deixar para trás as distrações periféricas e concentrar a observação em um foco. É interessante verificar que essa educação da atenção andou na contramão das primeiras "instruções disciplinares", incluindo as educativas, no início do século XIX, que se planejaram para transformar os sujeitos no objeto da atenção e da vigilância, como o panóptico. Ao contrário, até fins do século XIX, a escola e também o cinema e a publicidade propuseram algo diferente: são os sujeitos que devem regular a sua atenção, fazer um uso proveitoso e eficiente em diversas situações sociais. As condições do cinema e das escolas, ainda que com suas diferenças, buscaram individualizar, separar e imobilizar os sujeitos em assentos ou em espaços que permitiram focalizar a sua atenção em um ponto. Como diz Crary, foram "métodos para controlar a atenção que utilizam a divisão e a sedentarização, criando corpos simultaneamente controláveis e úteis, apesar de gerarem a ilusão de que oferecem opções e *interatividade*" (CRARY, 2008, p. 80). As tecnologias interativas, então, também são meios nos quais se dá a captura da atenção, ou, melhor dizendo, a produção de uma certa atenção, que tem pontos de contato com as formas anteriores, mas que também introduz algumas novidades importantes com as "experiências de imersão" e cinésicas dos videogames e a realidade aumentada.

Na escola contemporânea, essas novas condições costumam ser tematizadas como um problema de atenção, um déficit de atenção ou um excesso de distração. Convém responder a esses argumentos com a análise de Crary de que a educação da atenção não excluiu a distração ou a desatenção: sempre é um fluxo instável, que requer que seja regulado e reforçado. Crary afirma que até fins do século XIX o tempo "livre" ou de recreio foi sendo colonizado, em um processo cada vez mais estendido que chega até agora, quando a cultura digital invade cada vez mais os tempos e os espaços. "A informação e os sistemas telemáticos simulam a possibilidade de divagar e evadir-se, mas em realidade constituem modos de sedentarização e separação nos quais a recepção de estímulos e a padronização de respostas produzem uma mescla sem precedentes de atenção difusa e quase-automatismo, que pode manter-se por períodos de tempo extremamente longos" (CRARY, 2008, p. 82). Certamente, pode-se dizer que o que acontece em relação às telas não é somente quase-automatismo, atenção difusa e flutuante: há momentos de intensa criatividade, de compromisso forte, de um envolvimento similar ao estudo, com um foco de atenção claro. Mas em uma economia da atenção que luta veementemente pelo "tempo disponível de cérebros" para vendê-los a quem melhor paga (STIEGLER, 2009; CITTON,

2014), gerando estímulos cada vez mais imersivos e poderosos para capturar os indivíduos, que possibilidades tem a escola de produzir uma educação da atenção que tenha características, ritmos e conteúdos diferentes da tecnocultura dominante? Que condições materiais e estratégicas tem para conseguir algumas montagens mais perduráveis nesse outro tipo de proposta de atender o mundo de outro modo, com outras perspectivas e outras temporalidades? Que chances tem o trabalho com a atenção profunda que propõe, em um contexto em que a hiperatenção, mais fragmentária e dispersa, mais imediata e imersiva, domina as indústrias culturais? Suspendermo-nos hoje implica uma ação explícita de desconectar-se das redes que interpenetram todas as relações sociais; as salas de aula com celulares são, mais do que nunca, espaços porosos e precários que são atravessados por múltiplas dinâmicas.

A regulação da atenção parece ter cedido a outras agências. Poder-se-ia dizer que, como a escola, o cinema e a televisão lutam por se recriarem como formas de circulação e consumo que podem incluir as telas domésticas ou dos dispositivos. Surge a convergência de meios e de negócios entre produtos e formas de distribuição que permitem ver em tempos determinados por cada usuário o que antes se dava em alguns canais de distribuição; caem as grandes cadeias de televisão e surgem novos atores, tais como plataformas de distribuição de conteúdo (iTunes, Netflix, Hulu e similares). Mas diferentemente desses meios, a escola, como um âmbito que propõe um tempo de iguais e um tipo de trabalho com o saber diferente e com autoridades que não têm a ver com a popularidade e a imediatez, encontra cada vez mais problemas para recriar-se nessas novas condições, porque a sua forma não pode acomodar-se ao consumo individual efêmero sem perder algumas de suas características centrais. Muitos professores sabem disso muito bem, sobre suas costas recai a tarefa de atender simultaneamente demandas contraditórias e impossíveis de satisfazer em toda a sua extensão: o modelo do consumo, a medida, o *"just-in-time"* não combinam muito com a organização pedagógica e material da aula.

Se são evidentes as dificuldades que as escolas encontram para suspender um tempo e um espaço e para produzir uma atenção sobre certas coisas do mundo que são trazidas para trabalhar em comum, eu gostaria de acrescentar outra dificuldade, associada à ação de profanação do saber que Masschelein e Simons postulam como uma das características centrais da escola, e como uma ação que permite uma emancipação dos limites epistêmicos e afetivos de cada um. Um requisito para essa profanação do saber é que possa haver uma relação de horizontalidade, de igualdade nesse acesso e problematização do objeto da cultura que é colocado em relação (seja um texto, uma peça mecânica, um mapa ou um filme). A escola como espaço de iguais deveria convidar todos a se aproximar de novo, como nova experiência, desses objetos que habilitam um encontro distinto com o mundo, e que permitem a cada um apropriar-se dele, encontrar um lugar nele, acessar suas linguagens como modos de representação das experiências humanas.

Assim, a horizontalidade não é somente nem principalmente o resultado de uma interação docente–aluno, mas uma condição mais geral da ação pedagógica, e aqui valeria a pena voltar a pensar sobre a inquietude de Miguel Morey: que pedagogia se segue de um espaço aberto como o Google? O que acontece com a horizontalidade onde não há, ou ao menos parece não haver, hierarquias ordenadas por uma tradição? Para abordar essa questão, retomo algumas ideias que Walter Benjamin elaborou em um escrito de 1928:

> Se há séculos [a escrita] começou a inclinar-se gradualmente, passando da inscrição vertical ao manuscrito que

repousava inclinado nos atris, para acabar apoiando-se na letra impressa, agora começa, com idêntica lentidão, a levantar-se outra vez do solo. O jornal já é lido mais na vertical do que na horizontal, e o cinema e a publicidade submetem por completo a escrita a uma verticalidade ditatorial (BENJAMIN, 1928, p. 29).

Para Benjamin, a ditadura perpendicular, a posição do sujeito diante da escrita, frente a frente, supõe um vínculo com o saber com menos liberdades do que a horizontalidade. Podemos deter-nos um pouco mais na espacialidade e materialidade da profanação: pode-se profanar algo que se tem em frente, ou precisa-se de um olhar oblíquo, da linha do horizonte? Em que medida a profanação requer uma mediação, uma distância? Benjamin sugere, nesse breve texto, que essas novas formas verticais da cultura reinstalam uma relação de culto, religiosa, com os seus produtos: olhamos as imagens da publicidade ou os meios com o mesmo fascínio com que se olhavam as imagens sagradas. Algo similar foi assinalado por Monsiváis (2007), quando analisou o poder das imagens do cinema e o poder da iconosfera nos imaginários contemporâneos como continuidade das velhas imagens religiosas. Seguindo esse fio dos meios verticais e horizontais, pode-se dizer que, paradoxalmente, a cultura digital que anuncia o fim das mediações e a circulação livre dos saberes, a completa autonomia do indivíduo para libertar-se das velhas autoridades e a profanação como gesto cotidiano, implica muitas vezes exatamente o contrário em sua verticalidade, algo ainda mais marcado na imersividade que os videogames propõem, que já não permitem "fazer tela", condição para a subjetividade segundo a psicanálise – ou distanciar-se para ganhar reflexividade.

A ditadura perpendicular das telas traz outros condicionantes para a profanação dos saberes, que fazem a relação com o profundo, a densidade de planos, *versus* a platitude das telas. Nessa

Sobre a precariedade da escola

linha, o diálogo com o trabalho da historiadora da arte Anne Friedberg, que estudou como a ideia de janela e tela podia associar-se a trajetórias mais amplas culturalmente sobre a perspectiva e a profundidade, trazendo um olhar um tanto distinto sobre o problema do vínculo com os saberes e a materialidade das ações pedagógicas nesta época. Para Friedberg, "o 'espaço' vernáculo da tela do computador tem mais em comum com as superfícies do cubismo – frontalidade, supressão da profundidade, capas sobrepostas – do que com a profundidade estendida da perspectiva renascentista" (FRIEDBERG, 2006, p. 3). Isso desarticula algo que foi central para o pensamento crítico, que foi a possibilidade de perspectiva. A tela se desprende da janela como abertura ao mundo, a um mundo com uma densa cadeia de planos e uma linha de fuga para o horizonte, e começa a ser mais um espaço de encerramento, de sedentarização, de des-complexificação do mundo. Não é casual que um dos *sites* mais populares de apoio escolar no Brasil se chame "Descomplica": a promessa das novas tecnologias é simplificar o mundo, economizá-lo, fazê-lo doméstico a tal ponto que deixe de ser mundo e se torne uma projeção dele.

A perspectiva é a possibilidade da distância, e também de confrontar pontos de vista. Friedberg traz o que Leon Battista Alberti, considerado o "inventor" da perspectiva, dizia em *De Pictura* (1435): "Grande, pequeno, largo, curto, alto, baixo, amplo, estreito, luz, obscuridade, brilhante, tenebroso, e tudo do seu tipo, [...] só podem ser conhecidos por comparação" (citado em FRIEDBERG, 2006, p. 243). Essa comparação, em um contexto de convergência dos múltiplos aparelhos, como a televisão, o cinema, o rádio, o computador, o telefone em uma só tela, produz outros efeitos, que aplainam essas diferenças. Diz Friedberg: "como donos das janelas de múltiplas telas, agora vemos o mundo em quadros fraturados espacial e temporalmente, através de 'janelas virtuais' que se apoiam mais no múltiplo e no simultâneo do que no singular e no sequencial" (p. 243). Quando tudo se traduz ou se reduz a uma janela na qual a incomensurabilidade fica assimilada a outros quadrados, todos iguais ainda que diferentes, seria preciso ver que condições existem para produzir operações de saber que reconheçam a alteridade e a diferença nas linguagens e experiências dos outros, e possam resistir ao influxo de assimilar tudo à mesma corrente avassaladora.

As tecnologias em sala de aula pressupõem, assim, desafios muito maiores do que citações da Wikipédia: há condições epistemológicas e ontológicas que começam a inverter-se e que terão efeitos que, embora ainda sejam tênues, já falam da dificuldade de sustentar operações críticas de profanação dos saberes e de um certo tipo de atenção para o mundo como os que a escola procurava instituir, de formas nem sempre exitosas, mas que iam em uma direção muito distinta da que se impõe hoje.

Aproximo-me assim da conclusão do meu argumento, que quer elogiar a precariedade da escola para insistir em que é necessário dotá-la de condições de certa perdurabilidade, condições que na atualidade parecem cada vez mais difíceis de se conseguir. Se a proposta político-epistemológica da escola moderna se baseava nessas operações de suspensão, de corte, de profanação, de equalização horizontal, seria preciso então chamar a pensar o que se poderia fazer, o que poderíamos fazer para que possa perdurar como montagem precária, ainda que seja um pouco mais, até que surja alguma outra instituição que substitua o seu relevo, e embora essa estabilidade esteja sempre à beira de sua destruição, que é também o da afirmação de sua vida e sua potência.

Um primeiro elemento é fortalecer essas condições discursivas para a perdurabilidade dessa montagem precária. Tem-se a impressão de que muitas das propostas críticas, embora venham da esquerda, seguem o mesmo movimento do novo capitalismo criativo ou cognitivo, reproduzindo as oposições entre a durabilidade (o polo negativo) e a mobilidade (polo positivo), o apego (*stickness*) e a disseminação (*spreadability*), que é erigida como novo valor ou mercadoria (JENKINS, 2013). Em seu rechaço da perduração, da repetição e da acumulação, a crítica antiescolar que teve o seu auge em 1968 aparece hoje alinhada, paradoxalmente, com instituições e regimes de poder que outrora eram seus inimigos (DUSSEL, 2016). Seria preciso revisar essas perspectivas críticas, sem cair na nostalgia da velha escola, inútil e irrelevante nessas novas condições; mais que isso, é preciso pensar propositivamente, com vistas no futuro, imaginando o que do mundo queremos trazer à ação da profanação, que convites podemos fazer para esse encontro, que arquitetura e que disciplina ajudam melhor na suspensão, que formas a escola toma ou pode tomar para atuar como esse espaço de iguais. E ainda que não tenha tratado deles neste texto, esse repensar passa de maneira central por um trabalho com os professores, as famílias, os estudantes, experimentando e expandindo novas formas de fazer escola nessas condições.

Mas também temos que pensar nas condições materiais e estratégicas, nas políticas e na cotidianidade do escolar. É preciso imaginar novos dispositivos, tecnologias, artefatos ou saberes que dialoguem melhor com essas novas condições do saber, e que se inscrevam nas formas concretas com que hoje se faz escola. Seria preciso considerar, com toda a seriedade que merece, que tecnologias vamos usar e para quê; que disposição da sala de aula ajuda melhor a realizar alguns desses gestos ou ações. Que conteúdos ou saberes são trazidos para esse encontro que ajudem nas direções que importam nesses tempos, sem abandonar a tarefa política da montagem, como diz Latour (2005), precisamente porque é precário e poroso. Não se trata de estruturar uma nova série de receitas ou de passos para fazer escola, mas sim de concretizar e de dar forma a essas inquietudes e preocupações. Seria preciso pensar o que do mundo é trazido para esse encontro, para que a escola não entregue às novas autoridades das indústrias tecnoculturais o seu lugar como âmbito público, como âmbito de construção do comum. Diferentemente de Morey, que considera que não há pedagogia no espaço aberto do Google, creio que é preciso alertar sobre as hierarquias e ordens que constroem os algoritmos, sobre as pedagogias do "des-complica", sobre a simplificação e o aplainamento do mundo. Por isso, os momentos e os espaços de trabalho com as tecnologias digitais na escola me parecem centrais para que possamos transformá-las em objetos a profanar, isto é, para que possamos problematizá-las, questioná-las e olhá-las em distintas perspectivas, para que possamos estabelecer um corte e nos distanciarmos da corrente de padronização e dos caminhos que vão armando os algoritmos da popularidade.

O que segue será igual em relação ao precário e instável em relação ao de antes, mas as formas de conectividade, hiperatenção e aplainamento do mundo apresentam novos desafios para ir armando novas montagens provisórias. Enquanto vamos pensando e ensaiando, proponho ficarmos com a ideia do historiador da arte Didi-Huberman sobre o vínculo entre saber e cortar, que Morey toma de Foucault:

> A questão de "cortar" me parece mais importante hoje em dia, em uma época na qual se pensa que saber é saber o máximo de coisas, fazer bases de dados vendo tudo no YouTube. Tudo isso é muito importante, sim. Mas o ato fundamental é o de cortar. Cortar não quer dizer fatalmente reduzir o sentido. Corta-se fazendo uma montagem. Mas ao fazer uma montagem, pode-se abrir o sentido em perspectivas consideráveis (DIDI-HUBERMAN, 2014, p. 149).

O fio da montagem é valioso, e seria preciso segui-lo. Na época da informação "sem fim", do arquivo para-humano da cultura, talvez a escola seja o espaço para aprender a cortar, a deter-se, a criar uma série distinta, e exercitar-se nisso. Profanar é problematizar, questionar, acercar-se de perspectivas distintas, interrogar com linguagens novas aquilo que já se tinha visto ou acreditado. Seria preciso ensinar a perdurar nesses gestos, e daí o valor do exercício cotidiano. O elogio da precariedade da escola passa por apreciá-la, cuidar dela, expandi-la, para que não se estabilize nem no efêmero nem no descartável, mas como uma condição vital de uma montagem que está sempre à beira de sua destruição, mas também em movimento, aberto, capaz de apresentar o mundo e de ajudar a criar novas montagens, imaginando outros futuros.

Referências

BALL, S.; MAGUIRE, M.; BRAUN, A. *How Schools Do Policy. Policy Enactments in Secondary Schools*. London: Routledge, 2012.

BENJAMIN, W. Censor Jurado de Libros. In: _____. *Calle de Mano Única*. Tradução de J. J. del Solar e M. Allende Salazar. Madrid: Ed. Nacional, 1928/2002. p. 28-30.

BOLTANSKI, L.; CHIAPPELLO, E. *El nuevo espíritu del capitalismo*. Madrid: Akal, 1997.

BUTLER, J. *Vida precaria. El poder del duelo y la violencia*. Buenos Aires: Paidós, 2006.

CABRERA, D. Las promesas y el sin-límites de las nuevas tecnologías. *Revista El Monitor de la Educación*, v. 17, p. 32-35, 2008.

CASTEL, R. *L'individu contemporain, regards sociologiques*. Paris: Éditions Sciences Humaines, 2006.

CHARTIER, A.-M. Fazeres ordinários da classe: uma aposta para a pesquisa e para a formação. *Educação e Pesquisa*, v. 26, n. 2, p. 157-168, jul./dez. 2000. Disponível em: <http://www.scielo.br/pdf/ep/v26n2/a11v26n2.pdf>. Acesso em: 29 ago. 2017.

CITTON, Y. (Ed.). *L'économie de l'attention. Nouvelle horizon du capitalisme?* Paris: Éditions La Découverte, 2014.

CRARY, J. *Suspensiones de la percepción. Atención, espectáculo y cultura moderna*. Madrid: Akal, 2008.

DIDI-HUBERMAN, G. Savoir Trancher. In: CAILLAT, F. (Dir.). *Foucault contre lui-même*. Paris: Presses Universitaires de France, 2014. p. 129-168.

DUSSEL, I. The Assembling of Schooling. Discussing Concepts and Models for Understanding the Historical Production of Modern Schooling. *European Education Research Journal*, v. 12, n. 2, p. 176-189, 2013. Disponível em: < http://journals.sagepub.com/doi/pdf/10.2304/eerj.2013.12.2.176>. Acesso em: 29 ago. 2017.

DUSSEL, I. Digital Classrooms and the New Economies of Attention. Reflections on the End of Schooling as Confinement. In: WILLIS, J.; DARIAN-SMITH, K. (Eds.). *Designing Schools: Space, Place and Pedagogy*. London: Routledge, 2016. p. 229-243.

FISH, S. The Digital Humanities and the Transcending of Mortality. *The New York Times*, 9 jan. 2012. Disponível em: <http://opinionator.blogs.nytimes.com/2012/01/09/the-digital-humanities-and-the-transcending-of-mortality/>. Acesso em: 29 ago. 2017.

FOSTER, H. *Bad New Days. Art, Criticism, Emergency*. London: Verso Books, 2015.

FRIEDBERG, A. *The Virtual Window. From Alberti to Microsoft*. Cambridge, MA: The MIT Press, 2006.

GARCÍA CANCLINI, N. *Ciudadanos y consumidores*. México: Grijalbo, 1995.

HAMILTON, D.; ZUFIAURRE, B. *Blackboards and Bootstraps. Revisioning Education and Schooling*. Rotterdam: Sense Publishers, 2014.

HERNÁNDEZ NAVARRO, M. A. Prólogo. La historia del arte y el tiempo de la escritura. In: MOXLEY, K. *El tiempo de lo visual. La imagen en la historia*. Buenos Aires: San Soleil, 2016. p. 9-17.

HUNTER, I. *Repensar la escuela. Subjetividad, crítica*. Barcelona: Pomares, 1998.

JENKINS, H. Rethinking 'Rethinking Convergence/Culture'. *Cultural Studies*, v. 28, n. 2, p. 267-297, 2013.

LATOUR, B. *We Have Never Been Modern*. Cambridge, MA: Harvard University Press, 1993.

LATOUR, B. *Reassembling the Social*. Oxford: Oxford University Press, 2005.

LAWN, M. Building Ruins: Abandoned Ideas of the School. In: WILLIS, J.; DARIAN-SMITH, K. (Eds.). *Designing Schools: Space, Place and Pedagogy*. London: Routledge, 2016. p. 19-24.

LAW, J. Actor Network Theory and Material Semiotics. In: TURNER, B. S. (Ed.). *The New Blackwell Companion to Social Theory*. London: Blackwell, 2009. p. 141-158.

MEYROWITZ, J. *No Sense of Place. The Impact of Electronic Media on Social Behavior*. New York: Oxford University Press, 1985.

MONSIVÁIS, C. *Las alusiones perdidas*. México D. F.: Anagrama, 2007.

MOREY, M. El lugar de todos los lugares. Consideraciones sobre el archivo. In: *Escritos sobre Foucault*. Madrid: Sexto Piso, 2014. p. 188-212.

NESPOR, J. *Tangled Up in School. Politics, Space, Bodies, and Signs in the Educational Process*. Mahwah, NJ: Lawrence Erlbaum Associates, 1996.

SIMONS, M.; MASSCHELEIN, J. *En defensa de la escuela: una cuestión pública*. Buenos Aires: Ed. Miño, 2014.

STANDING, G. *The Precariat: The New Dangerous Class*. London: Bloomsbury, 2011.

STIEGLER, B. The Carnival of the New Screen: From Hegemony to Isonomy. In: SNICKERS, P.; VONDERAU, P. (Eds.). *The You Tube Reader*. Stockholm: National Library of Sweden, 2009.

VAN DIJCK, J. *The Culture of Connectivity: A Critical History of Social Media*, Oxford and New York: Oxford University Press, 2013.

Filme

Teoria da Escola. Dir. Maximiliano López. Brasil, UFJF-NEPE, 2016. 33 minutos.

Um povo capaz de skholé: elogio das Missões Pedagógicas da II República Espanhola

Jorge Larrosa, Marta Venceslao
Tradução: *Fernando Coelho*

Aí está, e que cada um pegue o que puder, o que quiser, o que lhe servir e nada mais.
(Ramón Gaya, relembra, quase sessenta anos depois, o que foram as Missões Pedagógicas)

Uma declaração de amor.
(Nota prévia de Jorge Larrosa)

Há alguns meses, Marta e eu demos uma disciplina de mestrado intitulada "Cultura, arte e sociedade inclusiva", cuja proposta era pensar maneiras de entender as práticas artísticas e culturais no contexto de categorias sociais como pobreza, desigualdade ou exclusão. Um tanto surpreendidos por certo espírito hipercrítico dos estudantes diante de muitas das coisas que lhes mostrávamos, e inspirados também pela maneira como eles elaboraram alguns estados de espírito como a raiva ou o mal-estar para colocá-los na base da sua maneira de entender tanto a pesquisa, como o trabalho com o social, propusemos uma distinção entre duas maneiras de nos relacionarmos com o mundo, as quais chamamos de "distância crítica" e "aproximação amorosa", e decidimos pedir aos estudantes, como exercício de aula, uma "declaração de amor", ou seja, que mostrassem alguma experiência educativa, artística ou cultural, no âmbito do "social", que eles acreditassem que poderia ser inspiradora, da qual pudéssemos aprender algo ou na qual, ao menos, valesse a pena determo-nos por um momento, prestarmos-lhe atenção, deixarmo-nos dizer alguma coisa por ela. Marta preparou a sua própria declaração de amor, dedicou-a às Missões Pedagógicas da II República Espanhola, e, quando a apresentou em aula, comovido pela força das imagens e pelo assombro dos estudantes, eu soube claramente que esse tinha que ser o tema do meu "elogio da escola" em Florianópolis.

Além disso, as minhas dificuldades para superar a hostilidade com a qual meus próprios alunos tendem a ler o livro de Jan Masschelein e Maarten Simons (2014) sobre a escola me haviam levado a pensar que esse é um livro que exige uma leitura com um olhar amoroso tanto para a escola, como para a tradição pedagógica: algo que não é fácil nesses tempos em que está instalado o tópico da "crítica da escola tradicional", em que a própria escola é declarada todos os dias como sendo enfadonha, obsoleta, ineficaz, inútil, anacrônica, etc., etc., etc., e no qual aos jovens aprendizes de educadores só se ensina a ver a escola como algo que tem que mudar e se apresenta a tradição pedagógica como um museu de antiguidades.

De modo que pedi a Marta as suas notas e as suas fontes, o que tinha escrito e o seu material de trabalho, e lhe pedi permissão para reelaborá-los no contexto deste Seminário, assegurando-lhe que manteria, isso sim, o tom amoroso e agradecido, e que, portanto, submeteria à sua consideração e ao seu critério o resultado deste trabalho, aceitando, desse modo, todas as sugestões que julgasse bem me dar. E assim o fizemos. Por isso a dupla autoria deste texto. E daí, por último, que ao duplo amor no qual, segundo Hannah Arendt, se decide a educação (o amor ao mundo e o amor à infância), nos atrevamos a acrescentar um terceiro: o amor à escola. Sabendo que o que chamamos de "a escola" é um acontecimento que se dá, às vezes, somente às vezes, em uma instituição escolar cada vez mais submetida às lógicas econômicas e sociais ou, nas palavras de Jan e de Maarten, cada vez mais domesticada.

As Missões

Aquele que impulsionou as Missões Pedagógicas, Manuel Bartolomé Cossío, tinha sido colaborador e discípulo de Francisco Giner de los Ríos (o fundador, em 1876, da Institución Libre de Enseñanza, que tinha revolucionado a pedagogia espanhola do fim do século XIX e início do XX), e tinha sido também, desde 1904, o primeiro catedrático da primeira Cátedra de Pedagogia que teve a universidade espanhola. Cossío estava na Suíça em 14 de abril de 1931, dia da proclamação da II República, e imediatamente pegou um trem para Madri. À sua chegada à estação estava esperando por ele Domingo Barnés, diretor do Museu Pedagógico, para lhe dizer que o novo governo ia impulsionar imediatamente o tão acariciado projeto das Missões e que iam nomeá-lo diretor do seu Conselho. De fato, as Missões foram criadas no mês seguinte, no dia 29 de maio, na dependência do Ministério de Instrução Pública e Belas Artes. A primeira Missão se realizou entre 17 e 23 de dezembro, e foi uma das primeiras iniciativas em um período da história da Espanha que se caracteriza, justamente, por seu extraordinário impulso pedagógico. Tanto a obra educativa da II República Espanhola, como as próprias Missões Pedagógicas têm sido amplamente estudadas, a bibliografia é imensa, e nos limitaremos aqui aos poucos dados que consideramos relevantes para oferecer um mínimo contexto e para sublinhar a importância do assunto.

As Missões eram constituídas por cinco artefatos portáteis de ação cultural e educativa: o Museu do Povo (também conhecido como Museu Ambulante), o Serviço de Cinema, as Bibliotecas Ambulantes, o Coro do Povo e o Teatro do Povo (que incluía um teatro de títeres chamado Palco de Fantoches). Eram pensadas para o fomento e a difusão da cultura na Espanha rural, isolada e analfabeta. Pretendiam também impulsionar certa renovação pedagógica nas escolas das aldeias mais desassistidas, organizando cursos para professores. Durante os seus quase cinco anos de existência, chegaram a 7.000 povoados, muitos dos quais praticamente inacessíveis. Em cada um deles se deixava uma coleção de 100 livros, um gramofone com discos e outros objetos culturais. Delas participaram mais de 500 missionários, entre professores, normalistas, inspetores de ensino e estudantes universitários. Entre os juveníssimos missionários, havia pessoas que se tornariam depois artistas, escritores, poetas, músicos, cineastas, filósofos e pedagogos de grandíssima importância.[1] Alguns dos missionários foram fuzilados se, no momento da sublevação militar, se encontravam em zona franquista, e outros morreram na frente de batalha ou na repressão do pós-guerra, e a maioria se exilou depois da queda da República. Por último, as Missões tiveram ecos muito importantes em países como o México, a Argentina, o

---

[1] No Conselho das Missões estavam os poetas Antônio Machado e Pedro Salinas. Entre os missionários havia dramaturgos como Alejandro Casona ou Antonio Buero Vallejo; poetas como Luís Cernuda, Miguel Hernández ou Federico García Lorca; pintores como Ramón Gaya ou Maruja Mallo; cineastas como José Val de Omar; músicos como Eduardo Torner; linguistas como María Moliner; filósofas como María Zambrano; escritores como Rafael Dieste; pedagogos e pedagogas como Concepción Sainz-Amor ou Valentín Aranda, e alguns dos que logo seriam grandes pedagogos do exílio americano como Herminio Almendros em Cuba ou Modesto Bargalló, Luís Santullano e José de Tapia no México.

Uruguai, a Venezuela, a Guatemala, o Equador ou Cuba, em muitos casos com a colaboração ativa de espanhóis exilados.

Em todo caso, não nos faremos de historiadores (não vamos resumir aqui o que foram as Missões) e tampouco apresentaremos as Missões como um modelo pedagógico (o mundo mudou muito e os artefatos pedagógicos que as Missões puseram em ação já não são novidade, e inclusive podem parecer velhos e antiquados). O que vamos fazer é mostrar como as Missões (e, em particular, o Museu do Povo) encarnam certa "ideia de escola", como o extraordinário acervo documental que se conserva apresenta certa "imagem da escola", como essa ideia, assim como essa imagem, se tornaram impossíveis (talvez já fossem impossíveis no momento mesmo do seu aparecimento), bem como sugerir algumas reflexões sobre o que podemos aprender com essa impossibilidade na tarefa de reinventar a escola nesta nossa época tão hostil ao que Jan e Maarten chamam de "o escolar", ou seja, aquilo que faz que uma escola seja verdadeiramente uma escola, ou, para dizer de outro modo, que mereça o nome de escola.

Os viajantes

O espírito das Missões foi um espírito viajante. A ideia, ou a inspiração, ou o sonho das Missões, não surgiu das estatísticas, do que poderia ser, como se diz agora, um "diagnóstico das necessidades", fabricado com informações deficitárias sobre o que alguns chamam de "a realidade", mas apareceu como efeito da paixão viajante que se apoderou dos *institucionistas* já em fins do século XIX, de suas viagens por todo o país (em ônibus precários ou em vagões de terceira classe, dormindo em albergues modestíssimos ou em choças, chegando a lugares em que raramente se viam forasteiros) e de sua relação assombrada com a paisagem, com a pobreza e também com as formas de cultura e de sabedoria popular que encontraram por essas terras de Espanha. Um dos mais próximos colaboradores de Cossío, Luís Santullano, depois de uma viagem à França e à Bélgica, comissionada pela Junta de Ampliação dos Estudos, para conhecer escolas e métodos pedagógicos modernos, montou em 1912 uma pequena biblioteca de duas dúzias de livros e se dedicou a percorrer as aldeias de Zamora lendo com os professores. Como conta em uma carta ao mesmo Cossío: "[...] irei pelos povoados e vou fazer exclusivamente leituras com grupos de quatro, seis professores, os quais, parece-me, se não leem, é porque não sabem ler, porque nunca pegaram gosto por um livro" (citada em OTERO, 2006, p. 75). De fato, as expedições de professores e inspetores para conhecer o que havia de mais avançado da pedagogia europeia (subvencionadas pela Junta de Ampliação dos Estudos) se completavam, muitas vezes, com estadas em zonas rurais pobres e afastadas. O mesmo Santullano, que logo em seguida foi um notável membro do Conselho das Missões, sempre pensou que, além de levar os professores ao estrangeiro para a sua formação pedagógica, também tinha que levá-los às aldeias mais pobres, e que isso também era fundamental para a formação.

Por outro lado, uma vez constituídas as Missões, também se colocava em jogo o espírito aventureiro dos jovens missionários, porque, como dizia Cossío, "a aventura os seduz sempre, a aventura de andar e de ver, e a experiência os faz retornar com mais riqueza de corpo e alma do que a que tinham quando partiram" (OTERO, 2006, p. 89). E é verdade que, para muitos desses jovens, a participação nas Missões pressupunha uma verdadeira experiência de formação e de transformação que deixou uma marca profunda tanto em sua vida como em seu trabalho posterior, fora ou não do caráter pedagógico, ou, como costumava dizer Rafael Dieste, "imprimia caráter".

Ademais, na volta das expedições missionárias, não somente tinham de redigir um informe escrito para a Memória do Conselho, como também tinham de passar, se fosse possível, em casa de Cossío, para contar a ele de viva voz o que tinham visto, o que tinha acontecido com eles, o que tinham pensado. E isso à vontade, em conversas informais, sem o recurso a métodos de observação ou de registro, pondo em jogo a sua capacidade de olhar, de escutar, de sentir, de pensar, de falar, de escrever, de contar e, sobretudo, pondo todas essas capacidades em jogo ante a escuta atenta de um velho enfermo e praticamente inválido do qual se sentiam, sem dúvida, muito diferentes, mas que admiravam, reconheciam e respeitavam, ou seja, ante alguém a quem não se podia dizer qualquer coisa. Ramón Gaya diz que essas conversas eram muito divertidas e que Cossío, quando os missionários lhe contavam as suas experiências, "exultava, porque, claro, se sentida respondido" (GAYA, 2003, p. 29).

Parece-nos muito belo este "se sentir respondido", porque mostra que as Missões não eram concebidas como um projeto, mas como uma pro-posta, ou seja, como algo que se colocava no mundo, que se fazia no mundo, mas cujos efeitos não se pensavam em termos de resultados, mas em termos de res-postas. Como se Cossío enviasse todos esses dispositivos educativos e culturais e todos esses jovens por esses povoados de deus, não para obter algo, mas como se fossem perguntas, propostas, cartas de amor que se mandavam com a esperança de receber algumas respostas. E o que não daríamos nós para poder escutar esses relatos de viagem, essas respostas trazidas por um punhado de jovens inquietos à casa de um enfermo, que poderiam sem dúvida figurar em um livro de Jacques Rancière que nós amamos especialmente, esse que conta o modo como alguns viajantes especialmente sensíveis descobriram e ao mesmo tempo inventaram algo que se poderia chamar de "o povo".[2] Logo diremos algo sobre este ponto crucial a nosso ver, e nos contentaremos agora em assinalar que a experiência das Missões e dos missionários poderia ser o primeiro capítulo de um livro ainda por escrever que poderia intitular-se, em homenagem a Rancière, "Curtas viagens – pedagógicas – ao país do povo", à medida que essa experiência aparece, ou se revela, uma forma particular do povo que poderíamos chamar, talvez, "o povo capaz de *skholé*", na qual está em jogo a possibilidade ou a impossibilidade mesma da escola.

Os missionários

O Conselho das Missões, e o próprio Cossío, se deram o trabalho de selecionar cuidadosamente os missionários ou, nas palavras de Cossío, "as pessoas que possam oferecer a cultura, o desinteresse, o entusiasmo e o tato necessários". Não houve procedimentos institucionais de seleção, critérios profissionais mais ou menos objetivos, ou cursinhos de formação nos quais os jovens pudessem aprender as metodologias adequadas, senão que se insistiu em conhecer as qualidades pessoais dos jovens, o que antes era chamado de "caráter", uma vez que eram os que, também nas palavras de Cossío, "iam entregar o seu melhor" (GAYA, 2003, p. 137) ou, em outro lugar, visto que eram eles os que iam "ensinar e divertir, pagando assim com a sua pessoa, que é mais preciosa, a dívida de justiça que contraíram com a sociedade, como privilegiados do saber e da fortuna" (OTERO, 2006, p. 88). Cossío sempre insistiu em que o mais importante era saber escolher as pessoas adequadas,

---

[2] O livro começa assim: "Neste livro se tratará de viagens. Menos, contudo, de ilhas longínquas ou paisagens exóticas do que desses rincões bem próximos que oferecem ao viajante a imagem de outro mundo. No outro lado do estreito, um pouco afastado do rio e da estrada geral, no final da linha de transportes urbanos vive outro povo, a menos que seja simplesmente o povo" (RANCIÈRE, 1991, p. 7).

ele mesmo conversou amplamente com muitos dos aspirantes, seguramente para certificar-se de que reuniam ou não o que, segundo ele, bastava para ser missionário: "sentir-se atraído pelas orientações em que a missão se inspirava, ter algo para oferecer, e aspirar a conquistar a suficiente graça para chegar com ela ao ânimo da gente humilde" (OTERO, 2006, p. 92). E em uma maravilhosa entrevista sobre o que foram as Missões, um Rafael Dieste quase ancião descrevia assim as características próprias dos missionários: "o mais necessário era uma disposição especial, sinceramente fraternal, para comunicar-se com o povo [...]. Os talentos particulares de cada um, seu cabedal, maior ou menor, de conhecimentos, seu humor – grave, meditativo ou expansivo – tinham que ser postos em jogo de acordo com essa prévia e sustentada disposição comunicativa" (OTERO, 2006, p. 138-139).

Tratava-se de provar no caráter dos missionários a presença de coisas tão estranhas (e tão fora de moda e tão desconhecidas ou mal interpretadas pelo discurso pedagógico hoje dominante) como o humor ou o estado de espírito (a forma existencial básica de estarem abertos ao mundo), a disposição comunicativa (à qual Cossío se refere com a bela palavra "graça"), o conhecimento e a cultura (o que cada um tem para oferecer, para dar, para fazer que de privilégio de uns se transforme em doação dos outros, isso que, no dizer de Ortega, somente tinha sentido em existência compartilhada e em sua formação "vivificadora"), a fraternidade (certa maneira de entender a igualdade e a comunidade), o tato (certo sentido do trato humano, das relações e das distâncias), o desinteresse (certo sentido da gratuidade do que se faz), o sentir-se atraído (não identificado ou comprometido, mas atraído) pelo espírito das missões, pelo alento que as inspira e, portanto, sua capacidade de entregar "o seu melhor" (de "pagar com a sua pessoa" uma dívida de justiça).

E algo disso, algo do privilégio das qualidades pessoais, que hoje chamaríamos de "competências profissionais", pode ser visto também no modo como tratavam que os professores com os quais faziam os cursos acreditassem em seu próprio esforço e em sua própria capacidade de invenção mais do que em qualquer método ou receita que se lhes pudesse ensinar ou recomendar. Nas palavras de Cossío: "dá-me um bom professor e ele improvisará o local da escola se faltar, ele inventará o material de ensino [...], mas deem-lhe por sua vez a consideração que merece, o melhor que ele leva consigo no próprio valor da sua pessoa" (OTERO, 2006, p. 80). Porque isso é o que entregam tanto os missionários como os professores e, portanto, isso é aquilo com que trabalham, com o próprio "valor de sua pessoa".

O Museu Ambulante

A partir de agora, falaremos explicitamente das Missões como uma "espécie de escola" e, sobretudo, da maneira como encarnam certa "ideia de escola". E o faremos concentrando-nos no Museu Ambulante, também chamado de Museu do Povo, que consistia em duas coleções com 14 cópias cada uma (em tamanho real) de grandes obras do Museu do Prado (Ribera, Zurbarán, Murillo, Goya, Velázquez e El Greco, além de cópia em tamanho menor de algumas gravuras dos *Caprichos*, dos *Disparates* e dos *Desastres de la guerra*, de Goya). Do Museu Ambulante se encarregavam Ramón Gaya (um jovem pintor autodidata, de 21 anos, que tinha sido sugerido por Pedro Salinas) e Antônio Sánchez Barbudo (jovem poeta e periodista), que costumavam ser acompanhados por Rafael Dieste, Luís Cernuda e pelo cineasta e fotógrafo José Val de Omar.

Diremos, para começar, que o Museu Ambulante era concebido como um artefato de *comunização* da cultura. E a palavra "comunização" não tem a ver com comunicação, mas com comunismo, ou seja, com a operação de converter em um bem comum (de todos e para todos) algo que estava relativamente privatizado. O patrimônio artístico espanhol, tomado como um legado público, como algo que pertencia ao povo espanhol, devia ser levado até as pessoas que nunca tinham tido, nem poderiam ter, a oportunidade de visitar os museus da capital. Nas palavras de Cossío, lembradas por Gaya, "quero ensinar esses tesouros às pessoas que nunca os viram. Porque também são seus. Mas em absoluto não quero dar-lhes nenhuma lição. Somente quero que saibam que existem e que, ainda que estejam encerrados no Museu do Prado, também são seus" (2003, p. 26).

O processo de criação do Museu e a maneira como se realizava a sua instalação foram "atos de amor" em si mesmos. Trabalhou-se detidamente na seleção das obras. Decidiu-se não fazer cópias técnicas ou profissionais, mas encarregá-las a pintores de verdade, a jovens pintores que amam esses quadros, para garantir assim não somente que as cópias fossem fiéis, mas que tivessem "vida", que os quadros fossem, de alguma maneira, vivificados, no momento mesmo de sua reprodução, como se o fato de serem copiados para a sua apresentação ou sua representação para o povo analfabeto não significasse uma perda de sua aura, mas que, pelo contrário, lhes desse uma aura nova, uma nova força, uma nova vida. E se decidiu também não modificar o tamanho dos quadros e apresentá-los em toda a sua grandeza, ainda que isso representasse enormes dificuldades de transporte e instalação.

O Museu era instalado em escolas ou câmaras municipais, e era montado com o máximo decoro e bom gosto possível: as paredes do local eram cobertas com lençóis brancos, colocava-se música ambiente clássica e flores na sala. O Museu era aberto de manhã para quem quisesse vê-lo, e à tarde havia falas: uma, de caráter histórico, da qual costumavam encarregar-se Sánchez Barbudo, Dieste ou Cernuda, e outra, de caráter pictórico, da qual se encarregava Gaya. Este desenhava ou pintava enquanto falava, e, quando acabava a exposição, as pessoas podiam levar os esboços. Eram organizadas sessões especiais para crianças nas quais se lhes forneciam materiais para que fizessem suas próprias cópias do quadro que mais gostassem. Ademais, davam-se às crianças pequenas cópias dos quadros para que pudessem levar para casa. Finalmente, depois das atividades próprias do Museu, realizavam-me audições de música clássica e de canções populares, e, se Val del Omar estivesse presente, fazia-se uma sessão de cinema. Se fosse possível, realizava-se uma atividade, que chamavam de "fala ilustrada", na qual Sánchez Barbudo lia e comentava fragmentos de *Dom Quixote* ou dos contos do Conde Lucanor, enquanto Gaya ilustrava as histórias desenhando com carvão em grandes rolos de papel colados nas paredes do local, ou da praça. Ao final, as pessoas podiam levar também os desenhos.

Assim, podiam-se discutir muitas coisas, porque somos críticos, inteligentes e progressistas e, sobretudo, porque viemos ao mundo depois e podemos nos permitir o luxo de olhar para trás com certa condescendência. Podemos criticar a seleção dos quadros e dizer, por exemplo, que supõe uma concepção patrimonial, canônica e elitista da cultura, muito distanciada da cultura popular, seja ela qual for, ou discutir o fato de que somente se levaram obras clássicas, e não contemporâneas, quando o maior responsável pelo Museu, Ramón Gaya, já era um pintor excelente e estava muito atualizado sobre a arte de vanguarda da época. Podemos dizer que as pessoas ficavam reduzidas à condição de público, de espectadores, de receptores. Poderíamos distanciar-nos também da ideia de progresso cultural que subjaz ao dispositivo, de atraso das pessoas ou da dialética civilização/ barbárie, ou cultura/incultura, ou centro/periferia, ou cidade/

campo. Tudo isso poderia ser discutido e, portanto, poderia ser matizado. Mas acreditamos que no gesto mesmo do Museu há muitos elementos interessantes sobre o que é uma escola e sobre como um artefato artístico portátil pode constituir, em si mesmo, uma escola, ou uma ideia de escola que, por muito distante que esteja das convenções de nossa época, ainda pode ensinar-nos algumas coisas e, sobretudo, fazer-nos pensar.

Em primeiro lugar, queremos destacar o cuidado com o quê, com a seleção das materialidades que se transformam em matérias escolares, em matérias de estudo, com a seleção do que a escola, entendida neste caso como um artefato fundamentalmente visual, dá a ver, com o fato de que a escola não pode apresentar qualquer coisa e, portanto, não pode apresentar as coisas de qualquer maneira. Continua a comover-nos o fato de que os missionários selecionassem o que para eles era "o melhor", o mais interessante e o mais digno que podiam entregar, o que para eles constituía "o maior tesouro", e não se limitassem a pensar no que era "o adequado". Assim, eles sabiam aonde levavam o Museu e com que tipo de gente iam trabalhar, mas não havia nenhuma elaboração disso que hoje se chama de "o perfil", ou "as características", ou "os interesses", ou "as necessidades" dos destinatários. E não somente tinham que levar "o melhor", mas também tinham que apresentá-lo nas melhores condições. É muito interessante o fato de não se encarregarem as cópias a copistas especializados, mas encomendá-las a pintores de verdade, a pintores que trabalham em suas próprias obras, que estão concentrados em sua própria relação com a pintura, mas que, ao mesmo tempo, respeitam e amam as obras que copiam. E é muito interessante também que sejam pintores, e não professores de arte, aqueles que "fazem falar" os quadros do Museu. Há uma expressão de Cossío sobre Gaya que é muito bela e que diz que o que ele gostava era "a sua maneira de estar diante da pintura". Portanto, para que haja escola, não basta que haja pinturas, é necessário que haja pessoas que saibam estar diante das pinturas e que saibam, assim, estar diante das pessoas, que tenham essa disposição comunicativa, essa "graça", esse saber estar aí.

Em todo caso, esse empenho de Cossío, aparentemente inútil, de cuidar da matéria que se mostra, não somente dá para uma conversa interessante sobre o que é, o que poderia ser, a aura entendida pedagogicamente, mas também expressa uma relação amorosa com aquilo que se ensina. E essa mesma relação amorosa pode ser vista também no cuidado com que se tratava o espaço no qual era instalado o Museu. A escola, dizem Jan e Maarten, tem a ver com uma separação dos espaços. Também continua nos emocionando imaginar as pessoas dessas aldeias preparando o lugar, limpando-o, adornando-o, como se dizia antigamente, "engalanando-o", como se estivessem tratando de honrar essas obras, de recebê-las como merecem, de dar a elas não somente um lugar, mas o melhor lugar possível, esse que se dá, ou se dava, aos hóspedes, quando ainda havia sentido a hospitalidade. Acreditamos, ademais, que esse engalanamento do lugar não somente denotava uma maneira de receber, mas também preparava uma maneira especial de estar aí. O lugar onde se instalava o Museu se transformava em um lugar de uma reunião, e de uma reunião ao mesmo tempo festiva e celebrativa. Para nós, o cuidado do espaço tem algo que passa por transformá-lo em casa (em razão da hospitalidade, do agrado de "receber em casa" alguém ou algo que vem de fora), mas tem algo, sobretudo, que passa por transformá-lo em templo, em lugar de celebração e de culto coletivo. Não podemos deixar de recordar que a palavra "aula" significa, tanto em grego quanto em latim, um círculo cerimonial ou um pátio cercado em que se faziam cerimônias e, por extensão, um pátio aberto nos palácios, daí o sentido de conselheiro áulico, ou seja, que a aula era um espaço cerimonial ou o lugar daqueles que não tinham um lugar ou uma posição definida na estrutura do Estado. E algo de aula tinha o Museu do Povo, uma vez que abria um lugar à parte, um lugar que não correspondia a nenhum dos lugares que já existiam nas aldeias, algo parecido com o que Foucault chamou de uma "heterotopia", e à medida que era um lugar onde, estritamente, não ia se fazer nada, ao menos nada que não fosse celebrar juntos e acudir juntos à visita fugaz das cópias de umas pinturas que vinham de um lugar tão longínquo, física e simbolicamente, como o Museu do Prado.

Por outro lado, para nós é claro que o gesto de compor e montar o Museu Ambulante é um gesto que exprime igualdade e não, em absoluto, desigualdade. Vejam se não é o que conta Ramón Gaya acerca do que lhes disse Cossío antes de sair em missão:

> Cossío nos disse: "eu o deixo nas mãos de vocês. Porque são vocês que vão me dizer como tem que funcionar o Museu. A única coisa que lhes digo é que não quero que tenha qualquer caráter pedagógico". Depois nos disse: "há uma palavra, a palavra Missões, pela qual estive lutando, mas não se encontrou outra. Gostaria que vocês não tivessem nada de missão, e tampouco que o que disserem a essas pessoas não tenha nada de escolar ou de suave". Cossío escreveu algumas palavras que lemos na primeira saída, mas ele mesmo, quando no-las entregou, nos disse: "creio que têm um ar um pouco sonso. Eu, no início, pensava que tinham que ter um tom paternal, mas vejo que esse tom é ofensivo. Procurem não ofender as pessoas. Vocês vão ensinar a elas coisas, mas não vão com ar de presunção". Nós, jovens de vinte e um, vinte e dois, vinte e três anos no máximo, gostamos muito da simplicidade e da retidão de Cossío, porque isso não era comum (GAYA, 2003, p. 23).

Quando Cossío diz que não quer que o Museu seja pedagógico, que não quer que tenha nada de missão, que não quer que o tom com o qual o missionário se dirija às pessoas seja suave ou paternalista, que não quer que seja um tom escolar, que não quer que seja um tom pedante e, sobretudo, quando diz que isso que é tão belo e que continua a nos emocionar, que "procurem não ofender as pessoas", o que está dizendo é que não os tratem como tontos, ou como ignorantes, ou como crianças, ou como inferiores, mas que os tratem de igual para igual, apelando ao que têm de mais digno, ao próprio "valor de sua pessoa".

Este mesmo gesto de igualdade está, a meu ver, no caráter desinteressado do Museu. Gaya se exprime em relação a isso assim: "as pessoas sempre nos perguntavam: 'mas isso serve para algo?' Eu nunca quis responder essa pergunta porque inutilizava toda a ideia de Cossío. Cossío não queria que servisse para nada concreto, apenas queria que existisse, queria dar isso de uma maneira desinteressada" (2003, p. 27). E esse mesmo desinteresse é o que expressa o mesmo Gaya nas últimas linhas de sua conferência: "Eu nasci na incultura, não sou devoto de nada, porque a devoção a qualquer coisa me horroriza, mas acredito que é melhor não impor nada. E isso se vê na natureza, se prestar atenção. Os pássaros pegam a semente que querem, ou uma formiga, que lhes faz muita ilusão, mas não se pode dar de comer a eles. E nada mais. Gosto do trabalho cultural se é feito assim, gosto se é feito sem impor nada. Ou seja, sem missionear" (p. 33).

E nós pensamos que esse gesto de instalar o Museu porque sim, sem devoção, sem intenções precisas, sem nenhum cálculo sobre seus efeitos ou seus resultados, como um presente ou, talvez melhor, como a devolução de uma dívida de justiça, faz que não seja concebido como um instrumento para a igualdade futura, mas, de algum modo, já a faz no presente, no fato mesmo de que instala uma heterotopia, um espaço outro, no qual as pessoas podem exercer uma capacidade que antes não tinham, uma capacidade para a qual antes não havia lugar, e na qual se realiza, definitivamente, a igualdade entre todos.

O luxo

Seguindo com o desinteresse, com a gratuidade, com a igualdade, com a natureza do presente (ou da devolução da dívida) que se atribuía ao Museu, talvez o assunto essencial seja a maneira como as Missões pensavam a sua relação com o tempo livre, cuja separação e democratização constitui, no dizer de Jan e de Maarten, o essencial da escola.

Em suas aulas na Universidade Complutense de Madri, Cossío costumava usar a etimologia para ressaltar que *skholé* em grego é o mesmo que *otium* em latim, que escola é sinônimo de tempo livre e, por extensão, de ocupação livre, de jogo desinteressado com o saber, de liberdade de pensar e de sentir. Com palavras nas quais ressoa o desinteresse do juízo estético kantiano ou a educação estética proposta por Schiller, Cossío insistia em que a escola existe para despertar nos estudantes o puro desejo de saber, e, no limite, o nobre desinteresse. E dizia também que o ócio tem um valor em si, precisamente porque seus afazeres não servem, porque valem por si mesmos, e porque o propósito fundamental da educação é "a celeste diversão que a humanidade, por miserável que seja, persegue com afã tanto quanto o alimento" (citado por Otero, 2006, p. 239).

Daí que Cossío insistisse em que o Museu do Povo não ensinasse estritamente nada. Para ele era bastante que os camponeses sentissem e gozassem desses quadros como seus. E o que mais lhe interessava era que soubessem que, além do trabalho com que ganhavam o seu sustento, havia um mundo de gozos intangíveis ao qual tinham direito, e que podiam exercer esse direito "para sentir as coisas por si mesmas, para contemplá-las, para gozar de sua beleza, não como meio, mas como um fim" (Otero, 2006, p. 89).

Eram justamente essa busca da alegria e essa despreocupação com os resultados que reparavam a injustiça ancestral que o povo sofria: a de ter sido tratado sempre como sujeito do trabalho e da necessidade. A injustiça não está somente na repartição desigual da riqueza, também da "riqueza cultural", mas está, fundamentalmente, na repartição desigual do tempo, no fato de que algumas pessoas sejam despossuídas do seu tempo e, portanto, de sua vida, no fato de que, para alguns, nunca haja tempo para outra coisa que não seja a estrita necessidade. Para Cossío, a educação e especialmente a arte deviam ser entendidas como gozo e como jogo, e para isso era essencial manter uma distinção forte entre o trabalho produtivo e o jogo improdutivo. O gozo somente é obtido através de uma atividade livre, de uma atividade cujo fim está em si mesmo, de um emprego livre das próprias forças, de um interesse, poderíamos dizer, desinteressado, ou seja, através do jogo. Por isso, Cossío insistia na separação dos tempos e em que a tarefa das Missões devia ser entendida como uma ação para o tempo de ócio, ou melhor, como uma ação que criava um tempo para jogar e para gozar, para perder, um tempo para nada. E isso era especialmente relevante para o Museu, porque, para Cossío, não somente havia uma estreita relação entre arte e jogo, mas a arte devia ser entendida como jogo e, afinal, idealmente, a própria vida devia ser entendida como jogo, ou seja, como arte.

Um dos missionários que colaborou com o Museu do Povo, Enrique Azcoaga, se exprime assim sobre isso: "Os missionários, durante os primeiros dias, buscávamos que nosso público se desse conta de que a cultura, a não ser como disciplina, podia ser uma festa [...]. Entre nós, que dedicávamos muitas horas a considerar como tinham que ser nossas atuações, tentávamos que o entendimento do artístico fosse algo assim como uma convivência com o pleno e o belo, realizado da maneira mais natural possível" (OTERO, 2006, p. 140). E seguramente bastará o último parágrafo de um texto muito belo, de um breve tratado sobre as distintas artes, que Cossío escreveu para que os missionários lessem, se considerassem oportuno, na inauguração de cada uma das instalações do Museu Ambulante:

> E se os homens inventaram o pintar, que, segundo parece, é coisa de luxo, séculos, muitos séculos antes de que inventassem coisas tão úteis e necessárias como carroças, enxadas ou arados, e se ademais continuaram sempre pintando, talvez pela ânsia irresistível que sentiam de fazer coisas belas, não deve ser inteiramente uma loucura que a obra justiceira das Missões queira levar os povos camponeses para o gozo e ensino de que tanto desfrutam já os cortesãos, umas modestas cópias, ao menos, das melhores pinturas que, como magnífico tesouro, guarda a nação em seus museus (COSSÍO *in* OTERO, 2006, p. 369).

Desse modo, as Missões e, em especial, o Museu do Povo, eram considerados como "coisa de luxo", e, como é de esperar, isso era o que incomodava todo mundo. Em primeiro lugar, incomodava a Espanha clerical e anti–ilustrada, que acreditava que os camponeses, com seu entendimento rústico e sem formação de nenhuma classe, não somente não necessitavam da cultura, mas também não podiam aproveitá-la. O raciocínio era impecável: os lavradores não entendem, não podem entender, e portanto é inútil levar a eles qualquer coisa, sendo as Missões um luxo. Mas também a Espanha politicamente progressista utilizava um argumento que chega à mesma conclusão: a situação de atraso dos camponeses não é um problema de cultura, mas é assunto econômico e político, tem a ver com a exploração e com a submissão, e, portanto, a tentativa de desenvolver um labor cultural sem fazer nada para mudar essas condições não tem sentido.

As Missões, desse ponto de vista, seriam uma atividade que não conduziria à transformação social e, portanto, também seria um luxo. Ademais, o que poderíamos chamar de a Espanha regeneradora, modernizadora, comprometida com o progresso econômico e social, também via como um luxo as Missões, que se propunham levar aos povos o teatro, a música, o cinema, a arte, a literatura e outras coisas completamente prescindíveis.

Por outro lado, as Missões Pedagógicas tiveram que conviver com as Missões Católicas, concebidas fundamentalmente como um antídoto contra a influência dissolvente e corruptora da cidade e, sobretudo, dos novos pensamentos críticos e laicos que começavam a circular pelo campo, os quais, portanto, já não estavam submetidos ao controle do clero. Tiveram que conviver também com as Missões Populares, de inspiração comunista ou anarquista, que percorriam os povos criando a consciência nas pessoas e organizando a transformação social. E tiveram que resistir a todas as tentativas, muito poderosas, que trataram de usar as Missões como veículo para ensinos práticos ligados, por exemplo, à modernização das formas de trabalho ou a campanhas de tipo sanitário ou higienista. Além disso, depois do começo da Guerra Civil Espanhola, em 1936, quando as prioridades mudaram e já não havia tempo para luxos, a cultura passou a ser pensada como uma arma de guerra contra o fascismo, ou seja, como propaganda. Para alguns, as Missões eram coisa de "vermelhos", para outros, eram coisa de "burguesinhos com pouco comprometimento", e para outros ainda eram coisas de "intelectuais de salão", de "artistas e de poetas", de pessoas bem-intencionadas mas pouco práticas, cegas às enormes necessidades de todo tipo que extenuavam a Espanha rural. Quando diziam que levar 14 cópias do Museu do Prado aos rincões mais pobres e longínquos da Espanha era "coisa de luxo", o que estavam dizendo era "que não havia tempo para isso", que havia coisas muito mais urgentes e muito mais necessárias para fazer. E tudo isso acontecia, ademais, em uma época cheia de tensões, de conflitos e de contradições, na qual mudanças irreversíveis para a vida de todos estavam acontecendo. Não somente porque a Espanha tinha se transformado em um campo de batalha entre as enormes forças que disputavam a hegemonia na Europa, não somente porque a guerra se anunciava no horizonte, mas porque as mesmas formas de vida camponesa estavam destinadas a desaparecer pela lógica implacável da modernização.

As Missões buscavam manter, inutilmente, certa ideia de escola contra todas as forças que procuravam, nos termos de Jan e Maarten, a sua domesticação, em especial contra os que lhes censuravam o seu caráter apolítico, contra os que lhes censuravam o seu caráter pouco ou nada prático, pouco comprometido com o progresso econômico ou com as necessidades sociais. Por outro lado, a delicada dialética cidade/campo ou modernização/tradição que inspirava as Missões, que fazia que pensassem que estavam levando ao campo o mais interessante das cidades e, ao mesmo tempo, que estavam dignificando e preservando a cultura e a tradição camponesa, mostrou-se inútil frente às enormes forças econômicas, mas também culturais, que já estavam desfazendo o mundo rural. Digamos que a ideia de escola que as Missões encarnavam estava submetida, como a escola atual, ainda que de outro modo, às lógicas implacáveis que buscam pôr a escola a serviço da economia, da sociedade ou da política, e, sobretudo, que buscam adaptá-la aos tempos correntes.

O povo

Até aqui foi feita uma mínima exposição das Missões Pedagógicas como "escola", a partir de sua concepção dos tempos, dos espaços, das materialidades e dos sujeitos. Gostaríamos agora de dizer algo, não tanto sobre as Missões, mas sobre as imagens das Missões. E o faremos tomando como ponto de partida um texto de Didi-Huberman que está em um livro que Inés Dussel trouxe a última vez que esteve em Barcelona. O texto, intitulado "Volver sensible/ hacer sensible", faz parte do livro coletivo que se intitula *¿Qué es un pueblo?*, e está muito relacionado com um excelente trabalho do mesmo autor, cujo título é *Pueblos expuestos, pueblos figurantes*. Nesses trabalhos, Didi-Huberman fala sobre a maneira como a fotografia e o cinema produziram certas representações, certas formas de visibilizar, ou de fazer visível, o povo, e sobre como essas formas, às vezes, consistem em "fazer aparecer essa imagem que relampeia, que surge e desvanece no instante mesmo em que se oferece ao conhecimento, mas que, em sua fragilidade mesma, compromete a memória e o desejo dos povos, ou seja, a configuração de um porvir emancipado" (DIDI-HUBERMAN, 2014b, p. 77-78). Para Didi-Huberman, que nisso segue Walter Benjamin, fazer sensível o povo consiste em fazer visíveis momentos passageiros da história, tradições frágeis e efêmeras, acontecimentos mínimos, os quais é preciso saber fazer presentes no presente arrancando-os do conformismo que sempre está a ponto de subjugá-los à medida que os transforma em "história" ou em "documento". E, por outro lado, apoiando-se em Jacques Rancière, fazer sensível o povo constitui uma revolução estética, um dissenso estético, no sentido em que dá a ver outra coisa além das maneiras convencionais e consensuais nas quais o povo, seja ele qual for, já foi previamente situado em um lugar e em uma condição que se definem como os que lhes são próprios. Para Didi-Huberman, fazer sensível o povo não consiste em fazer imagens que sejam "representativas" da condição popular, mas em apresentá-las de uma maneira que nos faça esfregar os olhos: "[...] quando a humanidade não esfrega os olhos – quando as suas imagens, as suas emoções e seus atos não se veem divididos por nada –, então as imagens não são

Um povo capaz de *skholé*: elogio das Missões Pedagógicas da II República Espanhola

dialéticas, as emoções são pobres de conteúdo e os atos não se orientam para nenhum porvir" (2014b, p. 76-77).

Nesse sentido, gostaríamos agora de dizer algo sobre como o incrível acervo fotográfico que as Missões produziram contém imagens que fazem que esfreguemos nossos olhos. Diremos, primeiro, que as fotos das Missões são pensadas e realizadas como uma obra coletiva, ou melhor, anônima, como uma tarefa da qual participam, ou podem participar, todos os missionários. As fotos são enviadas ao Conselho das Missões, na maioria das vezes sem o nome do autor, e é o próprio Conselho que as classifica, as edita, as contextualiza e, em algumas ocasiões, as publica em revistas ou periódicos. Algo parecido com o que ocorre com outros grandes projetos fotodocumentais da mesma época, também dos anos 1930, como as produzidas no contexto da Grande Depressão para a Farm Security Administration (algumas delas de fotógrafos famosos como Walker Evans e Dorothea Lange), as produzidas pela Associação Russa de Fotógrafos Proletários, ou as do projeto britânico Mass Observation. Nesses projetos se documenta o trabalho dos operários e dos camponeses, as novas formas de miséria nas cidades e no campo, o desespero do desemprego urbano e a épica das grandes migrações rurais, as difíceis condições de vida do povo trabalhador nos fins dos anos 1930 e a extraordinária dignidade humana com a qual enfrentava essas condições. Por outro lado, a Guerra Civil Espanhola produziu várias imagens do povo muito poderosas, algumas delas de fotorrepórteres tão famosos como Robert Capa, principalmente a imagem do "povo em armas" que combate o fascismo, a do "povo martirizado" vítima do fascismo, e a do "povo a caminho do exílio" que, derrotado, foge do fascismo. Mas as fotografias das Missões, contudo, nos fazem esfregar os olhos por outra razão: não pela maneira como retratam o povo em sua inscrição geográfica, econômica, social ou política, mas pela maneira como o fazem sensível em sua inscrição pedagógica.

Fotógrafos como José Val de Omar ou Gonzalo Menéndez-Pidal, mas também muitos missionários anônimos, tinham a função de documentar os lugares e os lugarejos, a preparação e a realização das atividades das Missões, o trabalho dos missionários e a reação das pessoas. Essas fotos eram depois selecionadas, editadas, remarcadas, fragmentadas e publicadas. E, nessa operação, deixavam de ser documentos e se transformavam em imagens, ou seja, adquiriam a capacidade de produzir significado por si mesmas. Despojadas de seu contexto, as imagens que enviavam os missionários mostravam camponeses alegres, curiosos, atentos, abertos, interessados, concentrados e receptivos, camponeses como nunca antes vistos. Mostravam também camponeses no cinema, no teatro, no museu, na sala de concertos, na biblioteca, camponeses onde nunca antes tinham sido vistos.

O que essas fotos mostram não é a vida miserável, a condição bárbara ou atrasada, a ignorância, a submissão, a opressão ou a exploração do povo. Tampouco mostram sua pureza ou autenticidade, a sua condição de depositário ou guardião de uma verdade, de uma sabedoria, de uma cultura ou de uma moral que constituiriam a sua essência. Nem sequer se trata de sua tomada de consciência social ou política, da transformação do povo oprimido em povo revolucionário. Se essas imagens fazem que esfreguemos os olhos não é porque sejam representativas do próprio do povo, do que o distingue como tal povo, mas porque mostram o que, no povo, é impróprio do povo mesmo, não o que o distingue, mas o que o iguala: a sua capacidade para experimentar, como qualquer outra pessoa, esse luxo e esse gozo da existência que é, no dizer de Cossío e dos missionários, a arte e a cultura, a sua capacidade para olhar os quadros do Museu do Prado. Nas fotos das Missões se faz presente, "em sua fragilidade mesma", um povo capaz de *skholé*, ou seja, a possibilidade mesma da escola como suspensão, pelo menos por um tempo, da própria condição, da própria identidade, e como experiência, pelo menos por um tempo, da igualdade de todos, "a configuração de um porvir emancipado". O que nessas imagens se faz sensível não é tanto o que poderia ser a "verdade" da condição popular, seja esta social, econômica, política ou cultural, mas uma distribuição distinta, propriamente escolar, da repartição socialmente dada das capacidades e das incapacidades.

Muitos missionários falam em seus informes da realidade brutal com a qual se encontram, de sua visão das crianças esfarrapadas e cheias de piolhos, das mulheres com enfermidades congênitas, das moradas insalubres e sem luz, do trabalho embrutecedor, da necessidade de comida e de remédios, das centenas de mãos que pedem esmola a esses "cerca de cinquenta de estudantes, saudáveis e alegres, que chegam com a sua carga de romances, cantares e comédias" (diferentes missionários da Missão de Sanabria, citados em OTERO, 2006, p. 203). Outros, ou os mesmos, viram também nesse povoado miserável outro povo mais sábio e mais verdadeiro, ou, como Rafael Dieste, encontraram esse povo no qual ainda estava a semente e a raiz do melhor da tradição cultural espanhola, também dos romances, dos cantares e das comédias que eles levavam. Dieste conta como o povo conhecia os contos que eram representados e sabia de memória os romances que eram lidos, seguramente porque os tinham lido quando crianças, ou tinham ouvido de seus pais, ou os escutavam ainda na voz das velhas e das moças, e que, ao ver como isso que eles sabiam, que eles eram, era algo valioso, "sentiam que o seu próprio ser não estava errado", e isso os ajudava "a se manterem na estima de seus próprios valores" (citado em OTERO, 2006, p. 155).

Naturalmente, os jovens missionários viram o próprio do povo, as carências populares e a identidade popular, o que o povo "necessitava" e o que o povo "era". Mas quando montaram os seus teatrinhos, instalaram os seus museus, projetaram os seus filmes, cantaram as suas canções e pegaram os seus livros, fizeram algo inédito: criaram um espaço que antes não existia (um espaço, como o Museu, que não era próprio do povo, que era "coisa de luxo"), abriram um tempo que antes não existia (um tempo, como o tempo livre, o tempo para contemplar os quadros do Museu, que não era próprio do povo, que era "coisa de luxo") e colocaram materialidades, coisas, que antes não existiam (os quadros de Velázquez, ou de Goya, que eram "coisa de luxo"). Nem o povo "necessitava" desse espaço, desse tempo e dessas coisas "de luxo" (as necessidades populares eram de outra ordem), nem correspondiam, portanto, com a sua identidade, com a sua forma de ser, com a sua experiência, com as suas formas de vida, porque essas coisas "de luxo" eram espaços, tempos e coisas de almofadinhas ou das pessoas da capital, de burgueses, de artistas e de poetas, de gente que tem tempo para ir a esses lugares, para se ocupar dessas coisas. Mas eles fizeram o que não era necessário fazer, o que não servia para nada, e fotografaram as pessoas, e mostraram algo desconhecido, algo que podia ser lido, ainda que fosse um instante, nesses rostos atentos e nesses olhares incandescentes. Luís Cernuda viu nesses mesmos olhares o resplendor efêmero da possibilidade humana quando escreveu que "tinham tal brilho e vivacidade que tinha pena de pensar como, no transcorrer do tempo, a inércia, a falta de estímulo e o sórdido ambiente afogariam as possibilidades humanas que naqueles olhares apareciam" (CERNUDA *in* OTERO, 2006, p. 179). Porque o possível, nessa citação de Cernuda, não é a utopia, no sentido do que está em espera, do que algum dia será, talvez, real, mas remete ao que algum dia brilhou em algumas formas de existência que não estavam previstas por suas condições de possibilidade, que significavam um excesso em relação a essas condições, mas que, ao mesmo tempo, definiam já algo como a possibilidade de outro mundo. E é precisamente aí, nesse excesso, nesse luxo, nisso que não está previsto por suas condições, nesse brilho e nessa vivacidade dos olhares populares, é aí onde, por um instante, as imagens das Missões anunciam um povo capaz de *skholé*, um povo novo, um povo que não é, que não existe em parte nenhuma, mas que pode ser, e pode ser porque alguma vez o vimos e, ao vê-lo, esfregamos os nossos olhos.

As imagens das Missões inauguram uma estética particular, uma forma de abordar os rostos do povo dissecando as delicadas nuances de emoções observadas no próprio ato de olhar descobrindo. E isso, talvez, mais do que qualquer avaliação do seu sucesso ou fracasso, justifica todo o esforço missionário. A maneira como as Missões tornam visível ao povo é o que realiza, em si, uma revolução estética que faz justiça, que devolve ao povo, como dizia Cossío, tudo o que lhe fora subtraído, sua capacidade de apreciar a arte em condições de igualdade com todos os outros. Algo que é emancipatório, não tanto porque prometa a possibilidade de escapar, um dia, da dominação, mas porque oferece, aqui e agora, a possibilidade de viver vidas diferentes das que eles viviam. No espaço em que o Museu do Povo é instalado, pode ser visto o que nunca antes tinha sido visto: a coexistência, em uma mesma imagem, dos rostos do povo com obras do Museu do Prado. O Museu do Povo dá ao povo um lugar que não é o seu, um lugar que é puro luxo, um lugar no qual ele pode afastar-se, por um momento, de sua própria condição e do âmbito de possibilidades que essa condição demarca. Também lhe dá um tempo que não é o seu, um tempo que é puro luxo, um tempo em que pode afastar-se, por um instante, do tempo de necessidade e do tempo do trabalho. E dá também ao povo algumas coisas que não são suas, que não correspondem com as suas necessidades, seus interesses, seus modos de fazer e de viver. O que faz o Museu do Povo é dar ao povo, como seu, o que não era seu. Essa é a dívida de justiça da qual falava Cossío. E é aí onde o que nos mostram as fotografias das Missões supõe um desvio (ou um excesso, ou uma alteração, ou um acontecimento) no âmbito do visível, no mero fato de fazer sensível, e, portanto, pensável, um povo capaz de *skholé*, um povo que pode dispor de um tempo que não é o seu, um povo que pode habitar lugares que não lhe correspondem, um povo que pode relacionar-se com materialidades que não foram feitas para ele, e um povo, definitivamente, que pode exercer capacidades que até então lhe eram negadas. O que relampeia nessas imagens, o que faz que esfreguemos nossos olhos, é que modificam uma ordem sensível, não somente a dos espaços e dos tempos em que se inscrevem os corpos e os rostos do povo, mas sobretudo o de como, nessa inscrição deslocada, se distribui de outro modo a repartição de suas capacidades, se determina de outro modo o que o povo pode.

E é verdade que essa revolução estética (como o projeto de escola que as Missões encarnaram) foi tão frágil e tão vulnerável, que não podia durar muito, como se contivesse uma promessa imediatamente cancelada, apenas o anúncio da possibilidade do impossível. A década de 1930 é uma época de grandes lutas nas quais as imagens fazem guerra. É a época na qual a fotografia e o cinema se colocam a serviço da denúncia e da mobilização, ou seja, a serviço da propaganda. No ano de 1934, com a Frente Popular, a identidade revolucionária e antifascista se sobrepõe à identidade educativa das missões, tal como a tinha definido Cossío, e as próprias Missões Pedagógicas terminam em 1937, transformadas em Missões Populares. Nesse mesmo ano, os negativos do Conselho das Missões foram transferidos para o Ministério da Propaganda, e muitas dessas imagens foram usadas em outros contextos e para outras coisas. O pavilhão espanhol da Exposição Universal de Paris de 1937, para o qual Pablo Picasso pintou *Guernica*, continha muitas fotos desse arquivo. O povoado retratado pelos missionários se transformou também em uma imagem que o governo da República usou para a guerra.

Um povo capaz de *skholé*: elogio das Missões Pedagógicas da II República Espanhola

O que para Cossío era um ato de justiça, entregar ao povo o que era seu e, sobretudo, dar a ele as condições para o seu desfrute, se via agora como inócua democratização de uma forma de gozo burguês que tinha quer ser combatida. A literatura, o cinema, a pintura e o teatro tinham que se redefinir para se transformar em armas da guerra em curso. A inutilidade prática das Missões, sua exclusiva atenção ao despertar dos sentidos e ao desfrute da vida contemplativa, não podia ter tempo nem espaço nesse mundo. E as imagens do povo já não podiam ser as das pessoas absortas, atentas e surpresas na emoção de uma descoberta ou de um gozo estético que não lhes correspondia. Mas no pouco tempo em que duraram, fizeram-se fotografias nas quais ainda podemos ver a imagem de uma escola desarmada, de uma escola que não é o território de nenhuma luta, de uma escola que, em sua própria existência, constitui uma imagem de paz.

Em suas *Breves viajes al país del pueblo* (Curtas viagens ao país do povo), Jacques Rancière fala da experiência política de sua geração como algo que tinha a ver com distanciar-se dos livros "para capturar a realidade viva", essa realidade "que estava aí, denunciando o vazio dos livros e, contudo, perfeitamente semelhante ao que os livros deixavam esperar". Os jovens comprometidos, diz Rancière, iam ver por si mesmos o que antes tinham lido, ouvido ou sonhado. Também os jovens missionários da II República Espanhola encontraram nas aldeias remotas da Espanha o que já sabiam: a condição miserável do povo, suas necessidades infinitas, seu sofrimento imemorial, e também essa sabedoria, essa arte de viver e essa verdade que se tinha encarnado nos romances, nos cantares e nas comédias. Mas nessa viagem levavam um caminhão carregado de pinturas, um projetor de cinema, alguns livros, algumas canções, alguns títeres e, sobretudo, sua própria graça, sua própria pessoa, sua própria capacidade de cantar, de contar, de ler e de pintar. E com isso montaram "uma espécie de escola", produziram situações inéditas, e tiraram tempo para produzir imagens que mostravam algo diferente do que já sabiam. E é aí, nesse deslocamento mínimo, nesse ínfimo excesso, nessa loucura absurda, nesse luxo, nesse gesto utópico que, segundo Rancière, "desfaz as certezas do lugar" e surpreende "o mapa dos lugares e trajetos geralmente conhecido com o nome da realidade" (RANCIÈRE, 1991, p. 8-9), onde esses jovens viajantes produzirão, talvez sem sabê-lo, algumas imagens que ainda fazem que esfreguemos os olhos.

Aí está (nota final de Jorge Larrosa)

Na epígrafe deste texto, colocamos as palavras com as quais Ramón Gaya terminava, em 1991, uma conferência na Casa dos Estudantes, sua recordação das Missões, de suas viagens com o Museu do Prado pelos povoados da Espanha: "Aí está, e que cada um pegue o que puder, o que quiser, o que lhe servir e nada mais". Com essas palavras, Gaya resumia o gesto que abre a escola, esse gesto no qual alguém, como dizem Jan e Maarten, coloca algo em cima da mesa, aponta e diz: "Aí está". Esse gesto é o que fizeram os missionários em cada uma das instalações do Museu: "aí está". E esse mesmo gesto é o que Marta e eu quisemos fazer hoje aqui: "aí está". E esse "aí está" subjaz também a uma imagem do professor que Peter Handke elabora a partir de uma de suas obras: "Tive um grande professor. O professor aponta e diz 'Olhe'; a resposta é: 'Sim, vejo' (Walter Percy a propósito de seu professor Alexander Percy)" (HANDKE, 2006, p. 232). Em todo caso, "aí está", estas palavras e estas imagens que trouxemos de muito longe, tanto no espaço quanto no tempo, para que vocês também, talvez, assim como nós, esfreguem os olhos, e para que vocês também, talvez, assim como nós, as amem, sabendo que, segundo Handke, de novo Handke, "o verbo para o amor: suscitar" (p. 62).

E sobre as enormes tensões que fizeram que as Missões Pedagógicas, essa "coisa de luxo", fossem impossíveis, e que a imagem do povo capaz de *skholé* fosse tão efêmera, me limitarei a citar outra nota de uma fala de Handke, muito bela, sobre as relações entre a escola e a cidade, que transcrevo agora como uma homenagem à maneira como Jan Masschelein nos fez pensar a escola, não como algo que deve ser pensado em relação à sociedade, mas, pelo contrário, como algo do qual é a própria sociedade que deve prestar contas. Algo que subjaz à maneira como Sócrates encara o seu discurso na *Apologia de Sócrates*, traduzida também como *Defesa de Sócrates*, texto que está na base das estratégias discursivas da Defesa da Escola: não é a filosofia que deve submeter-se à cidade, é a própria *pólis* que deve justificar-se com a filosofia. Handke se exprime assim: "Magnífica paisagem no Talmud: 'O mundo não existe senão para o alento dos estudantes'. E: 'Não se deve incomodar os estudantes, nem mesmo para a construção do santuário'. E: 'Toda cidade sem estudantes será destruída'" (p. 153).

Referências

CERNUDA, Luís. Con el Museo del Pueblo. Soledades de España. In: OTERO, E. (Ed.). *Las Misiones Pedagógicas: 1931-1936*. Madrid: Amigos de la Residencia de Estudiantes, 2006.

COSSÍO, Manuel B. Significación del Museo. In: OTERO, E. (Ed.). *Las Misiones Pedagógicas: 1931-1936*. Madrid: Amigos de la Residencia de Estudiantes, 2006.

DIDI-HUBERMAN, G. *Pueblos expuestos, pueblos figurantes*. Buenos Aires: Manantial, 2014a.

DIDI-HUBERMAN, G. Volver sensible/ hacer sensible. In: BADIOU, A. *et al. ¿Qué es un pueblo?* Buenos Aires: Eterna Cadencia, 2014b.

GAYA, R. Mi experiencia en las Misiones Pedagógicas. Con el Museo del Prado de viaje por España. In: BURUAGA, Gonzalo Sáenz de (Ed.).

Val del Omar y las Misiones Pedagógicas. Madrid: Amigos de la Residencia de Estudiantes, 2003.

HANDKE, P. *À ma fenêtre le matin. Carnets du rocher 1982-1987*. Lagrasse: Verdier, 2006.

MASSCHELEIN, J; SIMONS, M. *Defensa de la escuela: una cuestión pública*. Buenos Aires: Miño y Dávila, 2014.

OTERO, E. (Ed.). *Las Misiones Pedagógicas: 1931-1936*. Madrid: Amigos de la Residencia de Estudiantes 2006.

RANCIÈRE, J. *Breves viajes al país del Pueblo*. Buenos Aires: Nueva Visión, 1991.

Segunda parte

EM DEFESA DA ESCOLA: NOTAS À MARGEM

A politização e a popularização como domesticação da escola: contrapontos latino-americanos

Inés Dussel, Jan Masschelein, Maarten Simons
Tradução: *Fernando Coelho*

I.D.: Um dos argumentos do livro de Jan Masschelein e Maarten Simons afirma a necessidade de defender a escola uma vez que há muitas tentativas de domesticar o "seu caráter democrático, público e renovador" (2014, p. 97). Entre essas tentativas, aparece em primeiro lugar a politização da escola, que a transforma em uma estratégia para remediar problemas sociais ou para produzir uma nova cidadania, o que restringe o seu potencial de renovação do mundo e de oferecer um tempo livre e sem utilidade preestabelecida. Também se menciona a popularização como outra forma de domesticação contra a qual é preciso resistir. Popularizar a escola implica aproximar o ensino ao mundo dos alunos, suavizando as tensões do esforço escolar que requer "elevar-se acima de si mesmo" e do próprio mundo (p. 118). Para Masschelein e Simons, a popularização, ao deixar os alunos sempre no mesmo lugar, infantiliza e dificulta avançar e expandir o mundo.

A crítica à politização e à popularização da escola costuma ser articulada com base em posições conservadoras, que negam a possibilidade de debates ou discussões políticas ou éticas na escola e que insistem na nostalgia da escola republicana, que imaginam com saberes inamovíveis e excludentes. Mas Masschelein e Simons propõem outra linha de leitura para esses dois problemas, vinculada à distinção arendtiana entre política e pedagogia. Enquanto a primeira tem a ver com a negociação e a luta entre diferentes grupos ou projetos sociais, a pedagogia oferece uma mesa de trabalho que não deve ser uma mesa de negociações, mas tornar "possível o exercício, o estudo e a preparação" (p. 101). A oferta do professor para profanar os saberes "permite e anima que a jovem geração se experimente a si mesma como nova geração" (p. 101). Ao contrário, a politização da escola transforma os estudantes em "cidadãos que têm algo a aprender" (p. 102), algo que não podem descobrir por si mesmos, mas que lhes é dado de antemão. A educação, nesse caso, se transforma em doutrinamento.

Eu gostaria de fazer um contraponto a esse argumento de Simons e Masschelein a partir da experiência latino-americana recente, em que a politização e a popularização foram formas fundamentais para articular alguns experimentos pedagógicos que, ao menos em minha perspectiva, são muito mais interessantes e complexos do que o mero doutrinamento ou a infantilização. Nesses experimentos, puseram-se em jogo formas de fazer escola, que sustentaram uma suspensão do contexto e uma proposta de pôr algo sobre a mesa para trabalhar e questionar, formas que se aproximam, mas ao mesmo tempo se distanciam, da ideia de escola postulada por Jan e Maarten. Desejo incluir outras tensões e conflitos na aproximação à política e à pedagogia, pensando no que a política habilita e produz, em sua possibilidade de propor ou construir posições e vínculos com o saber que permitem expandir o próprio mundo, ainda que para isso tomem formas que podem aparecer como "populistas" ou "popularizantes".

O primeiro contraponto pode ser formulado a partir de como se pensa a política e a politização. Pelo menos até há pouco tempo, em que houve uma mudança de registro nos governos da América do Sul, na região foram produzidas tentativas e experimentos igualitaristas na pedagogia e também em outras esferas sociais os quais seria preciso analisar com mais cuidado. Por exemplo, Justin McGuirk estudou o Alto Comedero em Jujuy, na Argentina, um complexo habitacional na periferia pobre desenvolvido de forma autogerida pelo Movimento Tupac Amaru (cuja líder, Milagro Sala, foi presa pelo governo de Macri). Chamou a atenção de McGuirk o fato de que o complexo tinha piscinas, que não eram, como previa, "retângulos modestos", mas um "grandioso parque aquático com figuras de morsas gigantes e de pinguins, e uma ponte que o cruza pelo meio" (MCGUIRK, 2015, p. 71). Diz o inglês que "observar uma criança correndo para se jogar na água basta para validar todo o conceito". O complexo aquático "dá uma bela resposta de forma simbólica" às construtoras e aos políticos que pensam que a habitação social tem que dispor do mínimo, diminuindo o gasto do Estado: "as piscinas são uma forma relativamente barata de fazer que as pessoas se sintam ricas" (p. 71).

Pode-se fazer um paralelo com os operários que Rancière descreve em *A noite dos proletários*, que queriam ganhar o tempo "destinado a reproduzir a força de trabalho" para "apropriar-se do idioma e da cultura do outro, a 'noite' dos poetas e dos pensadores" (RANCIÈRE, 2013, p. 13). Da mesma maneira, os operários do Tupac Amaru também querem ganhar o espaço ao utilitário e ao mínimo para se apropriarem dos símbolos e das experiências de jogo e de prazer que até agora lhes eram vedados. McGuirk não deixa de assinalar as contradições nessa forma de urbanismo, que conjuga de modo estranho "a zona residencial, o parque temático tipo Disney e o socialismo radical" (p. 72), mas mantém a abertura para ver as mudanças de posição que essa experiência autogerida cria nos habitantes do complexo e a ruptura que marca com os modelos de urbanização para setores populares.

A comparação com os proletários que Rancière descreve não é por acaso, porque a inspiração rancieriana pode ser notada especialmente em muitos dos experimentos pedagógicos realizados na Argentina na última década. Por alguns anos, funcionários e professores participaram da leitura de *O mestre ignorante* (2003), e a questão da igualdade como ponto de partida se transformou em um nó central das políticas, tanto em nível dos ministérios, como das instituições escolares (MADDONNI, 2014; REDONDO, 2016). É preciso dizer que esse impulso rancieriano combinava bem com a tendência igualitarista ou plebeia já presente na sociedade argentina, e também com o movimento anti-institucional que se criou com as assembleias populares e com o *que se vayan todos*, de 2001 (RINESI, 2015). Essa experimentação pedagógica teve, em ocasiões, êxitos muito interessantes, como as Orquestras Juvenis, a entrada de novos saberes na escola, como a história recente, e alguns outros programas ou ações concretas que buscaram "dar voz" e "dar visibilidade" a posições ou atores até então marginalizados. Escolas inteiras se puseram a mudar o currículo, as rotinas e as formas de participação para experimentar como se faria para construir um espaço de iguais. Mas também é preciso sublinhar que a política ministerial propôs a igualdade como um imperativo, a partir dos documentos, das ações de formação docente e dos programas de apoio a escolas mais pobres. E ainda que a política oficial tenha muitas limitações para regular o que fazem os diferentes atores educativos, não se deve subestimar o que significou enquanto força e impulso este novo *imperativo da igualdade*. Diz a esse respeito Charlotte Nordmann, colocando em diálogo a sociologia de Bourdieu com a filosofia de Rancière:

> Ao nos adaptarmos constantemente à "debilidade" dos alunos, acabamos por nos fechar em um círculo de impotência que somente é possível quebrar postulando a igualdade intelectual de todos. É preciso escutar o que nos diz Rancière sobre a necessidade de se deparar com verdadeiras dificuldades para avançar: somente obrigado e forçado – pela pressão de uma situação, de um imperativo – começa-se a pensar (NORDMANN, 2010, p. 194).

O imperativo que força a começar a pensar, e a fazer, gerou vários dos experimentos pedagógicos mais interessantes da última década. Um deles, assaz documentado,[1] foi o tema de um documentário recente, *Después de Sarmiento* (Francisco Márquez, Argentina, 2015). Trata-se da experiência desenvolvida em um colégio da cidade de Buenos Aires, singular por sua história recente e por sua direção, muito comprometida e entusiasta. A escola se localiza em um bairro de classe média alta no centro da cidade de Buenos Aires, e no passado teve alunos de famílias aristocráticas; era uma escola "tradicional", seletiva social e academicamente. Contudo, nos últimos 25 anos a população estudantil mudou abruptamente, em parte pelo êxodo das classes médias e altas para as escolas privadas, e também pela inclusão de outros setores na escola média. Os estudantes vêm agora em sua maior parte de um assentamento urbano-marginal (espécie de favela) localizado na estação de trem que fica a poucas quadras da escola. A escola também recebe filhos de trabalhadoras domésticas da região, e um grupo de alunos de uma escola nacional de balé situada a duas quadras.

O documentário de Francisco Márquez sobre a experiência desse colégio começa com uma cena muito significativa: um ato escolar no qual se canta o hino a Sarmiento (o homem com cujo nome foi batizada a escola), que é tocado primeiro em sua versão tradicional e logo em seguida em ritmo de *cumbia*, um gênero musical que goza de pouco prestígio cultural, mas que é muito popular entre os setores mais pobres. A câmera capta bem a mudança de estado dos alunos, que antes estavam parados em filas, mais ou menos distraídos, escutando o hino "de sempre", e agora olham com surpresa e sorridentes em razão da *cumbia* no ritual escolar. Uma imagem é particularmente eloquente: um

---

[1] Entre outros trabalhos sobre a experiência dessa escola, ver Zelmanovich (2013) e Dussel (2014).

dos jovens decide tirar os fones de ouvido para escutar melhor o hino-*cumbia*. Ao menos uma vez, é mais interessante o que se passa na escola do que o que escuta em seu telefone. Tocar a *cumbia* no ato público poderia ser considerado uma estratégia de popularização; contudo, em outro contraponto com o que assinalam Masschelein e Simons, seria preciso pensar se não é um gesto que é necessário para dar as boas-vindas, para poder começar a trabalhar em e com a ambivalência dos setores populares em direção da cultura escrita e suas instituições (PETIT, 2009).

Esta ambivalência em relação à cultura escrita se torna evidente na dificuldade que os professores têm para que os alunos consigam apropriar-se de alguns dos seus códigos. A diretora fala de uma "palavra desvitalizada", sem intensidade, uma experiência escolar que não deixa vestígio. Os alunos leem pouco e se queixam ou desistem de abordar os textos difíceis; fazem *blogs* ou usam redes sociais, mas o nível da produção escrita continua sendo muito baixo. A diretora do colégio decide, em um momento, começar a dar aulas de literatura, para experimentar ela também como se aborda essa dificuldade de aproximar esses garotos das operações de leitura e escrita que a escola quer promover. O documentário mostra como ela experimenta usando textos curtos, relatos centrados em dilemas morais sobre a legalidade e a ilegalidade, com escritas que falem de suas experiências de perdas e de tomada de decisões. Criam-se grupos especiais, pequenos, com tutores que fazem um acompanhamento personalizado dos alunos com maiores dificuldades. Tudo isso, também, poderia ser visto como mais do mesmo, mais do que já têm em seus mundos próprios; contudo, no esforço para que se apropriem de modos de ler e escrever, há sem dúvida um convite a "elevar-se acima de si mesmos", a esforçar-se por dominar códigos que sejam difíceis para eles. O cineasta mostra as dificuldades que a professora e os tutores encontram nesse caminho: nem todos conseguem, nem sempre as estratégias têm bom resultado. Mas, como dizia Nordmann, sem o imperativo político da igualdade, essas cenas não teriam lugar porque não seria preciso esforçar-se para pensar como criar um espaço para esses novos sujeitos. A politização, a demanda por uma função política da escola, parece ser o impulso que ajuda essa escola a funcionar como escola, com os limites visíveis.

Outra linha interessante que o documentário propõe se concentra na experiência política da escola, que permite um olhar diferente do político como doutrinação. O filme conta, durante boa parte da trama, as vicissitudes da criação de um centro de estudantes que é promovido pela direção da escola, e que coloca a participação como outro imperativo porque está convencida da importância de que aprendam a ser cidadãos. A escola tem dois turnos bem diversos: o da manhã recebe os alunos de classe média e classe média baixa, enquanto ao turno da tarde vêm sobretudo alunos do assentamento. Há longas cenas em que se mostram as discussões entre grupos de alunos dos dois turnos que não conseguem entrar em um acordo para fazer um centro de estudantes único. São vistas ofensas contidas, às vezes explícitas, tanto como as perspectivas contrapostas; aparece explicitamente a política tal como a descreve Arendt, a da negociação e do conflito entre grupos. Os docentes tentam mediar, insistindo em que, se conseguirem se entender, darão uma lição à sociedade que quer vê-los divididos; há, a partir da pedagogia e da política, um objetivo predefinido, pré-formatado, que não espera que a jovem geração faça o seu caminho, mas lhe diz por onde deve ir para contribuir para a reforma social. Contudo, no fim os estudantes conseguem o que queriam e encontram, na negociação entre os dois turnos, uma forma de fazer circular a palavra e discutir a representação que começa a mover as posições de cada grupo, e também as dos professores, que recuam. Não chegam ao centro de estudantes, mas criam uma forma *ad hoc* de representação na qual cada grupo se sente mais ou menos à vontade.

Essa situação deixa a impressão de que a discussão política pode se transformar, em certas condições, em outra forma de "elevar-se acima de si mesmo" e de expandir o mundo, assim como de conhecer outras perspectivas diferentes das do seu próprio mundo. Algo que este exemplo dá a pensar é que o que oferece a escola não é somente o que passa diretamente pelo professor, ou por uma mesa de trabalho, mas também por experiências e encontros que desafiam o ponto de partida, que são verbais mas também são afetivos, corporais, visuais. Fazer parte desse espaço, ver-se cara a cara, comunicar-se, irritar-se e voltar a se escutar, são ações que vão armando outra posição política e também de relação com o saber e a linguagem. Por outro lado, seria preciso estudar melhor quais efeitos tem a possibilidade da representação política: pode haver aí uma forma de gramaticalização do mundo da política, mesmo que não passe por uma disciplina escolar, e ainda que o discurso dos professores soe esclerosado e previsível? Quais são as condições que permitem que essa experiência fuja à doutrinação e acabe do lado diferente do que se previa? Seguramente, são muitas essas condições, mas uma condição importante parece ser a permissão para experimentar em torno do imperativo da igualdade e da participação.

A experiência do Colégio Sarmiento mostra alguns elementos que me parecem poder ajudar a pensar na politização e na popularização de maneiras outras que não a pura domesticação da escola. Dá a impressão de que, neste caso e provavelmente em muitos outros, a política e a aproximação ao mundo próprio dos alunos não são o que restringe ou domestica a escola; ao contrário, são condições importantes para que haja escola, para que nela se realizem essas operações que podem transformá-la em um espaço-tempo democrático, público, renovador, como o definem Masschelein e Simons. Seria preciso, também, pensar o lugar da experimentação nessa forma de pensar a escola, para dar lugar aos que arriscam e acreditam, por uma vontade política, estratégias que busquem aproximar mundos e derrubar fronteiras. Em uma época em que os muros voltam a estar na moda no discurso público, isto parece cada vez mais necessário.

Referências

DUSSEL, I. Una escuela contra el abandono, o contra el abandono de la escuela. In: DUSSEL, I.; Reyes-López, L. *La dimensión social de la lectura. La escuela: un espacio que no se puede abandonar*. México DF: Conaculta, 2014. p. 7–37.

MADDONNI, P. *El estigma del fracaso escolar. Nuevos formatos para la inclusión y la democratización de la educación*. Buenos Aires: Paidós, 2014.

MCGUIRK, J. *Ciudades radicales. Un viaje a la nueva arquitectura latinoamericana* Tradução de Eva Cruz. Madrid: Turner Libros, 2015.

NORDMANN, Ch. *Bourdieu/Rancière. La política entre sociología y filosofía*. Buenos Aires: Nueva Visión, 2010.

PETIT, M. *El arte de la lectura en tiempos de crisis*. México DF: Océano Travesía, 2009.

RANCIÈRE, J. *El maestro ignorante*. Barcelona: Laertes, 2003.

RANCIÈRE, J. *El filósofo y sus pobres*. Tradução de M. Bardet e N. Goldwaser. Los Polvorines: Universidad Nacional de General Sarmiento, 2013.

REDONDO, P. *La escuela con los pies en el aire. Hacer escuela, entre la desigualdad y la emancipación*. 2016. 448f. Tese (Doutorado em Ciências da Educação) – Facultad de Humanidades y Ciencias de la Educación, Universidad Nacional de La Plata, La Plata, 2016.

RINESI, E. Populismo, democracia y "nueva izquierda" en América Latina. In: VÉLIZ, C.; REANO, A. (Eds.). *Gramáticas plebeyas. Populismo, democracia y nuevas izquierdas en América Latina*. Buenos Aires: Ed. UNGS-UNDAV, 2015. p. 23–51.

SIMONS, M.; MASSCHELEIN, J. *En defensa de la escuela: una cuestión pública*. Buenos Aires: Miño, 2014.

ZELMANOVICH, P. *Las paradojas de la inclusión en la escuela media, a partir de una lectura de la posición de los docentes en el vínculo educativo. Aportes del psicoanálisis a la investigación del malestar en las prácticas socio-educativas*. 2013. 343f. Tese (Doutorado em Ciências Sociais) – Facultad Latinoamericana de Ciencias Sociales, Buenos Aires, 2013.

Filme

Después de Sarmiento. Dir. Francisco Márquez. Argentina, 2015. 76 minutos.

J. M. e M. S.: Permitam-nos exprimir a nossa admiração pelo modo intrigante em que Inés Dussel elabora a partir do nosso pensamento, ao mesmo tempo em que o expande e incrementa, fazendo-o ir a novas direções. Permitam-nos também dizer que ficamos um tanto surpresos com o fato de nosso livro ter chamado tanta atenção no contexto sul-americano. Talvez isso tenha a ver com o fato de que nesse contexto o conceito de "escola" ainda seja explícita e imediatamente relacionado à experiência colonial, certamente, mas também a tentativas engajadas de mudanças sociais e políticas em uma situação de grande injustiça social, exploração e pobreza. E, assim, a escola não é apenas uma questão de florescimento e desenvolvimento individual, mas uma questão extremamente pública. A esse respeito, estamos dizendo que Inés também não está questionando o possível papel da escola como tal – um papel que é, para nós (conforme tentamos indicar também em outras partes deste livro) precisamente muito político *através* de suas pressuposições de liberdade e igualdade pedagógicas e através do modo pelo qual elas afetam com operações muito concretas a ordem social existente – mas propõe, e pensamos que correta-mente, sofisticar o modo pelo qual abordamos a domesticação da escola em termos de sua politização e popularização. Portanto, aceitamos inteiramente as suas observações e sugestões.

Essas observações nos ajudam a esclarecer em que sentido a politização e a popularização estão contribuindo para a do-mesticação da escola, e em que sentido a escola, a nosso ver, está relacionada com a política e não deveria simplesmente descar-tar o mundo da vida dos seus estudantes. Parece que Inés está aludindo à motivação política que energiza muitas tentativas de fazer a escola e de experimentar com o fazer a escola. De muitos modos, pode-se dizer que essa também é a nossa motivação, como pensamos que Inés reconhece. De fato, é precisamente porque almejamos tanto considerar a questão da escola como uma questão muito pública – uma questão que afeta profundamente as "nossas" sociedades, e que ter escolas é uma intervenção política – que quisemos tentar articular o que faz uma escola ser uma escola. Que isso seja político consiste no modo pelo qual as escolas conseguem interromper as conexões entre corpos e capacidades, posições, futuros atribuídos a eles ou predefinidos, ou projetados para eles. Mas elas o conseguem oferecendo liberdade e igualdade *pedagógicas* que se relacionam aos exercícios e estudos que permitem formar a si mesmo (ver nossa resposta a Maximiliano López no capítulo "*Skholé* e igualdade", neste livro).

E talvez haja um tipo de confusão em torno dos conceitos de escola e política, em parte também porque não fomos suficientemente claros em nosso uso desses conceitos. Nossa tese principal é a de que devemos evitar que a escola se torne um instrumento para governar a sociedade. O conceito de politização – e admitimos que é impreciso – em nosso entendimento de fato refere-se sobretudo a um tipo de "governamentalização das escolas". E essa governamentalização varia de pedir que as escolas resolvam questões sociais a esperar que as escolas ofereçam a educação que é necessária para produzir ou criar a imagem de uma sociedade justa que nós – como mais velhos – temos em mente. Mas, como enfatizado anteriormente, não pensamos que a escola em si mesma – a própria existência da aprendizagem escolar, ou seja, a aprendizagem marcada pela liberdade e pela igualdade – seja uma intervenção política. Se este é o caso, a questão é quem pode ou deve defender a escola, quem pode ou deve solicitar experimentação. Devem os governos desempenhar um papel nisso? (E Inés está se referindo a certa "imposição" da parte do governo). A nosso ver, sim, eles podem e devem. Os governos sustentarem a escola, por meio de políticos e políticas, é diferente de a escola se tornar um instrumento governamental. Como indicado previamente, preferimos fazer uma analogia com a democracia. Quem deve defender a democracia? A nosso ver, ninguém em particular, e, portanto, todos. É uma questão pública. Mas defender a democracia, assim como defender a escola, significa também que você defende algo que excede os seus interesses pessoais e possivelmente o seu *status* e reivindicações atuais. Ao defender a escola, e formas correlatas de liberdade e igualdade, você reconhece que ninguém possui o mundo, e que a geração futura deve ter a possibilidade de tomar conta do mundo também.

Talvez, e esse é apenas um tipo de hipótese que vale a pena explorar, devêssemos pensar um tipo de liberalismo que permita que as escolas existam, e experimentar com as escolas. Como Foucault elaborou de modo detalhado, o liberalismo como um modo de governamentalidade incluiu um tipo de autolimitação do lado do governar e do governo: levar em conta a "natureza" do que está sendo governado. Nesse sentido, a governamentalidade liberal é uma forma econômica de governar em um duplo sentido: ela calcula os custos de governar (em termos de intervenções governamentais limitadas) e governa pelas liberdades econômicas de atores de mercado. O *"homo economicus"* torna-se, portanto, o limite e o instrumento para governar.

Faria sentido pensar em um liberalismo pedagógico, que fosse ao mesmo tempo um tipo de socialismo pedagógico? (E não deve ser confundido com "educação liberal"). Ou talvez, para enfatizar o sentido de a educação ou a escola se tornarem o limite e o instrumento de governar a sociedade. Ou talvez ainda melhor, em tal forma de governar a escola, deve-se considerar que ela é o limite de intervenções governamentais, mas nunca pode se tornar um instrumento, exatamente porque a escola em si mesma é um lugar/tempo para a renovação. Provavelmente soará estranho fazer referência à governamentalidade e à intervenção governamental para defender a escola, assim como argumentar a favor de um tipo de comunismo pedagógico. Mas, a nosso ver, se as considerações econômicas podem ser mobilizadas para limitar as intervenções governamentais (ou exatamente para promover intervenções particulares), também argumentos pedagógicos, e especificamente argumentos pedagógicos escolares, deveriam desempenhar um papel. E, como

A politização e a popularização como domesticação da escola:
contrapontos latino-americanos

dito anteriormente, não se trata apenas de colocar a questão de saber como o governar deveria ser limitado ou deveria refletir por si só as intervenções com vistas a oferecer às escolas tempo e espaço para existirem (como escolas), mas também a questão de saber como o governar poderia desempenhar um papel para apoiar a experimentação com as escolas no futuro. Igualmente, os governos podem e devem arregaçar as mangas quando o negócio são as escolas, e, de novo, reconhecendo que não pode ser uma espécie de duplo vínculo: promover e sustentar as escolas, mas ao mesmo tempo mobilizar as escolas para propósitos governamentais. Nesse sentido, e contrariamente à liberdade econômica, não há retorno (particular) governamental.

Precisamente por causa do seu papel social/político, a escola implica uma relativa autonomia quanto à "família" em um sentido amplo. Ela deve ser destacada, em certa medida, do que os jovens trazem para a escola (da sua família, vizinhança, comunidade de origem). É claro que os jovens são muito diferentes no que diz respeito às suas origens, e essa desigualdade pode pesar sobre a sua liberdade para modelar o seu próprio futuro. A escola não está negando essas origens desiguais nem as grandes diferenças, mas não as toma como um ponto de partida. Certa suspensão ou destacamento é necessário para que essas diferenças (de origem ou de "natureza") não se tornem ou permaneçam determinantes para o futuro desses jovens. Essas diferenças não devem ser negadas, mas devem, pelo menos até certo ponto, tornar-se ou ser irrelevantes, sendo os jovens tratados como estudantes ou alunos. Apenas se pode ser tratado como aluno ou estudante na medida em que não se é constantemente censurado no que poderíamos chamar de termos "genealógicos" em sentido muito amplo (em relação à origem, passado, etc.). Como dissemos em algumas de nossas respostas neste livro, ser tratado como estudante ou aluno significa ser tratado pelo primeiro nome (ser tratado como um ser singular) e não pelo nome de "família", "nome de classe social", ou como "tipo", etc. Em outras palavras, as escolas têm que cuidar para não fechar ou amarrar os alunos ou estudantes no que não está no poder deles, ou seja, em sua inabilidade. Esta é a sua responsabilidade pedagógica.

Essa responsabilidade também é, em parte, do professor através do modo pelo qual ele coloca algo sobre a mesa (não está representando, mas apresentando algo) e atrai a atenção dos alunos para esse algo. Essa apresentação é uma apresentação em uma forma gramaticalizada (no sentido muito amplo, que tentamos indicar anteriormente) de modo que os estudantes sejam capazes de se relacionar com isso, ou seja, estando ao mesmo tempo apegados e à distância. Isso implica tirar os estudantes ou alunos do seu mundo da vida. Mas isso pode ser entendido em um duplo sentido. Primeiro, no sentido de que eles podem ser confrontados com algo fora do seu mundo da vida que começa a interessá-los (e entendemos que este é um dos exemplos aos quais Inés alude). Mas, em segundo lugar, também no sentido, e talvez isto seja ainda mais importante, de que o que lhes é apresentado, e que pode ser perfeitamente fora do mundo da vida deles, lhes é apresentado de um modo gramaticalizado, o que torna possível uma distância ou pausa. Tal gramaticalização (por exemplo, por letras ou imagens, ou frequentemente com combinações) é sempre artificial, mas nunca também apenas uma representação.

Ademais, uma vez que para nós a escola nunca está apenas a serviço ou cuidando dos estudantes (e seus interesses, seu futuro), mas consiste no cuidado de alguma(s) coisa(s) no mundo, consideramos que é a responsabilidade da escola e do professor apresentar algo que poderia tirar os estudantes do "seu" mundo (do contrário, o professor permaneceria uma espécie de treinador) em direção daquilo que se poderia chamar de "mundo comum". Mas, precisamente a fim de fazê-lo, e nisso concordamos com Inés, o professor não pode apenas dirigir-se a esse mundo (comum), mas tem de desenvolver alguma relação (e mesmo apego) ao mundo da vida dos estudantes.

Sobre a escola que defendemos

Walter Omar Kohan, Jan Masschelein, Maarten Simons
Tradução: *Fernando Coelho*

W. K.: A sua obra sobre a escola é muito tocante, por muitas razões. Uma delas, acredito, tem a ver com o *status* do seu discurso: ele dá uma visão do que a escola é em si mesma e não como uma instituição social, histórica ou política. Claro, não que vocês não saibam ou não sejam conscientes dessas abordagens, mas parece ser uma questão de prioridade ou simplesmente de "suspensão" dessas outras condições a fim de assumir uma mais específica. Vocês julgam altamente relevante estudar a escola como escola e dar à escola o que vocês chamam de voz ou abordagem "pedagógica" ou "interna". Vocês consideram que filósofos ou teóricos da educação dão uma "perspectiva externa, funcionalizante ou instrumentalizadora"[1] da escola. O que está em jogo é dar uma voz pedagógica à "condição de exposição" que "é habilitada ou preparada por meio de formas pedagógicas específicas, sempre artificiais" na escola. Para dizê-lo com outras palavras, a

---

[1] Todas as citações foram extraídas do texto "Experiências escolares: uma tentativa de encontrar uma voz pedagógica", publicado neste livro (p. 41).

escola tem uma dimensão pedagógica filosófica, social, cultural, histórica e também algo tácita, desconsiderada ou não notada, e é sobre esta última que vocês estão falando. Estou entendendo vocês bem? Se sim, é possível atingir esse objetivo, isto é, dar uma explicação pedagógica e *justa* da escola? Não estaria nesta pretensão (impossível) de destacar o que não poderia (ou não é conveniente) ser destacado pelo menos parte da causa da "incompreensão" de alguns dos leitores, os quais tentam encontrar o que vocês não pretendem oferecer, mas ao mesmo tempo não pode (ou não deveria) ser deixado de lado completamente? Por outro lado, se é possível chegar a uma abordagem estritamente pedagógica da escola, qual é o *status* epistemológico dessa abordagem? É ciência? É arte? É literatura? Ou poderia paradoxalmente levar a uma (re)definição da filosofia, de uma forma bem diferente e específica da maneira em que é costumeiramente praticada?

J. M. e M. S.: Talvez se pudesse dizer que é difícil e nem sempre útil distinguir (ou manter separados) os pontos de vista filosóficos, sociais, culturais, históricos e políticos, pois eles estão sempre relacionados. Por outro lado, também é difícil ver por que não poderia ser interessante tentar articular um ponto de vista pedagógico. Usamos palavras como "pedagogo", "pedagógico", "pedagogia": por que não valeria a pena tentar indicar o que essas palavras nomeiam, por ex., por que seria descabido investigar qual é a diferença entre "pedagogo" e "professor"? Ou, para colocar o problema de modo positivo, pensamos que vale a pena tentar enfatizar o pedagógico, uma vez que permite introduzir aspectos e elementos que enriquecem a abordagem da educação e torna possível articular questões que, em nosso entendimento, são importantes para a consciência do que está em jogo hoje na educação de modo mais geral, e na escola de modo particular (precisamente também no nível político, econômico, social e cultural).

Houve um intenso movimento na Alemanha no século XX, o *Geisteswissenschaftliche Pädagogik*, que defendeu a (relativa) autonomia da teoria e prática educativas (autores como E. Spranger, Th. Litt, W. Flitner, H. Nohl, etc.) e que teve uma grande influência em toda a Europa, fomentando o pensamento pedagógico (*Pädagogik*). Mas foi fortemente criticado em razão da sua defesa da autonomia pela assim chamada pedagogia emancipatória e crítica, a qual fora inspirada principalmente pela Escola de Frankfurt (Teoria Crítica). A crítica consistia em que não se perderiam os processos de poder e as estruturas sociopolíticas ínsitas que caracterizam a educação e que se exprimiriam apenas os ideais românticos, apolíticos e falsos de certa classe social (burguesa) em relação a uma "relação pedagógica" pessoal. Parece que as reações críticas à nossa tentativa de articular um ponto de vista pedagógico implicam que de algum modo repetiríamos a defesa dessa pedagogia e, portanto, estaríamos sujeitos às mesmas e falsas reivindicações. Essas reações críticas agora parecem invocar também a afirmação de Paulo Freire de que a educação nunca pode ser neutra, ou seja, que é um instrumento ou para a libertação ou para a opressão. Ou eles repetem sempre que tudo tem que ser contextualizado cultural, social e historicamente.

Bem, nós também trilhamos o caminho da crítica pedagógica e denunciamos o esquecimento (apolítico) das contextualizações (históricas, políticas e culturais) e todos os tipos de processos de poder que são realizados na educação e a afetam profundamente em todos os seus aspectos. Contudo, foram especialmente os estudos sobre governabilidade inspirados na ontologia crítica do presente de Foucault que nos deram (e ainda dão) uma grande inspiração para um *ethos* particular de investigação crítica do presente da educação. Um *ethos* que nos afasta imediatamente de uma análise simplista em termos de "instrumento" ou "função", e que nos permite reconsiderar as questões de poder e contexto. E foi nesse esforço que percebemos a necessidade do que chamamos, inspirados em Ian Hacking, de uma ontologia crítica para abordar o presente da educação e abrir caminho para práticas educacionais alternativas e para um pensamento educacional "crítico", que, como Rabinow e Rose afirmaram em relação ao trabalho de Foucault, se pergunta se é "possível desenvolver um tipo de pensamento crítico que não julgaria [...] mas criaria, produziria, intensificaria as possibilidades dentro da existência" (RABINOW; ROSE, 2004, v. 18).

Talvez, e em certo sentido invertendo a "crítica", pudéssemos suspeitar que o gesto crítico da historicização e contextualização seja parte de outra história das ciências sociais e humanidades. Uma história que não é tanto sobre como as ciências sociais e as humanidades contribuíram para a fabricação da "escola" disciplinadora, institucionalizante e colonizadora. Essas estratégias implicaram a demonstração contínua e repetida de que era impossível sair do contexto, da história e da cultura. Isto acarretou um gesto crítico que mais explicitamente se tornou um gesto desconstruidor e explanatório, demonstrando exatamente que e como somos todos capturados pela língua, embutidos em culturas e histórias, pegos em discursos e tecnologias de poder. É um gesto que, de fato, sempre demonstra e confirma as nossas *apropriações* (da língua, cultura, história). Sugerindo assim que a única opção seria desenvolver uma posição totalmente destacada. E desse modo promover uma estratégia que impede precisamente a escola de se tornar um assunto público.

Ademais, acreditávamos que a revisão que fizemos das acusações dirigidas à escola e a atenção a todos os tipos de domesticação da escola certificariam o leitor de que somos muito conscientes da maior parte das críticas que têm sido corretamente feitas à escola. Esperamos que isto ajude o leitor, pelo menos por um momento, a reprimir a forte (extremamente comum e de fato assaz acrítica) inclinação de reviver imediatamente todas aquelas frustrações ligadas à escola. Esperávamos poder convidar o leitor a nos acompanhar em nosso esforço de explorar o que faz de uma escola uma escola de um ponto de vista educacional. Muito da história e das acusações contra a escola parecem estar repetindo o que todos nós aparentemente gostamos de ouvir sobre a escola. Talvez essa crítica não seja nada mais que um tipo de continuação intelectual ou ainda um cultivo do sentimento de que as pessoas não gostam de ir à escola. Como se quiséssemos esquecer a escola, e como se não nos agradasse sermos lembrados do fato de que o que somos agora pode ter de algum modo dependido da escola. Certamente, há o típico apreço dos professores, mas ao mesmo tempo há um desprezo disseminado em relação a quase todo mundo que está envolvido com a educação. Há muitas versões para esse tratamento depreciativo da educação, variando desde a afirmação frequentemente repetida de que o ensino não é um verdadeiro trabalho, até a de que a pesquisa educacional não é uma pesquisa verdadeira, ou ainda que a teoria e a filosofia da educação são marginais. A nosso ver, esse desprezo na verdade exprime como a sociedade lida com o que é imaturo, com *menores*, e que se aceita e se protege um tipo de maturidade ou que é preciso ser adulto para estar envolvido em assuntos sérios. Não há sempre um medo profundo que motiva esse tipo de atitude? O medo de que a geração vindoura de fato se torne a nova geração, e que esta geração vindoura esteja questionando direta ou indiretamente o que os adultos valorizam e assumem como dado.

Em nosso livro, corremos o risco de usar a noção de escola como a configuração de espaço-tempo sempre artificial que torna possível essa experiência educacional radical, ao invés de usar a noção para o que torna essa experiência impossível. Na realidade, pensamos que é nosso dever como teóricos da educação tirar a noção de escola das mãos daqueles que a usam apenas para expressar frustrações *ou* expectativas políticas, econômicas e éticas. Se a escola não satisfaz as expectativas de alguém, não é também porque os jovens (às vezes) não satisfazem expectativas, não cabendo, portanto, ou não querendo caber na imagem que temos em mente para eles? Se é esse o caso, tudo isto é acerca do medo da escola, na medida em que a escola remete ao tempo e espaço que começam a partir da pressuposição de que seres humanos não têm um destino (natural, social ou cultural, etc.), e portanto devem ter a oportunidade de encontrar o seu próprio destino. Queremos reservar a noção de escola para essa simples mas abrangente pressuposição. E a desescolarização, para nós, tem a ver com a pressuposição inversa de que a sociedade tem que impor um destino para os jovens através do desenvolvimento do que se chama de seus talentos naturais, através da projeção de uma imagem predefinida da pessoa educada, etc.

Sugeriu-se em algumas críticas que estamos olhando para o passado de um modo idealizado, com nossas costas voltadas para o futuro e sem notar os cruciais desenvolvimentos históricos, os desafios atuais e outras conceitualizações úteis. Não estamos certos disso. Temos nós outros a experiência de viver no presente e de tentar nos abrir para o futuro pela intervenção em conceitualizações atuais da escola, incluindo narrativas históricas (da crescente normalização, estatização, educacionalização, etc.), que são parte das nossas conceitualizações. Nesse sentido, nosso livro talvez seja uma contranarrativa. Ou, para continuar numa linguagem foucaultiana: o livro não tem em vista uma ontologia crítica, mas criativa, do presente, e a história não é usada para "des-familiarizar" – através da advertência de como a educação escolar é de fato opressiva devido aos poderes políticos, econômicos, etc. –, mas para "familiarizar" pela lembrança do que a escola torna possível.

Certamente não negamos que a educação possa estar e está de fato constantemente sujeita a tentativas de instrumentalizá-la (e que então talvez seja melhor ser assim, com uma ideia de emancipação em mente), assim como tampouco queremos negar que os contextos sejam importantes. Entretanto, pensamos que vale a pena tentar articular a educação como uma prática que não deve ser vista imediatamente como um instrumento para outra coisa (e portanto sempre como meio para um fim que é definido fora da educação) ou como uma função ou expressão de outra coisa (desenvolvimentos, processos históricos, sociais, culturais, etc.), mas como uma prática que realiza algumas operações em si (por ex., torna coisas públicas de um certo modo), e que é uma prática que em si mesma implica decisões, crenças (por ex., não há destino natural, nossos filhos não são nossos filhos, somos iguais, etc.) que são altamente políticas (históricas, culturais), no sentido de que elas claramente afetam a nossa vida em conjunto (como sociedade, família, etc.), mas que, portanto, não têm de ser vistas como instrumentos ou funções ou expressões. Assim, para dar um exemplo, as escolas, a nosso ver, não são instrumentos para realizar mais igualdade, mas, uma vez que elas começam pela pressuposição da igualdade, estão de fato afetando uma ordem social e familiar desigual. Ademais, para nós é precisamente porque a maior parte daqueles que dizem imediatamente que não podemos dissociar o pedagógico do político, histórico, etc., muitas vezes não têm nada ou muito pouco a dizer (de interessante) sobre o pedagógico, mas o reduzem simplesmente ao campo da aplicação, reduzem a educação a funções de outra coisa, identificam-na com outra coisa (por ex., ensino) e não são capazes de compreender o que chamamos de experiências e práticas educacionais. Eles as esquecem ou as desdenham (talvez por ódio ou medo), ou as valorizam apenas se forem instrumentais ou funcionais. Isto nos conduz à questão do *status*.

Com efeito, quanto ao *status* epistemológico, não estamos certos até que ponto temos que nos preocupar com isso, e por que seria tão importante dizer qual é o nosso "*status*". Certamente, poderia ser uma questão tática ou estratégica em alguns contextos. Talvez pudéssemos dizer que tentamos desenvolver, em certo sentido, um tipo de pensamento educacional. E a tal ponto que se poderia chamar "pensamento" também de "filosofia", afinal talvez seja de fato filosofia (cf. o que dissemos anteriormente sobre uma ontologia crítica). Mas nos parece importante lembrar de saída que aqueles "pensadores" dos quais nos sentimos mais próximos (Foucault, Arendt, Rancière, Stengers...) se recusaram em um momento ou outro a serem chamados de filósofos (ou historiadores...). E talvez o pensamento (quem sabe você queira identificá-lo com a "filosofia") na linha de Rancière tenha a ver com dar conta satisfatoriamente de experiências singulares, coisas singulares, eventos singulares, usando-se os poderes linguísticos e visualizadores para "torná-los disponíveis ao pensamento". Há diversas razões pelas quais também hesitamos em identificá-lo com a filosofia (embora o tenhamos feito em várias ocasiões), as quais têm a ver principalmente com os gestos críticos que estivemos e ainda estamos realizando em nome da filosofia e em especial em relação à educação.

W. K.: A sua análise da escola tem raízes na Grécia Antiga e na *skholé*. Ela encontra aí uma forma pedagógica, que constituiria a forma pedagógica da escola como escola, isto é, de toda escola digna desse nome. Sem esses elementos, uma escola não seria uma escola, pelo menos não nesse sentido pedagógico. Não haveria a necessidade de analisar a origem da escola em outras tradições (como a chinesa, a indo-americana, a africana) para propor um conceito tão extensivo? Ou, para fazer a mesma pergunta de um ângulo diferente: a análise não deveria ser restrita a um contexto menos amplo a fim de não ser considerada etnocêntrica?

J. M. e M. S.: Entendemos perfeitamente que esta questão pode ser levantada, e que temos que ser cuidadosos aqui. Estamos de fato tentando desenvolver o que preferimos chamar de pedra de toque (ou pelo menos elementos de uma pedra de toque) para investigar se algo (um ajuntamento) poderia ser chamado de escola. E pensamos realmente que a "escola" assim como a "democracia" são palavras que apontam para "invenções" (de modos de lidar com problematizações, como diria Foucault), que em certa medida têm relação com a Grécia Antiga, ou talvez se pudesse dizer com "eventos" que "se cristalizaram" em certo sentido como formas. Não queremos dizer com isso que a escola é a única forma válida para a aprendizagem, assim como não diríamos que a "democracia" é a única forma válida de congregação política, e que seja uma questão pacífica o que a escola e a democracia significam, mas defendemos que se esses conceitos devem ser usados (e defendidos) de um modo significativo no mundo e na situação de hoje, devemos tentar articular o que eles poderiam significar, e pensamos que isso exige um esforço particular. Isso se relaciona à crença de que há de fato diferenças que devem ser levadas em consideração (nem todas as formas de lidar com o novo que está chegando podem ser chamadas de escola). Nossa defesa não é, em certo sentido, uma defesa histórica (que a escola teve a sua origem na Grécia e que esta é a sua única origem), mas que o nome "escola" pode ser esclarecido em um sentido que é particularmente relevante para o que está acontecendo hoje se o relacionamos ao "momento" grego. E, novamente, não defendemos que a escola é o único modo significativo e válido de aprendizagem (de modo nenhum!), mas defendemos que a educação escolar é uma forma particular de aprendizagem, e que elucidar aquilo em que ela consiste ajuda a relacioná-la à invenção da democracia. (Ver também a resposta a Maximiliano López no próximo capítulo) Talvez devêssemos ser mais cuidadosos para não avançar demais a nossa defesa e para afirmar que valorizamos outros modos de aprendizagem, mas talvez esses modos não precisem da nossa defesa hoje (ou pelo menos em nosso entendimento), enquanto a aprendizagem escolar e as questões a ela relacionadas precisam, a nosso ver, de uma forte defesa.

W. K.: Como na sua escola o social, o político e o cultural são deixados do lado de fora, quando se fecha a porta, nela não há raça, gênero, classes. Esse fato não leva a sua análise para longe demais das escolas reais a fim de pensar sobre elas? Em certo sentido, essa consequência é coerente com a sua reação de não instrumentalizar a pedagogia, mas, em outro sentido, a sua análise não serve como ferramenta para que os pedagogos que vocês estão formando relacionem a sua realidade e a sua prática?

J. M. e M. S.: Talvez devamos esclarecer que não dizemos que o político e o cultural (histórico, social, biológico, etc.) são deixados do lado de fora, que não há raça, gênero ou classes. E não dizemos que não são importantes e que não deveríamos pensar sobre eles quando tratamos da escola. Apenas dizemos que, quando tentamos descrever o que faz de uma escola uma escola (e muitas vezes não há escola em absoluto, nem mesmo na "escola"), na aula a "força" ou "peso" deles podem ser suspensos temporariamente, isto é, na aula algo "pode acontecer", a força de todos os tipos de definições e determinações pode ser anulada, todos os tipos de ordens (por ex., a ordem social que conecta os corpos às capacidades e posições sociais, a ordem que explica de antemão por que algo aparece do modo como aparece, etc.) são descontinuadas. Não por acaso, mas devido ao modo pelo qual o ajuntamento é organizado e praticado (ou "feito"), o modo pelo qual é tecnologicamente composto e eticamente estabelecido, é por isso que é uma escola. "Eticamente" aqui se refere ao *ethos* das figuras que habitam a escola (por ex., os professores) e contribuem para a sua operação e acontecimento, e tomamos *ethos* no sentido foucaultiano do modo de se relacionar consigo mesmo, com os outros e com o mundo.

Mas pensamos haver outra questão aqui. Não pensamos que seja de alguma maneira "natural" olhar para os estudantes em termos de origem sociocultural ou falar sobre o seu *status* socioeconômico. Esse ponto de vista social, ou melhor, sociológico, é montado historicamente, e se relaciona a um modo específico de organizar a educação e dirigir as escolas. Similar a como chegamos a entender a aprendizagem ou a ida à escola como um investimento em nosso capital humano. Não estamos dizendo que esse discurso econômico seja ficção, nem que seja um tipo de ideologia. Mas, o discurso sociológico, econômico e talvez psicológico, em grande parte, oferece o vocabulário para falar sobre a educação (escolar), para justificar ou criticar alguns desenvolvimentos, e demandar reformas. É surpreendente notar como esse vocabulário de certo modo altamente abstrato se tornou parte de como a mídia fala sobre a educação, e como os políticos e os responsáveis pelas políticas públicas falam sobre os desafios colocados pela educação. Mas, a nosso ver, esses discursos levam a um tipo de des-apego pedagógico, e talvez para os professores o seu valor explanatório seja primeiramente confortador (o contexto ou a história social ou cultural mais amplos ajudam a "relativizar"), mas ao mesmo tempo faz que eles já não possam incorporar e praticar um posicionamento pedagógico que "verifica" a pressuposição educacional segundo a qual "cada um pode aprender tudo".

W. K.: Deixe-me tentar entender como vocês pensam a relação entre a escola e a política. Como vocês sabem, no Brasil há agora (no segundo semestre de 2016) um movimento que defende que os professores não devem falar sobre política e que a política não deveria entrar na escola. Isto não é precisamente um movimento pedagógico e, bem ao contrário, é extremamente político, não porque estão tentando dar à nova geração a oportunidade de transformar o mundo, mas porque eles querem fazer que as escolas funcionem como instituições sociais que reproduzem a ordem das coisas. Algumas pessoas estão dizendo que a sua análise da escola é consistente com essa abordagem. Por um lado, vocês também separam a política e a escola: vocês querem abordar a escola a partir de uma perspectiva pedagógica e não política. É por isso que a sua análise do aprendizado não traz nenhum elemento político, à medida que considera o aprendizado em si mesmo como aprendizado. Mas, ao mesmo tempo, vocês consideram que ter uma escola é um ato muito político porque é um ato de uma sociedade que cria uma instituição que poderia trabalhar contra si própria, que poderia preparar o novo para desafiar e mudar a sociedade que a criou. Vocês também consideram o ato de aprender como político à medida que é precisamente a ação pela qual a nova geração será exposta ao mundo a fim de suspender, profanar e eventualmente transformá-la. Estou entendendo vocês bem? Vocês concordariam então com esta apresentação da sua ideia, ou seja, que, mesmo que vocês não apresentem nenhum elemento político na sua análise da escola, é precisamente porque todo o ato da escolarização é político no seu impulso transformador pelo qual uma sociedade faz escolas?

J. M. e M. S.: Sim, concordamos inteiramente com o modo pelo qual você coloca a questão. De fato, no livro e em outras ocasiões, usamos deliberadamente a frase que afirma que a escola é uma invenção "comunista", ligando a escola a um movimento que tem significados e implicações fortemente políticas (e éticas). Um movimento que é, como tal, muito mais recente, sob o nome de comunismo, do que a escola, mas que é mais velho sob o nome de escola – indicando mais uma vez que não estamos muito interessados em defesas históricas, mas mais precisamente em defesas que têm a ver com questões públicas tópicas. Como tal, nada temos a ver com o movimento brasileiro ao qual você se refere, também porque entendemos as escolas como caracterizadas precisamente pela interrupção da socialização (por meio das suas próprias operações). Que a escola, a nosso ver, não seja simplesmente um equipamento político, religioso ou ideológico significa que acarreta em sua operação a possível interrupção ou distorção do estado de coisas político ou religioso. Poder-se-ia mesmo tentar dar um passo a mais. Se a escola mesma é de fato uma intervenção política na sociedade – o arranjo da aprendizagem em termos de liberdade, igualdade, revelação do mundo –, então poderia ser interessante explorar as responsabilidades que a existência da escola impõe para o lado de fora. Permita-nos dar um exemplo. Se a escola é de fato o lugar e tempo em que se oferecem à geração vindoura as oportunidades de renovar a sociedade através da descoberta do mundo, a escola espera que a sociedade, de algum modo, investigue a si própria em vista de que gramáticas (relacionadas à língua, tecnologia, economia...) poderiam ser colocadas sobre a mesa nas escolas, mas também impõe questões sobre as fronteiras de uma sociedade, etc. As questões que resultam da própria existência da escola são radicais e abrangentes: de modo particular, torna a sociedade consciente de si mesma, autorreflexiva, e, principalmente, interrompe todos os tipos de identificação na sociedade. E talvez essa intervenção escolar seja decisiva para que uma sociedade se torne, em primeiro lugar, uma sociedade, significando ao mesmo tempo que ela já não tem em suas mãos sua identidade, fronteiras, língua, cultura e futuro. Poder-se-ia argumentar que o efeito da intervenção política da escola é que ela demanda democracia, entendida aqui como um tipo de investigação e deliberação públicas sobre os bens comuns.

Ademais, a "escola" não é um lugar real nem imaginário. Nunca há a garantia de sua realidade ou de qualquer redução a uma ideia apenas. É um modo material particular para reunir pessoas e coisas em arranjos de espaço/tempo: é uma "coisa" no velho sentido do qual Heidegger nos lembra: uma questão de preocupações. Como um meio artificial que tem a ver com cuidado, com preocupação, com suspensão, deve ser tratada de modo heterotópico: um *lieu sans lieu* [um lugar sem lugar] (Foucault), um lugar que, de certo modo, escapa da ordem costumeira dos lugares e espaços, embora seja um lugar ou localização concreta com a sua própria ordem, suas próprias tecnologias, rituais, modos de falar, e as suas disciplinas corporais e espirituais; apesar de que isso não seja garantia da sua realidade, que sempre depende de uma relação de preocupação. Se seguirmos essa linha de entendimento, poderemos dizer que o pensamento pedagógico aparece com o surgimento da escola e lida com as suas formas pedagógicas. É em verdade parte da "história do pensamento", nos termos de Foucault; "a história do modo pelo qual as pessoas começam a tomar cuidado de algo, do modo pelo qual elas se tornam ansiosas sobre isto ou aquilo" (Foucault, 2004, p. 23). Neste caso, a questão é o modo de lidar com a chegada dos novos, que, quando concebido em termos de iniciação ou socialização, poderia mostrar-se como um "campo de experiência não problematizado, ou um conjunto de práticas, que seriam aceitas sem questionamento, que seriam familiares e 'silenciosas', fora de discussão". Mas em certo ponto se torna "um problema, levanta discussão e debate, incita novas reações e induz a uma crise no comportamento silencioso anterior, nos hábitos, práticas e instituições" (p. 23), e, em nosso caso, leva ao surgimento da "escola/educação" e ao pensamento educacional.

Referências

FOUCAULT, M. Fearless Speech. In: RABINOW, P; ROSE, N. (Eds.). *The Essential Foucault: Selections from the Essential Works of Foucault, 1954-1958.* New York: New Press, 2004.

RABINOW, P.; ROSE, N. Foucault Today. In: RABINOW, P; ROSE, N. (Eds.). *The Essential Foucault: Selections from the Essential Works of Foucault, 1954-1958.* New York: New Press, 2004. v. VII–XXXV.

Skholé *e igualdade*

Maximiliano Valerio López, Jan Masschelein,
Maarten Simons

M. L.: A grande maioria dos aqui presentes acompanhamos com profundo entusiasmo a publicação de um livro como *Em defesa da escola*, e a realização deste seminário é mostra disso. Por essa razão sinto-me honrado e profundamente agradecido pela oportunidade de pensar junto a Jan Masschelein e todos os aqui presentes, nas trilhas abertas por esse instigante livro.

Em defesa da escola propõe uma reflexão sobre a escola pública contemporânea a partir do que considera ser seu sentido original, realizando assim o que poderíamos denominar uma análise arquetípica. Lembremos que a palavra grega *arché* significa ao mesmo tempo origem e destino, e nesse sentido um arquétipo pode ser compreendido como uma forma que, estando na origem, se mantém, no entanto, sempre atuante. Em outras palavras, um arquétipo é uma forma primordial que jamais perde sua atualidade. Segundo a tese levantada no livro, o que está na origem da escola contemporânea, e até hoje permite reconhecê-la, é uma forma-escola, fundada na Grécia, em finais do período clássico, na qual é possível encontrar um vínculo indissolúvel entre *skholé* (ócio) e igualdade.

Na minha nota à margem, gostaria de levantar a hipótese de que a escola, e em especial o vínculo entre *skholé* e igualdade que a constitui, não pode ser cabalmente compreendida a partir de uma forma-escola arquetípica, mas que, em lugar disso, se faz necessário empreender uma análise arqueológica, que busque distinguir, cuidadosamente, os estratos que, ao longo do tempo, foram se sedimentando até chegar a constituir a forma atual. Nesse sentido, procurarei esboçar a seguir uma análise estratigráfica, distinguindo três camadas: a escola antiga, a escola moderna e a escola contemporânea. Esta análise procura mostrar que a forma-escola da qual se fala no livro, entendida como lugar de possibilidade, presença, indeterminação e igualdade, não é uma questão grega, mas contemporânea e, embora recolha elementos da Antiguidade, de modo algum poderia ter sido pensada antes da Segunda Guerra Mundial.

A escola antiga

A *skholé* grega, isto é, o ócio, define o modo de vida dos homes livres; dos iguais. A escola antiga nasce como um aprofundamento e uma radicalização desse modo de vida. No seu artigo "Escola, produção e igualdade" (1988), Rancière o refere da seguinte maneira:

> A *skholé* grega separa dois usos do tempo: o uso daqueles a quem a obrigação do serviço e da produção deixa, por definição, tempo para fazer outras coisas, e o uso daqueles que têm tempo, isto é, daqueles que estão dispensados das exigências do trabalho. Entre estes, alguns aumentam ainda essa disponibilidade sacrificando, tanto quanto seja possível, os privilégios e deveres de sua condição ao puro prazer de aprender. Se a *skholé* define o modo de vida dos iguais, esses "escolares" da Academia, do Liceu, do Pórtico ou do Jardim são os iguais por excelência.

No mundo grego, igualdade, liberdade e tempo livre são conceitos quase equivalentes e juntos definem o modo de vida do cidadão grego. Mas esse modo de vida necessita e pressupõe

Skholé e igualdade

outro, antagônico e complementar: o modo de vida dos escravos. Em outras palavras, os antigos gregos jamais se depararam com aquilo que nós, contemporâneos, denominamos igualdade, pois a igualdade grega não era, à diferença da nossa, pensada em termos de igualdade universal, mas como uma característica dos bem-nascidos e, como tal, tinha sempre como referência necessária o mundo dos escravos e dos bárbaros. Essa diferença entre os livres e os escravos, os gregos e os bárbaros, não era uma diferença de grau, mas de natureza e, portanto, constituía uma fronteira infranqueável. Dito de outro modo, a escola grega jamais foi concebida como um dispositivo civilizatório. A Antiguidade Clássica não conhecia a sutil tecnologia social que faz da escola um mecanismo de incorporação do outro. Um escravo não se podia fazer grego estudando e um grego não era tal em virtude de sua escolaridade, mas de seu nascimento. A cidade-estado grega, onde os livres se governavam a si mesmos, por meio de uma deliberação pública, era também uma sociedade fechada, onde ser livre, igual e gozar de ócio eram condições herdadas, não adquiridas. Por isso, a igualdade no mundo clássico é uma condição, um ponto de partida e não algo que precisa ser alcançado.

Nossas atuais democracias e, com elas, a escola pública contemporânea, recebem do mundo grego essa dupla herança, de um lado, a construção de um ambiente escolástico e a possibilidade de um governo de iguais, de outro, a divisão estrutural entre os escravos e os livres, entre os bárbaros e os civilizados, entre aqueles que passam sua vida submetidos ao império da necessidade produtiva e aqueles, iguais entre si, liberados da necessidade do trabalho.

Na passagem do mundo clássico ao helenismo, a *pólis* grega vai sendo gradualmente substituída pela metrópole imperial, cuja figura mais emblemática é a cosmopolita Alexandria. Essa cidade era habitada por gregos de todas as procedências, possuía um bairro egípcio e outro judeu. Essa pluralidade de culturas, convivendo de modo relativamente tolerante, se estendeu de certo modo no Império Romano, mas não será senão até o surgimento do cristianismo, tornado religião oficial no século IV, que aparecerá de modo explícito a ideia de uma igualdade universal. Jamais coincidiram, num mesmo período histórico, a democracia direta da *pólis* grega e a ideia de igualdade universal. De fato, como relata Ivan Illich (2008, p. 58), somente na Baixa Antiguidade, com a Igreja e o mecanismo do batismo, o estrangeiro se tornou alguém que se tinha que acolher porque se necessitava dele. Essa visão do estrangeiro "a cargo" se tornou constitutiva da sociedade ocidental, e sem essa visão universalista para o mundo exterior, o que hoje chamamos Ocidente e, sobretudo, aquilo que denominamos escola pública, jamais teria existido.

A escola moderna

Um dos episódios mais significativos em relação à universalização da noção de igualdade encontramos nos inícios da Modernidade, na chamada "Polêmica dos Naturais", em que, num gesto curioso e sem precedentes na história ocidental, a Espanha, a primeira potência colonial moderna, se lançou à tarefa de discutir, publicamente, a legitimidade de seu projeto colonial.

A Junta de Valladolid foi apenas o momento mais emblemático de uma discussão desenvolvida desde inícios da conquista, e produziu grande número de documentos jurídicos e filosóficos, entre os quais podemos citar as *Bulas Alexandrinas* (um conjunto de leis promulgadas pelo Papa Alexandre VI, da valenciana família Bórgia, em 1493, que estabelecia o direito da Espanha sobre as novas terras descobertas), o *Tratado de Tordesilhas* (assinado entre a Espanha e Portugal, em 1494, que repartia as zonas de navegação do Atlântico e de conquista do Novo Mundo), a *Junta de Burgos* (protagonizada por um conjunto de teólogos e juristas que, em 1512, ficaram responsáveis pela produção do primeiro *corpus* legal voltado a organizar a conquista), a *Bula Sublimis Deus* (promulgada pelo Papa Paulo III, em 1537, que reconheceu a humanidade dos naturais e seu direito à liberdade e à propriedade, assim como a conveniência de lhes pregar a fé católica), e a citada Junta de Valladolid ou Polémica de los Naturales (celebrada no ano de 1550 e 1551, no Colegio de San Gregorio de Valladolid, entre o teólogo dominicano Ginés de Sepúlveda e o também padre dominicano e bispo de Chiapas Bartolomeu de Las Casas, frente a um corpo de especialistas encarregados de julgar os méritos dos argumentos expostos). Cabe mencionar também as obras de eminentes padres dominicanos da Universidad de Salamanca, como Francisco de Vitoria e Domingo de Soto, que contribuíram para forjar os princípios políticos e jurídicos do Estado moderno. Esses debates, se comparados com o processo de constituição de qualquer outro império, resultam sem dúvida algo excepcional.

A Polêmica dos Naturais não tinha por objeto determinar se os indígenas americanos eram dotados de uma alma humana, dado que isso tinha sido resolvido pela *Bula Sublimis Deus*, nem afirmar a legitimidade da conquista, já que a *Junta de Burgos* tinha estabelecido as condições jurídicas de uma guerra justa contra os indígenas americanos. O objetivo declarado do debate foi estabelecer as bases jurídicas e teológicas que permitissem orientar os procedimentos de conquista e ocupação das Índias. A discussão se organizou em torno das categorias de igualdade e desigualdade que, como o assinala Todorov (2003, p. 211–243), foram as categorias que orientaram toda a discussão durante a Conquista da América.

No debate se contrapunham duas doutrinas. A primeira (baseada em Aristóteles e representada no debate por Ginés de

Sepúlveda), concebia a desigualdade como condição natural da sociedade humana e defendia a inferioridade dos indígenas; a segunda (representada por Bartolomeu de Las Casas), apelando ao universalismo cristão, afirmava ser a igualdade o estado natural. Como é bem conhecido, o debate se encerra sem um veredito conclusivo e ambos os contendentes são declarados vencedores. Contudo, no teor das duas argumentações, é possível entrever o esboço de uma nova tecnologia social que permitirá tornar aceitável a ideia de igualdade universal num mundo desigual.

As duas posições doutrinárias acabam por se conciliar numa imagem do Outro que o apresenta como um ser carente: para Sepúlveda carecia de cultura, para Las Casas carecia de maldade. Mas seja na forma do bom ou do mau selvagem, o indígena foi definido como um ser imaturo que precisava ser tutelado. A igualdade não é então negada, mas "suspendida" num infinito "não ser ainda". Ela é prometida como recompensa ao final de um longo caminho de aperfeiçoamento cultural. A igualdade deixa de ser então uma condição dos bem-nascidos e passa a ser oferecida a todos na forma de uma promessa.

A escola moderna nasce com essa sutil operação que permite organizar a conquista como uma empresa pedagógica. Num primeiro momento, na forma de evangelização, e, num segundo momento, na forma de processo civilizatório. Tal dispositivo permitiu que a desigualdade se tornasse não só tolerável, mas também produtiva no esquema colonial moderno.

A escola antiga se organizava em torno da fronteira entre livres e escravos, gregos e bárbaros, como um dispositivo de separação do tempo, os espaços e as ocupações. Ao invés disso, a escola moderna fez dessa fronteira uma passagem interminável, uma promessa jamais realizada. Portanto, o que define a forma-escola moderna não é a igualdade, mas a promessa de igualdade.

Skholé e igualdade

A escola contemporânea

A escola moderna é, essencialmente, um lugar de passagem, uma ponte que leva da barbárie à civilização, da ignorância ao saber, da inferioridade à igualdade. Essa segunda forma-escola chegou ao seu fim na primeira metade do século XX, quando a ideia de um processo civilizatório se tornou insustentável. As duas guerras mundiais fizeram a Europa mergulhar num profundo sentimento de derrota, e esse clima espiritual, que podemos perceber nitidamente em textos como *Experiência e pobreza*, de Benjamin, ou na *Carta sobre o humanismo*, de Heidegger, abriu os espíritos de forma a poderem assumir uma derrota muito mais vasta que, desde o século XIX, vinha corroendo os pilares da Modernidade. No campo geopolítico, evidenciava-se a perda da hegemonia mundial europeia frente a potências emergentes como os Estados Unidos, a Rússia e a China; no campo econômico, ficavam cada vez mais visíveis as contradições e inconsistências do sistema capitalista; nas ciências físico-naturais, se espalhava um forte sentimento de desconfiança quanto à possibilidades de estas ciências brindarem um conhecimento certo da realidade; na psicologia, tornava-se manifesta a tremenda influência que as forças incontroláveis da mente têm sobre a consciência e a conduta dos indivíduos; nas artes, existia uma efervescência que não fazia mais do que confirmar a perda das referências tradicionais em relação aos modos de produzir e dar valor e sentido às obras artísticas. Esse cenário acabou por desmontar completamente a ideia de uma cultura de referência que, outrora, funcionou como horizonte civilizatório. Por outro lado, no domínio moral, não foram os bárbaros, mas a culta Alemanha que revelou, no final da Segunda Guerra, uma crueldade inusitada. Diante desse quadro, a simples ideia de um processo civilizatório se tornou obscena aos olhos da própria Europa.

Embora a escola contemporânea continue a se apresentar como um lugar de passagem, a verdade é que essa passagem leva agora para lugar nenhum. A escola se tornou, irremediavelmente, um meio sem finalidade. Isso nos confronta novamente com o problema da igualdade, mas desta vez de uma forma inédita. A escola atual não é mais um caminho para atingir uma igualdade futura, mas um lugar onde estar. É precisamente esse modo particular de estar na escola o que possui hoje um valor político.

A escola grega fazia da igualdade uma condição de partida, mas se tratava de uma igualdade restrita, que pressupunha uma sociedade de castas; a escola moderna assumiu a ideia de uma igualdade universal, mas postergou indefinidamente essa igualdade por meio da promessa civilizatória; hoje, abre-se a possibilidade de pensar a escola como um lugar de igualdade, desta vez uma igualdade universal, sem promessas dilatórias. Um lugar onde a igualdade universal seja pensada como uma condição e não como uma meta.

No entanto, é verdade que, frente ao desmoronamento do esquema civilizatório da Modernidade, a sociedade contemporânea apresenta diferentes reações. Acredito que, em termos gerais, é possível reconhecer hoje três tipos: a primeira consiste na tentativa de prolongar o mecanismo civilizatório a partir de novas promessas; a segunda consiste na renúncia à igualdade universal e na afirmação da igualdade restrita; a terceira e última consiste em assumir a igualdade universal desatrelando-a da ideia de progressão ou desenvolvimento.

Um exemplo do primeiro tipo de reação se encontra na tentativa de substituir a antiga ideia de "processo civilizatório" pela de "desenvolvimento" e, assim, salvar o sentido prospectivo da escola, transferindo a ideia de perfectibilidade para o plano social e econômico. A antiga promessa civilizatória é traduzida então como promessa de desenvolvimento, e a antiga distinção entre civilizados e bárbaros é substituída pela distinção entre desenvolvidos e subdesenvolvidos. Nessa perspectiva, a educação deixa de ser uma questão política e se transforma numa questão social. Isso quer dizer que a escola pública não é concebida como o lugar de todos (o lugar da *res publica*), mas como um lugar onde os desiguais, aqueles que estão excluídos do mundo do bem-estar e do consumo, poderão encontrar as ferramentas para, algum dia, conquistar um lugar entre os iguais. A escola se torna assim um mecanismo de ascensão social, numa sociedade economicamente hierarquizada. Mas basta tomar um pouco de distância para perceber que a ideia de uma melhoria social pela via do acesso ao consumo não passa de uma ilusão enganosa, porque o que impulsiona o consumo não é outra coisa senão a pura diferença entre os que podem consumir e os que não podem fazê-lo. Sem a renovação contínua dessa diferença o consumo não se produziria. O acesso massivo a qualquer bem de consumo, incluída a educação, faz diminuir, automaticamente, o valor e a procura daquele bem. Em outras palavras, o *shopping* se alimenta da leve frustração que, constantemente, experimenta aquele que o frequenta. Dessa maneira, a igualdade fica mais uma vez suspensa numa promessa infinita, a promessa de um contínuo progresso pessoal numa ordem social desigual.

O segundo tipo de reação, que consiste em renunciar à igualdade universal retomando a ideia de uma igualdade restrita, encontramos na ideologia meritocrática, tão difundida em nossas sociedades contemporâneas. Essa atitude consiste em afirmar, como o fizera Ginés de Sepúlveda em inícios do século XVI, que o estado natural de uma sociedade humana é o estado de desigualdade, e, portanto, não faz sentido se empenhar em encontrar caminhos para a efetivação de uma igualdade universal, pois tal tarefa seria insensata, o mais razoável será então desenvolver mecanismos para definir uma desigualdade justa. Nesse caso, a escola é compreendida como uma instituição capaz de fornecer os critérios e mecanismos que permitem produzir e reconhecer dito mérito, colocando assim, em primeiro plano, a função classificatória da escola, de modo tal que o grau de escolaridade sirva como critério de distribuição dos lugares sociais.

Por último, existe uma terceira atitude frente às novas condições, que consiste em entender a escola como lugar de igualdade universal, desvinculando-a da temporalidade progressiva à qual a submeteu a época moderna. Os modernos interpretaram a inferioridade como imaturidade e a superioridade como maturidade, e fizeram do problema político da igualdade um problema de desenvolvimento ou de amadurecimento. Mas os indígenas americanos não eram crianças a serem educadas, eram um povo submetido por outro. O problema jamais foi educativo, foi sempre político. Os pobres não são imaturos, simplesmente fazem parte de uma sociedade injusta. O problema político atual não consiste em fazer com que os pobres amadureçam, mas em mudar essa ordem social injusta. Fazer da injustiça um problema evolutivo equivale a se furtar à discussão política. Para pensar o sentido político da escola atual é necessário desatrelar a ideia de igualdade da ideia de desenvolvimento.

A escola pública é o *locus* privilegiado para o que poderíamos denominar um prazer estudioso ou um jogo sério, no qual a vida adulta conserva algo da livre experimentação própria do mundo infantil. Na base de toda atividade filosófica, científica, artística ou de modo geral criadora, opera sempre um "como se", um "fazer de conta que", onde as coisas são libertadas de seu sentido habitual para se abrirem a sentidos possíveis. No universo escolar as coisas, os procedimentos e as relações são, de certo modo, libertados de seu caráter de meios úteis e transformados em puros meios sem finalidade. Essa suspensão do sentido habitual das coisas, esse estranhamento do mundo, está na base de todo exercício escolar e também de todo ato lúdico, intelectual ou poético. A escola é um lugar de possibilidade, não um lugar de futuro. Foi a Modernidade que submeteu a possibilidade ao futuro, mas o possível não é necessariamente projetivo. Se a escola é um lugar de possibilidade, não o é porque fornece aos estudantes ferramentas para uma vida vindoura, mas porque, em cada um de seus gestos, interrompe o sentido habitual do mundo e reapresenta esse mesmo mundo como um lugar de possibilidade, como algo ao mesmo tempo disponível e indeterminado. Nesse sentido a escola se apresenta como uma clareira, um espaço público, separado das urgências do mundo produtivo, onde a sociedade pode se relacionar consigo mesma, sem as urgências nem demandas da vida cotidiana. Nisso consiste seu valor político, em reaprender o mundo sob o signo da possibilidade.

O livro de Jan Masschelein e Maarten Simons, que aqui comentamos, se inscreve, em termos gerais, nessa última perspectiva e fornece importantes elementos para pensar o lugar e o sentido político da escola pública contemporânea, para além da promessa civilizatória ou desenvolvimentista.

Referências

MASSCHELEIN J.; SIMONS, M. *Em defesa da escola: uma questão pública.* Tradução de Cristina Antunes. Belo Horizonte: Autêntica, 2013. (Coleção Educação: experiência e sentido.)

RANCIÈRE, J. Ecole, production, égalité. In: *L'école de la démocratie.* Edilig: Fondation Diderot, 1988.

TODOROV, T. *A conquista da América: a questão do outro.* São Paulo: Martins Fontes, 2003.

J. M. e M. S.: A sugerida arqueologia das formas escolares abre um campo muito interessante e rico de exploração, e é impossível abordar em detalhe possíveis similitudes e diferenças entre este tratamento arqueológico e a nossa abordagem arqueológica. Há um ponto, contudo, que queremos enfatizar. A arqueologia reconhece que a forma escolar carrega sempre, de algum modo, a marca da igualdade, mas ela reforça que há diferentes formas de igualdade e de relação entre igualdade e escola: a igualdade como uma condição (escola clássica), a igualdade universal como uma promessa (escola moderna como passagem) e a igualdade universal como uma condição (a escola contemporânea como espaço de possibilidades). Assim, a abordagem histórica, arqueológica, argumenta que não há uma forma escolar única, arquetípica (datando da Antiguidade grega), mas pelo menos três diferentes formas escolares, e a que "defendemos" em nosso livro seria na verdade a forma escolar como um espaço de possibilidades, ou seja, uma forma escolar moderna que já não está orientada para a civilização, o progresso social ou o desenvolvimento. Embora não nos pareça que haja apenas um modo de "formar" a escola – de fato, a ambição do livro é convidar para a experimentação com a reinvenção da escola –, o seu principal objetivo é sublinhar a diferença entre a escola como uma forma muito específica de aprendizagem, e outros tipos, ou ainda formas, de aprendizagem (como a iniciação, o aprender fazendo, a aprendizagem pelo exemplo...). A pressuposição básica, que é pedagógica, da aprendizagem escolar é que é uma questão de prática ou estudo que não se apoia em um destino (natural ou social) previamente dado. Esse é um entendimento pedagógico de liberdade, e relacionado a ele há um entendimento pedagógico de igualdade. Não é uma liberdade política (em relação ao poder ou à autoridade), nem jurídica (em termos de direitos), nem ainda uma liberdade econômica (no sentido da liberdade de escolha, por exemplo). O entendimento pedagógico da liberdade significa simplesmente que os seres humanos não têm um destino natural ou social dado, e portanto são capazes de formar-se a si mesmos e de dar direção ao seu destino. A igualdade em termos pedagógicos não é o mesmo que a igualdade social (ser igual ou tornar igual em termos sociais, culturais, econômicos, nacionais...), não é uma liberdade jurídica (todos são iguais perante a lei, e todos devem ser tratados de igual forma de acordo com a lei), e não consiste em igualdade de oportunidades ou resultados (por exemplo, tratar ou compensar a desigualdade e levar cada um ao mesmo ponto de partida, ou ajudar cada um a passar uma linha final). A igualdade pedagógica tem um duplo sentido: admitir que cada um como estudante é capaz de aprender (e estudar/exercitar-se) e admitir que há uma matéria e assunto escolar comum – a fim de ser capaz de renovar o mundo – para cada um dos estudantes. A escola, então, é a materialização de ambas essas pressuposições pedagógicas, ou, para reformular essa afirmação: a escola é a materialização da crença de que "cada um pode aprender qualquer coisa", isto é, não é nem "naturalmente" definido o que alguém pode aprender, nem o que alguém tem que aprender. É, por assim dizer, uma crença utópica que subjaz à escola. E uma vez que esta é a crença ou pressuposição subjacente, não faz sentido falar de uma escola utópica. Ao contrário, a escola é a materialização dessa crença utópica.

A nosso ver, as três formas escolares introduzidas na arqueologia são de algum modo baseadas em um entendimento social ou político de igualdade (e não de liberdade), ou, pelo menos, em um entendimento particular, contextualizado, de igualdade, e não em um entendimento de igualdade em termos pedagógicos. Como consequência, essas formas escolares já são "instrumentalizadas" ou "modeladas" com base nas concepções sociais e políticas de igualdade que prevaleceram em cada período histórico: a escola como modelo da *pólis* grega (e aqui excluindo os escravos, etc.), a escola, incluindo também o Estado, como um instrumento para obter igualdade universal ou contribuir para o progresso social e para a emancipação social (e daí o foco nas condições intelectuais, sociais e culturais desiguais nas escolas) e a escola como um modelo de um mundo global (e aqui um espaço para se tornar socializado na lida com possibilidades abertas). A partir do nosso argumento morfológico (sem defender que esta é a única abordagem verdadeira), não falaríamos sobre as três formas escolares, mas sobre as três principais (e também mais importantes) tendências de neutralizar ou domesticar a escola. Não três formas escolares, mas modos de des-formar, ou seja, de des-escolarizar a escola. E é des-escolarizador porque entendimentos pedagógicos de liberdade e igualdade são substituídos (e daí a "modelagem") ou subordinados (e daí a "instrumentalização") por entendimentos sociais.

Se as reflexões anteriores fazem algum sentido, pensamos que é importante determo-nos diante da descrição da forma escolar contemporânea que é proposta no texto de Maximiliano López e que é argumentada para se parecer com a escola conforme defendida em nosso pequeno livro: "a escola se apresenta como uma clareira, um espaço público, separado das urgências do mundo produtivo, onde a sociedade pode se relacionar consigo mesma, sem as urgências nem demandas da vida cotidiana. Nisso consiste seu valor político, em reaprender o mundo sob o signo da possibilidade". De fato, isso se aproxima do nosso próprio entendimento; contudo, queremos reformular duas breves reflexões. Em nosso entendimento, a escola não consiste apenas em "possibilidades", mas na experiência de ser capaz. Aqui o aspecto da descoberta de mundo é crucial, significando que a aprendizagem escolar acontece sempre no confronto com algo de fora e visando a relacionar com o mundo. Há sempre um assunto envolvido, se não a escola não permite – como Hannah Arendt também enfatiza – à geração vindoura experimentar a novidade e se tornar a nova geração. Cuidar apenas do aspecto das possibilidades significaria que na escola nada é colocado sobre a mesa (e transformaria

Skholé e igualdade

a aprendizagem em um tipo de processo criativo) ou tudo é (ou pode ser) colocado sobre a mesa (como um tipo de recurso de aprendizagem, e transformaria a aprendizagem em um processo produtivo). Nesse sentido, a escola não consiste em desenvolvimento, mas, por outro lado, pensamos que um tipo específico de futuro está em jogo. Gostaríamos de reservar o conceito de "preparação" para esse modo específico de abrir futuro que é tornado possível pela escola. Em segundo lugar, pensamos mesmo que esse foco nas possibilidades se aproxima do modo pelo qual as escolas estão sendo organizadas hoje, mas para nós isso é sinal mais do des-escolarizar do que do fazer a escola. Hoje, parece haver a tendência de transformar a escola em laboratórios criativos, colocar a criatividade (em sentido artístico e econômico) como papel central, e transformar a escola em uma fábrica para explorar as forças criativas. Torna-se um lugar para treinar ou ser socializado como – o que Jorge Larrosa chamaria de – "fazedores". Já não é a fábrica industrial nem a domesticação moderna da escola em termos industriais, mas o modelo do *fab-lab*, em que aprender, fazer, planejar e o empreendedorismo se tornam difíceis de distinguir. A liberdade e a igualdade de criatividade de possibilidade e a liberdade e igualdade que caracterizam o *fab-lab* são econômicas e, até certo ponto, artísticas, e a nosso ver são diferentes de uma concepção pedagógica de igualdade e liberdade.

Permita-nos concluir retornando à questão de saber se o nosso conceito de escola é um arquétipo. Para nós, essa questão é na verdade acerca daquilo em que consiste a teoria educacional ou a teoria pedagógica. E é, temos que admitir, em grande medida ainda uma questão aberta. A teoria educacional é uma combinação de história, filosofia, teoria política, etc., aplicadas? Pelo menos não escrevemos nosso livro a partir dessa pressuposição. Nossa referência à Antiguidade grega, por exemplo, não foi para fazer uma defesa histórica ou para mobilizar fatos históricos para justificar nosso conceito de escola (ver também a resposta aos comentários de Walter Kohan no capítulo "Sobre a escola que defendemos", neste livro). Nossa tentativa foi articular a aprendizagem escolar como uma forma específica, e com vistas nessa tentativa nós des-historicizamos a história (ou suspendemos o tempo cronológico) e tentamos fazer coisas diferentes conversarem entre si. É uma tentativa de abordar a escola como um evento, que segue o que Foucault quer dizer com *"événementialisation"*, e portanto permite que algo apareça na sua singularidade (FOUCAULT, 1978/2001, p. 842). Nesse sentido, a escola como singularidade acontece em muitas ocasiões, que poderiam ser vistas no mesmo plano. Aproxima-se do que Michel Serres (1995) sugere: que embora algumas estrelas no céu estejam mais distantes que outras, do mesmo modo alguns eventos estão mais distantes na história do que outros – ainda assim eles são visíveis no mesmo céu e podem ser vistos como constelações (de eventos), como signos do zodíaco.

Esperamos que esteja claro que não nos furtamos às questões de origens, evoluções ou fundamentos históricos, mas que queremos fazer outras perguntas, exprimir outras preocupações e voltar nossa atenção para outras coisas. Talvez a analogia com a democracia seja útil mais uma vez. Para nós, o que a democracia significa para o poder e a política é o que a escola significa para a aprendizagem e a educação. A democracia foi inventada na Antiguidade grega, o arquétipo da democracia deve ser encontrado lá? É difícil dizer, e com certeza é sempre arriscado tomar o seu autoentendimento como real. Mas talvez essa questão como tal não seja mesmo importante, porque há outros modos de cuidar da democracia que não consistem em fazer perguntas sobre origens e fundamentos. Não precisamos de uma ciência da democracia, e talvez devêssemos também fazer objeção a uma ciência da escola. Mas a nosso ver, a democracia, assim como a escola, precisa de estudo. E talvez o desenvolvimento de uma teoria pedagógica seja uma tentativa de exprimir esse cuidado e essa preocupação.

Referências

FOUCAULT, M. Table ronde du 20 mai 1978. In: DEFERT, D.; EWALD, F; LAGRANGE, J. (Eds.). *Dits et écrits II. 1976-1988*. Paris: Gallimard, 1978/2001. p. 839-853. (Coleção Quarto.)

ILLICH, I. *Obras reunidas*. Volume II. México: Fondo de Cultura Económica, 2008.

SERRES, M.; LATOUR, B. *Conversations on Science, Culture and Time*. Tradução para o inglês de Roxanne Lapidus. Ann Arbor: The University of Michigan Press, 1995.

A escola: formas, gestos e materialidades

Jorge Larrosa e outros,[1] Jan Masschelein, Maarten Simons
Tradução: *Fernando Coelho*

As perguntas formuladas a seguir foram elaboradas coletivamente durante um curso intitulado "A escola: formas, gestos e materialidades", ministrado por Jorge Larrosa, em Florianópolis/SC, no qual lemos e conversamos sobre o livro *Em defesa da escola*, de Masschelein e Simons. As nossas notas à margem, portanto, são 10 perguntas.

A primeira pergunta foi formulada por Juliana de Favere. (Amor, vocação, professor vocacional)

No livro em *Em defesa da escola*, capítulo 2, "O que é o escolar?", subcapítulo XI, "Uma questão de amor", os senhores argumentam sobre o amor do professor pelo assunto, que faz com que ele possa colocar os estudantes em contato com a matéria, possibilitando a atenção e a presença na presença. Em contraponto, há na sociedade atual uma tentativa de banir as palavras "amor" e "vocação" da escola, por, comumente, serem

---

[1] Juliana de Favere, Carla Loureiro, Heloise Baurich Vidor, Ana Paula Nunes Chaves, Karen Christine Rechia, Caroline Jaques Cubas, Priscylla Pohling Paiva, Rodrigo Mafalda, Geovana Mendonça Lunardi Mendes.

associadas ao cuidado materno e o "dom divino". Como a escola pode se liberar das ideias habituais de vocação e amor do tempo presente e as "encarnar" em seu uso público na escola, conforme estudo do livro?

J. M. e M. S.: Você tem razão em apontar essas associações, e certamente é impossível "decidir-se" sobre o modo pelo qual tais palavras devem ser entendidas. Podemos apenas tentar dar a elas certo sabor particular. Primeiramente, não estamos usando a noção de "vocação". Embora possamos fazer referência ao "chamado", e ainda que nos agrade a ideia que ele contém de que algo está acontecendo sempre a partir de fora (um movimento pelo qual algo se move para alguém), como você notou, a sua associação com o dom divino parece relacioná-lo a algo que não teria nada que ver com o que aqueles que seriam "chamados" fazem. Contudo, pensamos que sempre há também uma preparação (assaz mundana) envolvida para "receber" o evento (o "chamado"), e é por isso que remetemos também à ideia de "modo de vida". Não se trata de uma espera pela chegada de um tipo de chamado vindo de fora, que transformaria alguém, assim como por um raio de luz, em um verdadeiro professor. Em nossa opinião, trata-se de trabalhar sobre si mesmo como professor, cuidando de si mesmo e da matéria. Não se trata apenas de estar atento, mas tornar-se atento, ficar atento, cuidar e arranjar tempo não apenas para os outros, mas também para a sua matéria, para a leitura e a escrita, para o estudo... E cuidar, por exemplo, é difícil e desafiador, pois requer disciplina, requer a suspensão de julgamentos rápidos e recursos imediatos. Tudo isso tem a ver, de certo modo, com a "formação docente", talvez no sentido da preparação do professor. Pense-se também no professor que está se preparando para um curso. Trata-se muito mais de um plano de curso que deve ser desenvolvido; de fato, trata-se com frequência de se preparar como professor, obtendo inspiração, reunindo pensamento e palavras; e se a preparação de um curso por meio da escrita tem uma função ou significado, talvez se trate primordialmente de se preparar como professor, ou o seu "eu docente", e não apenas ter um plano fixo que seguir. E, do mesmo modo, pensamos que a escola tem a ver com a negação de um destino "natural", e que não há "natural" para o professor, e tampouco um "chamado" supranatural que lhe daria tal destino.

Quanto à noção de amor, mantemos a palavra mas queremos distinguir o amor pedagógico de outras formas, tais como o amor "materno". Nas "Primeiras palavras" das suas *Cartas a quem ousa ensinar*, Paulo Freire também afirma claramente que o ensino exige que se desenvolva "um querer bem", um "querer bem não só aos outros", um querer bem ao "próprio processo que ela [a tarefa do ensinante] implica" e uma "paixão de conhecer". Há a necessidade de "uma capacidade forjada, inventada, bem cuidada de amar". Contudo, ele acrescenta que uma coisa é certa, que isso não tem nada a ver com "processo de bem-estar, em particular uma nutrição paternalista que toma a forma de um desvelo paternal", ou com "maternidade". Professores não são os pais dos alunos. E também concordamos com Freire quando ele afirma que a redução de professores a pais minaria o seu papel político. Porém, não o seguimos quando ele entende o papel político como "a realização de um projeto político". Para nós, o papel político tem a ver com o fato de que o professor pode contribuir para fazer "a escola" acontecer, ou seja, fazer com que a ordem social que conecta corpos particulares a capacidades e posições particulares fique suspensa, incluindo também a ordem da família, e que filhos e filhas se tornem alunos ou estudantes. Fazer a escola desse modo é em si mesmo um projeto político, e as escolas e os professores não têm de seguir um objetivo ou projeto político externo para tornar a escola política. Também pensamos que o amor pedagógico é "um querer bem" (como diz Freire), um amor que gostaríamos de esclarecer mais e que é sempre complicado, uma vez que ele é pelo menos duplo: pela nova geração, mas também por algo, como tentamos explicar nesse livro.

A segunda pergunta foi formulada por Carla Loureiro. (Matéria da formação dos professores)

No capítulo 4, os senhores afirmam que o "professor" é alguém que não tem claramente delineada a "tarefa" da mesma forma como faz um "profissional" (p. 134), e seguem dizendo que se os professores como mestres-escolas têm uma arte especial, essa é a arte de *disciplinar* (no sentido positivo de focar a atenção) e *apresentar* (como trazer para o presente do indicativo ou tornar público). Essa arte não é uma arte que os professores podem possuir meramente por meio de conhecimento ou habilidades. É uma *arte incorporada* e, assim, uma arte que corresponda a uma maneira de vida – algo ao qual pode-se referir como um "chamado", uma palavra também usada por artistas ou políticos (p. 135).

Essa falta de clareza na "tarefa" do professor junto à impossibilidade de acessar a "arte de disciplinar e apresentar" por meio do conhecimento ou de habilidade, e as críticas feitas à pedagogização, psicologização e até à politização da escola nos levaram a questionar sobre o que seria realmente importante na formação de professores.

Nesse sentido, gostaríamos de saber: qual é a "matéria" da formação de professores?

J. M. e M. S.: Primeiramente, pensamos que a "identidade profissional" dos professores está relacionada não somente com o ensino, mas também com a realização da escola, e a escola está complicando o ato de ensinar – e isso pela ótima razão da liberdade e igualdade, conforme tentamos esclarecer no livro. Portanto, a questão da formação de professores deveria ser tratada no que diz respeito ao que acontece na educação escolar nos dias de hoje. Além do estudo de uma "matéria", que deveria fazer parte de qualquer formação de professores, gostaríamos de enfatizar dois elementos. O primeiro deles é uma gama de equipamentos técnicos e didáticos, procedimentos, práticas que podem ajudar a fazer a escola (despertar atenção, suspender, profanar...), para desenvolver um certo *ethos* (incluindo o duplo amor), um certo modo de falar (uma certa "língua da escola"[2]). Eles deveriam permanecer também como um ingrediente essencial da formação de professores, mas deveriam ser relacionados ao segundo elemento: o estudo da escola. Com efeito, fundamentalmente, parece que, devido a todos os tipos de desenvolvimentos sociais e tecnológicos (por ex., as TICs), as condições para fazer a escola estão mudando rapidamente e estão afetando a escola e os seus habitantes de vários modos. Nesse contexto, parece ainda mais ilusório do que outrora ser capaz de formular as concretas competências de ensino que poderiam ser usadas como "resultados de ensino" para a formação, ou melhor, para o treinamento de professores. De fato, não sabemos no que se está transformando a educação escolar sob as condições atuais. Ela deve ser em parte estudada, em parte reinventada. Portanto, parece que hoje a "formação de professores" que é conduzida por competências predefinidas, além de ter uma formação assaz estreita, de fato se torna algo muito difícil. Sugerimos que a formação de professores seja reconcebida como um tipo de "estudos da escola" em que os alunos juntamente com os seus professores estudem o que de fato está acontecendo com a educação escolar e tentem assim formular respostas (ou habilidades-resposta) por meio de um estudo coletivo. Os estudos da escola nesse sentido ainda não

---

[2] Ver texto "A língua da escola: alienante ou emancipadora", neste livro.

são uma disciplina estabelecida ou um *corpus* de conhecimento, mas um campo de estudo que deve ser desenvolvido por alunos e professores (e ainda por outras pessoas envolvidas) em conjunto, criando e constituindo juntos o seu "material de estudo". Tais estudos exigiriam o uso e o desenvolvimento ulterior de todos os tipos de metodologias que podem ajudar a compor esse material e permitir que "o que acontece com a educação escolar" seja estudado a fim de promover a habilidade-resposta. Portanto, talvez não seja suficiente ampliar o treinamento de professores para a formação de professores, mas integrar a formação de professores nos estudos da escola. Pelo menos se a sociedade estiver preparada para oferecer tempo e espaço para que os professores se tornem professores de escola, pois sabemos que a formação de professores, em vista da eficiência e do controle, é frequentemente reduzida ao tipo de aprendizagem que se adquire fazendo, ou a um processo de formação orientado a um resultado.

A terceira pergunta foi formulada por Heloise Baurich Vidor.
(Modo de vida)

No capítulo "Domando o professor", dentro do item "Profissionalização", os senhores discutem o fato de que há um "chamado para uma profissionalização organizada do professor", que implicaria a domação e até mesmo a eliminação do *amateurismo*. Em função disso, na sequência, os senhores constatam que o tempo para o *amateurismo* é "exilado para os entardeceres, as noites, os fins de semana e os feriados" (p. 145). De modo que "a escola se torna um negócio e o ensino se torna um trabalho, ao invés de uma forma de vida". Em relação a essa "forma de vida", me lembrei, por exemplo, de um praticante de yoga. Ser praticante de yoga não se restringe a fazer uma aula de asanas. Um praticante desenvolve uma disciplina que implica: diariamente acordar muito cedo, praticar asanas, meditar, optar por uma alimentação sutil (vegetariana), cantar mantras, frequentar retiros, entre outras atividades, o que acaba configurando "um jeito de estar no mundo". Nesse sentido, qual seria a forma de vida do professor *amateur*, que lhe exigiria a disciplina de todos os dias fazer determinadas coisas (e não outras)? E que "coisas" seriam essas?

J. M. e M. S.: Esta é uma pergunta verdadeiramente difícil, que não deve ser respondida genericamente, mas de modo bastante concreto, como você está pedindo. Em um nível geral, queremos dizer que a profissionalização parece demandar um modo particular de se relacionar com o que se está fazendo: um modo calculado e baseado em competência que está buscando, primeiro que tudo, eficiência e efetividade, e que se relaciona à capacidade de responder por resultados, enquanto o professor amador está tentando lidar com várias relações (com o mundo, com os outros, consigo próprio) de modo apropriado. Contudo, este é um assunto complicado. Com efeito, vários autores apontam para o fato de que vivemos em uma era de capitalismo cognitivo e criativo em que "estar no trabalho" é um "negócio" de 24 horas por dia, 7 dias por semana, e no qual "uma forma de trabalho cognitivo-afetivo que está empregando nossa capacidade intelectual, curiosidade e desejo pelo aprendizado nos faz acreditar que, de fato, podemos descobrir a nossa liberdade e o nosso verdadeiro sentido de vida por meio do nosso trabalho" (Paolantonio, 2017). Nesse contexto de capitalismo criativo em que trabalho e vida, ser produtivo e ser criativo parecem confundir-se, deveríamos ser cuidadosos em relação ao modo pelo qual descrevemos o ensino como "um trabalho" ou como "um modo de vida". Parece que o modo de vida de um professor deveria incluir exercícios ou práticas que lhe permitem permanecer surdo às interpelações desse capitalismo criativo, permitindo ao mesmo tempo uma curiosidade particular (ou seja, um modo de cuidar e ser atraído e estar engajado) que talvez pudéssemos chamar melhor de uma "estudiosidade" (numa referência à diferenciação que, por exemplo, Tomás de Aquino fez entre *studiositas* e *curiositas*, a primeira remetendo à atenção estudiosa alegremente elevada, a segunda implicando frequentemente negligência e obsessão). A *studiositas* ajuda-nos a focalizar a nossa atenção nas obrigações (respondendo à altura da matéria e dos alunos) e assim as "priorizar". Nessa linha, o modo de vida do professor poderia ser caracterizado como "*studium*", no sentido de uma "aplicação tenaz da mente", abrangendo também o exercício de uma ocupação (ser um professor). Isso implicaria certas disciplinas da mente e do corpo que sustentam a atenção estudiosa e a preparação. Muitos exercícios disciplinadores poderiam ser imaginados (desde caminhar até copiar à mão ou recitar, rotinas, etc.) e tentados, mas todos eles acarretam a aceitação de coerções, limitações e repetições. E todos eles também acarretam um engajamento corporal. E talvez ensinar tenha a ver sobretudo com a *forma* de vida, certamente articulando-se em um modo específico de vida, mas nela a forma-ção parece ser essencial. O foco em um "modo de vida" tem a ver frequentemente com um tipo de cultivo (e mesmo moralização ou politização) de uma vida formada particularmente: a fixação de uma só forma, e conduzindo para práticas (de guru) de ensino através do exemplo ou da aprendizagem pela iniciação. Nem todos os movimentos *new age* têm a ver com isso, mas frequentemente vão nessa direção. Apontar para a forma de vida, e para a formação, ao contrário, significa que o estudar e a *studiositas* são essenciais, não se aprendendo pelo exemplo ou pela iniciação. E a matéria dessas práticas de estudo, com certeza, sempre tem a ver com "a gramática da escola" (devendo ser entendida em um sentido positivo); o *ethos*, as técnicas, o conteúdo... que permitem que os professores alcancem certo distanciamento para cuidar de e estabelecer novos apegos.

A quarta pergunta foi formulada por Ana Paula Nunes Chaves. (Rituais)

Ao longo do capítulo 2, "O que é o escolar?", e, principalmente, no tópico IX, "Uma questão de tecnologia (ou praticar, estudar, disciplina)", vocês apresentam o que entendem por tecnologia escolar, métodos de ensino e regras escolares. Muitos desses elementos estão presentes no escolar desde a Antiguidade grega e se repetem ao longo dos anos, chegando a sacralizar ações que desenham uma determinada forma da escola. Nesse sentido, como alguns elementos são ritualizados e, por vezes, ressignificados na escola? O abandono e/ou esvaziamento de determinados rituais impõe uma nova forma para a escola?

J. M. e M. S.: Com efeito, com a questão da tecnologia fazemos referência a todos os tipos de práticas e métodos usados para "fazer a escola", e alguns deles parecem ter estado presentes na escola desde o começo. De certo modo, poder-se-ia dizer que essas tecnologias são sempre "vazias" em alguma medida, uma vez que não foram feitas para alcançar um objetivo muito definido, mas permitem estudar (cuidar de) e exercer muitas coisas. Muitas delas, na realidade, poderiam ser chamadas de rituais; contudo, se são rituais escolares, deveriam ser vistos como um tipo de rituais profanados (rituais como puro meio sem finalidade, para usar as palavras de Agamben). Mas, como você sugere, alguns deles poderiam ter-se tornado totalmente vazios, perdendo também o seu caráter de "meio". Outro risco é que essas técnicas e práticas se tornem institucionalizadas. Provavelmente, a prova ou teste é um bom exemplo, e especialmente quando se considera como se tornou um instrumento de qualificação ou normalização. Em vez de questionar radicalmente a prova – e Foucault, ou pelo menos algumas leituras de Foucault vão nesse sentido –, talvez seja mais frutífero olhar para ela como um instrumento para a "pressão pedagógica". Não há aprendizagem como formação – no sentido da transgressão das fronteiras do seu mundo da vida – sem um tipo de pressão. Portanto, em vez de abolir a prova porque ela passou a carregar as marcas institucionais das normas sociais e das exigências de qualificação, o que poderia ser mais relevante é a profanação da instituição da prova, e transformá-la de novo em uma técnica pedagógica. E, de fato, quando no fim do livro sugerimos reinventar a escola, estava implícito que, à luz dos desafios hodiernos (por ex., o digital), deveríamos pensar também sobre as novas tecnologias, os novos "rituais" com os quais fazer a escola acontecer.

A quinta pergunta foi formulada por
Karen Christine Rechia.
(Caráter público da escola pública)

No livro, vocês dizem "que as necessidades individuais não ocupam o centro do palco" (p. 82), ou que "o foco é colocado em todos e não em uma pessoa em particular" (p. 83), ou melhor dizendo, que "é típico do escolar que ele envolva mais de um aluno" (p. 85). Nesse caminho, vocês afirmam que a aprendizagem, a educação individual, não é uma forma de educação escolar e enunciam que o professor "é obrigado a falar e agir publicamente" (p. 85).

Ou seja, a sala de aula é como um lugar público.

Vocês também deixam claro que, ao insistir em falar dos objetivos e funções da escola, estamos nos referindo ao que está fora dela, como que a nos dizer que a escola não é uma extensão da família, da comunidade, do mercado de trabalho, da sociedade, mas deixando claro que há uma responsabilidade social no que é ensinado.

Ou seja, a escola como uma instituição pública.

Por fim vocês dizem que o futuro da escola é uma "questão pública", que inclusive é o subtítulo do livro. Ou que vocês querem torná-la uma questão pública. Então minha questão é: como vocês entendem o significado do "público" na escola pública?

J. M. e M. S.: Com efeito, a noção de público talvez precise de algum esclarecimento. Usamo-la com diferentes significados. Além do uso da noção de público como sendo idêntico a "Estado", que se emprega frequentemente com referência a escolas organizadas e/ou financiadas pelo Estado, a escola é chamada algumas vezes de pública porque é vista como a arquitetura criada para capacitar as pessoas a viverem no mundo considerado como a esfera pública (que está além e fora da escola em si mesma). Aqui, o mundo é um espaço público, e, para viver nele ou para habitar essa esfera, as pessoas devem aprender ou apropriar-se de coisas específicas (por ex., uma língua particular, competências básicas...). Daí que a escola, nessa linha de pensamento, seja concebida como a "intro-dução" ou o "caminho para dentro" do mundo como espaço público (e para fora da família como espaço privado). Em outras palavras, a escola aqui tem um papel público no sentido de dar acesso à esfera pública. Contudo, usamos a noção de "público" de modos que diferem desses apenas mencionados.

O que é mais importante: usamo-la com um segundo sentido no qual consideramos que a escola seja por si mesma um espaço (e tempo) público em que as coisas são colocadas em uma (livre) disposição como "coisas comuns". Essa entrega do mundo significa que o mundo, e coisas do mundo, são libertadas, desapropriadas (da sua utilidade efetiva, "regular" ou "adulta" no interior do mundo). Ser livre (para o uso) significa exatamente que as coisas são feitas públicas, ou seja, elas são comuns. Público pode ser oposto aqui a privado, pelo menos quando fazer privado for entendido como abrangendo atividades de apropriação e proteção que definem antecipadamente posse, uso próprio, valor ou significado. Essa abordagem particular acarreta, assim, uma mudança da perspectiva estrutural e institucional acerca do que o público é (ou deveria ser) para práticas concretas que efetivamente *fazem* algo público. Aqui nos inspiramos em Bruno Latour – que ecoa a abordagem única de John Dewey sobre o assunto –, argumentando que o foco é na arte de fazer coisas públicas e reunir pessoas como um público em torno de algo. O termo "público" não está se referindo às características de um espaço ou local (vazio), tampouco à qualidade de um coletivo ou um bem, mas exprime as (inter)ações entre pessoas concretas e uma certa questão. Um público é chamado à existência quando um "nós" é reunido ou associado em torno de uma matéria de preocupação. Portanto, faz pouco sentido falar sobre "público" na ausência de uma questão particular e sem que haja uma reunião. Assim, contrário a formas de reunião *doméstica*, a reunião *pública* implica um ato de des-apropriação e envolve práticas que atuam, encenam e configuram um público em torno de uma questão concreta. Isso se liga à ideia de conceber o público como um verbo, como um termo de ação. As escolas não devem ser concebidas como instituições que já são públicas. E público em referência a escola não aponta para questões de propriedade, regulamento ou financiamento. Público, ao contrário, refere-se ao poder performativo de ações pedagógicas que incluem o movimento para fazer algo público. Ou, mais precisamente, é em fazer algo público e reunir uma audiência que alguém se torna professor diante de um grupo de alunos.

Ademais, quando dizemos que a escola é uma questão pública queremos dizer que há sempre mais coisas em jogo do que pode ser levado em conta pela soma dos interesses privados (incluindo os interesses de comunidades particulares definidas) ou pela perspectiva da liberdade individual, por um lado, e pela perspectiva do interesse de um coletivo predefinido, por outro. Parece que "o público", se é ainda discutido ou mencionado de algum modo hoje, refere-se ao que capacita preferências individuais, ou seja, o domínio público é um tipo de infraestrutura formal que permite trajetórias individuais e escolhas privadas individuais. Ou o público é usado para se referir a um tipo de interesse coletivo que é – frequentemente através do currículo – imposto às escolas. Mas, nessas perspectivas, a escola em si mesma é raramente uma questão em si mesma. É primordialmente uma ferramenta ou instrumento para servir esses interesses privados ou públicos. Se queremos transformar a escola em uma questão pública – ou pelo menos nosso livro é um pequeno gesto com tal ambição –, trata-se de transformar a escola em uma questão de preocupação, algo para se prestar atenção, algo para cuidar. Público, portanto, no sentido de se referir a algo que transcende preferências e escolhas individuais e coletivas. Para nós, contudo, ser a escola uma questão pública significa reconhecer que sempre poderia haver algo (mais importante) que não pode ser levado em conta a partir de uma perspectiva individual ou da perspectiva de uma "comunidade" ou "Estado", algo a que estamos ligados e em torno de que vale a pena reunir um público. Portanto, certamente, a noção de público é essencial para descrever aquilo em que consiste a escola e para exprimir nossa crença em um futuro da escola. E com relação a essa crença, provavelmente exprimimos nossa voz como "pedagogos", não como professores. É uma voz que articula nosso amor ou preocupação em relação à escola.

A sexta pergunta foi formulada por Caroline Jaques Cubas.
(Diferenças culturais, demandas identitárias)

A defesa de vocês da escola como uma questão pública é bastante respaldada pela noção de igualdade. No item "Uma questão de igualdade", essa noção é apresentada através de uma anedota sobre um professor que conhece seus alunos e se nega a percebê-los como números. Porém, de forma aparentemente paradoxal, esse mesmo professor, ainda que reconhecendo as particularidades e desigualdades que acometem cada um desse alunos, nega-se em abrir espaço para elas quando em sala de aula, na medida em que, para ele, a aula deve ser sobre a matéria e não sobre os alunos.

Na p. 69, vocês afirmam que "os espaços escolares surgem como o espaço *par excellence* em que a igualdade para todos é averiguada". Afirmam também, a partir de Rancière, que a igualdade de cada aluno é um ponto de partida prático, que considera que "todo mundo é capaz de". Pois bem, pensando a respeito das questões relativas às diferenças culturais e reconhecimento de demandas identitárias, bastante presentes nos debates acerca da educação no Brasil (especialmente em função de reivindicações provenientes dos movimentos sociais), pergunto: Qual o lugar da diversidade em uma escola que tem como ponto de partida a igualdade?

J. M. e M. S.: A diversidade poderia desempenhar um papel em diferentes níveis, mas é importante notar que o ponto de partida sempre é sobre o que ela significa ou poderia significar em relação ao "fazer a escola". Ela pode obviamente significar a diversidade de matérias, a diversidade de perspectivas quando se "estuda" uma matéria, a diversidade de tecnologias. Mas você quer relacioná-la à questão das diferenças e identidades culturais. Aqui é importante tentar pensar partindo-se do que chamamos de ponto de vista interno (ou um ponto de vista educacional), que é o ponto de vista da escola. De costume, o ponto de partida parece ser a afirmação da diversidade e das diferenças culturais em termos de identidade, e a questão é, então, como pode a escola reconhecer essa diversidade e essas diferenças e desempenhar um papel na luta pela (e pelo reconhecimento da) identidade ou identidades. Não questionamos a realidade e a importância das diferenças culturais e das identidades relacionadas, mas temos dúvidas se essas são categorias pertinentes quando se trata de assuntos escolares. E isto é semelhante à democracia.

A democracia não ignora identidades ou diferenças culturais, mas na verdadeira ação democrática, quando se trata de liberdade e igualdade, essas categorias são de algum modo insignificantes (ou poderiam até minar a democracia quando priorizam a ética, a justiça socialmente definida e as identidades quase naturalizadas acima da igualdade e da liberdade).

Queremos lembrar que consideramos que uma das mais importantes operações da escola é precisamente considerar cada um como "estudante" ou "aluno", isto é, *suspendendo*, não destruindo, os laços de família e Estado ou de qualquer comunidade "fechada" ou definida. A escola, se funciona como escola, oferece a experiência de ser um estudante ou aluno, não um filho ou filha. Esse não é um tipo de imaginário escolar, mas uma intervenção material. Essa operação escolar é a marca visível do nosso reconhecimento de *que "nossas" crianças não são "nossas" crianças*. Mui frequentemente abordamos a escola do ponto de vista da família (por ex., no sentido privado ou no sentido nacional), como um lugar no qual a busca pela identidade, o complexo identitário ou a luta entre "pai/Estado" e "mãe/família" se dão. A escola, então, deixa de ser a escola, e é transformada em um campo de batalha, uma arena política ou um espaço protoético de reconhecimento e entendimento mútuo. Contudo, a escola, em que cada um se torna um/a aluno como qualquer outro, interrompe essa lógica/luta identitária dentro de qualquer família (privada ou do Estado). A escola é uma performatividade *plural* e *corporificada*, uma assembleia de corpos muito concreta[3] que diz: não somos uma família e não vamos nos tornar uma, somos "singulares" (no plural). Eles "dizem" sem dizer, como uma encenação corporal: "não

---

[3] Como Butler e Esposito nos lembram: formas corporificadas de reunião ou assembleia têm um significado que não é discursivo ou é pré-discursivo – elas têm significado ("dizem" algo) que não deve apenas ser expresso em palavras.

somos disponíveis, mas demandamos atenção e olhar". O que significa que a iniciação ou a socialização (formas preferidas de aprendizagem para as [re]uniões familiares) são, de fato, interrompidas ou complicadas, não facilitadas, pela educação que se dá ao levar as crianças para a escola. Portanto, também em vez de falar de diversidade, preferimos a noção de pluralidade, uma pluralidade de singularidades. Ou, se você preferir, é um comunismo *avant la lettre* – antes da ordem do discurso, antes que entre a lógica da identidade e da diferença.

O que propomos é começar a olhar a partir da perspectiva da escola para a família e para a sociedade (ou o Estado), e não ao contrário, ou seja, do ponto de vista da família ou da sociedade para a escola. E quando se inverte essa perspectiva, as reivindicações de identidade e diferença (natural, cultural, social...) se tornam problemáticas. Claramente, essas reivindicações são reais, e precisamente por essa razão esforços pedagógicos são necessários para suspendê-las, pô-las entre parênteses, interrompê-las. A pluralidade da escola não é um estado de coisas natural, é o resultado de se dirigir a cada um como "apenas um" (não como representativo), mas *não* tem a ver com reconhecer cada "pessoa" como tendo as suas próprias "propriedades" ou "propriedade", seus "próprios" talentos, "necessidades" ou "identidades". Trata-se de recusar qualquer conexão natural ou predefinida entre corpos e as suas características "próprias" ou as capacidades associadas ou atribuídas a eles. A pragmática da escola é exatamente acerca disto: ela oferece a experiência de ser sem destino, mas de ser capaz de encontrar o seu próprio destino. Na escola somos Julie, Maximiliano, Walter, Inés, Jorge, Clara, Martha... Somos chamados pelo nosso nome, que de algum modo marca um movimento não genealógico, e não pelos nossos sobrenomes. Com efeito, pelo menos é assim na Bélgica, ser chamados pelos nossos sobrenomes na escola significa amiúde exatamente reinstalar um tipo de reivindicação genealógica, reconectar alguém à sua família, e remover os estudantes da classe ou escola.

Talvez pudéssemos acrescentar uma proposta concreta relacionada a essa questão. De fato, se a escola capacitar a experiência de serem singulares conjuntamente, de ser um estudante como qualquer outro, então parece menos importante que as escolas visem a ter uma população "diversa"; nem todos pertencendo ao mesmo *background*, vizinhança, etc., social ou cultural, e assim evitando criar a ideia de uma "família", de estar "*chez soi*" (estar "em casa"). Esta é uma proposta pedagógica no sentido de que poderia ajudar a fazer a escola realmente funcionar como uma escola. Essa criação proposital da "diversidade" não cria a pluralidade, e não é concebida para criar um ambiente de socialização para aprender a viver com as diferenças, mas ajudaria a prevenir que a escola se transformasse em uma família privada ou nacional.

A sétima pergunta foi formulada por Priscylla Pohling Paiva.
(Formação, educação, socialização, aprendizagem...)

No seu livro, vocês dizem que a escola não está separada da sociedade, é onde o mundo é aberto e exposto. "Algo" é escolhido para se estudar, e esse "algo" começa a fazer parte do nosso mundo e a nos "formar" (no sentido holandês de *vorming*) (p. 47). Essa formação se refere à transformação do "eu" suspenso em confronto com o mundo para um "novo eu em relação àquele mundo que vai tomar forma e ser fabricado" (p. 48). Portanto, "a formação envolve, assim, sair, constantemente de si mesmo ou transcender a si mesmo – ir além do seu próprio mundo da vida por meio da prática e do estudo" (p. 49). Vocês dizem que o "eu" está no processo de ser formado. Assim, para de fato estarmos nos formando, ao contrário de aprendendo, é necessário se abrir para o mundo e suspender nossas subjetividades e nossa história. A nossa pergunta é se a formação tem como objetivo a construção do eu. Além disso, qual seria a formação ideal de um professor?

J. M. e M. S.: Acerca da última pergunta, remetemos a algumas das respostas previamente dadas às suas perguntas. Em relação à primeira, a saber, se a formação tem como objetivo a construção do "eu", tendemos a responder "não". Se o "eu" (*I*) é entendido como a relação do "eu próprio" (*self*) com o "eu próprio" (*self*) em termos de identidade ou identificação, em nossa opinião a escola certamente não tem a ver com isso. E por uma simples razão: a escola não está oferecendo algo com que se identificar ou apresentando algo em relação a que o aluno é capaz de dizer "eu" (*I*). Na escola, e se ela funciona como escola, os alunos são expostos ao mundo. Ou, mais precisamente, alguém é transformado em aluno na relação com essa revelação do mundo. Essa relação tem a ver com conhecimento e conhecer, certamente, mas antes de tudo é uma relação de cuidado e preocupação. Pense na matemática ou na biologia, ou no mundo dos números e no mundo da natureza. Na escola não se trata apenas de transmitir conhecimento sobre esses mundos, mas de oferecer à nova geração a possibilidade de se relacionar ou se apegar a esses mundos, isto é, envolver-se. Para reformular com outras palavras: trata-se de o aluno se fazer interessado, criar um *inter-esse*. Alguém que se torne interessado por matemática está se apegando ao mundo dos números, para ele ou ela o mundo da matemática se torna um assunto de preocupação. E isso é o contrário da construção da identidade. Na construção da identidade está envolvida frequentemente a redução do número de apegos, o sonho de se tornar completamente destacado, dito de alguém que interiorizou o mundo pelo conhecimento (ou habilidades) a tal ponto que o mundo já não tem nada de (interessante) para dizer. É uma matéria que se tornou seu próprio objeto.

A formação escolar, a nosso ver, consiste em tornar-se preocupado e interessado, e portanto em estar cada vez mais apegado. Em um certo sentido, consiste em tornar-se um cidadão do mundo, ou mais precisamente, tornar-se "mundial". Isso não nega que a escola também envolva a relação do "eu próprio" (*self*) com o "eu próprio" (*self*). Mas essa relação não é uma relação de identificação ou saber, e sim a relação de cuidado e *studiositas*. E essa relação de cuidado do "eu próprio" (*self*) com o "eu próprio" (*self*) é sempre mediada pela relação com o outro e o mundo. Para resumir: não é preciso ir à escola para desenvolver conhecimento ou habilidades sobre o mundo, mas o mundo precisa da escola para "encontrar" alguém que preste atenção nele, isto é, se torne interessado através do estudo e do exercício.

A oitava pergunta foi formulada por Rodrigo Mafalda. (As coisas se tornam reais, realidade e ficção)

A pergunta: Qual é o "real" que a escola apresenta como matéria?

Pensando a relação ou não entre realidade, ficção, matéria e suspensão, o contexto da pergunta implicou 4 (quatro) passagens do livro:

a) De forma negativa ao conceito de "ficção": "Ousamos afirmar que essas entidades (sociedade, cultura, mercado de trabalho), são, acima de tudo, ficcionais" (p. 45).

b) De forma positiva ao conceito "real": "Ela foi atraída para dentro do reino animal, tudo se tornou real" (p. 44).

c) De maneira positiva ao conceito de "ficção": "eu dei à luz a mim mesmo: um eu, que era um matemático, um eu que era um historiador, um eu que era um filósofo, um eu que [...] esquecia um pouco a mim mesmo" (PENNAC, 2010, texto da p. 48).

d) De forma positiva ao conceito de ficção: "Eles eram artistas em transmitir suas matérias. [...] 'Como se' Gi estivesse ressuscitando a história, o Sr. Bal redescobrindo a matemática e Sócrates falando através do Sr. S" (p. 51 e 52).

Obs.: Enfim, se não estamos falando simplesmente de materialidades como "simulações", não seria importante relacionar a "ficção" como central ao conceito de suspensão (conceito central da defesa da escola)? Retirando então a conotação negativa de "ficção" estabelecida no item (a)? Já que o "real" aparece de forma positiva no item (b). Na defesa da escola, outra sugestão: suspender talvez qualquer noção binária, bipolar ou ordinária do que é real (verdade) e ficção. Pessoalmente, e como tese, amplio esta problemática a partir de estudos da filosofia da ficção e da filosofia da educação, com questões em torno da relação entre metáforas e conceitos na filosofia de Nietzsche.

J. M. e M. S.: Não temos certeza, mas a pergunta parece interrogar a nossa teoria sobre a ficção, e então sobre a verdade e o real. A resposta pode desapontar (e soar até mesmo arrogante), mas não temos tal teoria, pelo menos não quando escrevemos o livro. Podemos apenas responder com referência a uma crítica particular da educação escolar que pretendemos – ou talvez melhor: tentamos – questionar: que a escola não tem a ver com a vida real e que o aprendizado escolar é artificial, etc. Nossa posição é: de fato, a escola não tem a ver com a vida real e o aprendizado escolar é de fato artificial. Não há nada naturalístico no aprendizado escolar, e isto é similar à democracia: a democracia não é o estado natural da política que surgiria se você removesse todos os jogos de poder artificiais. Aprender fazendo ou por imitação talvez seja o mais próximo que possa assumir uma aprendizagem natural, e provavelmente esta seja o que está mais longe da aprendizagem escolar. A aprendizagem escolar, a nosso ver, consiste em um arranjo que permite tomar distância de algo para ser capaz de se relacionar com ele, ou apegar-se. E para que isso aconteça, alguns tipos de visualizações e/ou textualizações – Latour se referiria a elas como "inscrições" – são necessárias: o alfabeto, os números, a gramática, as fórmulas, os esquemas... Essas inscrições não devem ser entendidas como representações de um mundo exterior (seguindo a lógica da ficção/simulação e realidade), mas como apresentações através das quais o mundo se torna algo sobre que falar, algo com que se relacionar, algo que estudar. Não temos que ensinar aos alunos que a visualização e a textualização do mundo dos pássaros marinhos em um cartaz escolar não são reais. Nesse sentido, os alunos sabem muito bem a diferença entre texto/imagem e o que se chama de realidade. Essas inscrições, contudo, permitem que alguém se relacione com o mundo dos pássaros marinhos, e é através dessas inscrições que o mundo dos pássaros marinhos é gramaticalizado e poderia se tornar interessante. Essas inscrições fazem que se veja e ouça e fazem que se faça algo, e esta talvez seja a força pedagógica dessas inscrições: o duplo movimento de tornar atento e revelar o mundo. Somos todos conscientes de que esse duplo movimento é frequentemente articulado na filosofia (por Kant, por exemplo, mas claramente por Heidegger) em termos epistemológicos, ontológicos ou até mesmo naturalistas. Para nós, esse duplo movimento é de fato um movimento pedagógico, ou relacionado a um arranjo particular do tempo, do espaço e da matéria. E se há algo a ser lido nas entrelinhas do livro que não esteja articulado e elaborado, é isto: nossa tentativa de repreender o pensamento e a teoria pedagógica e a filosofia crítica por ignorar o que está em jogo na educação e na escola, ou por neutralizar as práticas pedagógicas por meio da epistemologia, da ética e da ontologia.

A nona pergunta foi formulada por
Geovana Mendonça Lunardi Mendes.
(A escola no mundo pós-alfabético)

Em alguns momentos do livro, temos reflexões sobre as Tecnologias da Informação e Comunicação como técnicas escolares que são aquelas "que permitem a atenção por meio da profanação de algo (suspensão do uso comum desta coisa) e a apresentação de algo de tal forma que ele possa ser compartilhado" (p. 164-165).

Há um destaque também para a compreensão de que ainda que as TICs permitam tornar os conhecimentos e habilidades disponíveis de um modo sem precedentes, não necessariamente temos com isso experiências de compartilhamento voltadas a "um bem comum". Como encontramos na p. 165, "nesse sentido, tornar informações, conhecimento e experiência disponíveis não é o mesmo que tornar algo público". Contribuindo com essa perspectiva, na conferência tivemos sua afirmação de que "abrir os códigos do Google" é uma das formas de compartilhar o "bem comum" da internet. Nessa direção vocês perguntam: "Hackear não é uma espécie de encontro frontal do mundo (pré-)programado e seu desbloqueio? As formas escolares de hackear são possíveis?". Assim perguntamos: que escola é possível num mundo pós-alfabético?

J. M. e M. S.: De certo modo, esta é precisamente a questão que se coloca diante de nós, e com nosso livro estamos tentando abrir caminho para pensar sobre ela, para lidar com ela. Em outras palavras: essa é exatamente a nossa preocupação como pensadores da educação, uma questão com a qual devemos nos relacionar. Talvez possamos dizer algumas coisas, as quais não seriam uma resposta direta à sua pergunta, mas que parecem importantes em razão dos modos e direções pelos quais poderíamos buscar respostas. De fato, se perguntarmos "que escola é possível em um mundo pós-alfabético?", parece importante esclarecer, primeiramente, o que queremos dizer com "escola" e, em segundo lugar, quão precisamente a escola é relacionada ao "alfabeto". Com nosso livro, tivemos a intenção de contribuir principalmente para a primeira questão e oferecer esclarecimento do que entendemos pela palavra "escola". Consideramo-lo uma tentativa de definir um tipo de "pedra de toque" para a escola. Uma pedra de toque não é um *benchmark* que define os resultados (por ex., competências) que a escola deveria produzir (isto é, indicador de performance), mas tenta formular características que poderiam avaliar e verificar se algo é de fato uma escola ou não. Portanto, tentamos identificar o que poderia ser chamado de operações básicas da escola (suspensão, etc.), o que também implicou a possibilidade de fazer uma outra pergunta: "nós" (os adultos) ainda queremos escolas (paralelamente à pergunta: queremos democracia)? Essa pergunta é de fato central para nós e a razão também pela qual o subtítulo do livro afirma que defender a escola é uma questão pública.

A segunda questão relativa ao alfabeto tem a ver, claramente, com o que torna a escola uma escola. Nossa reposta preliminar (limitada) seria que o alfabeto permitiu uma profanação e uma gramaticalização (que é uma externalização e uma materialização) do discurso, que se tornou disponível para o estudo e, assim, permitiu tomar certa distância a fim de se relacionar com ele. Isso transformou o discurso público de modo específico (como escrito), mas também abriu um mundo e novas relações possíveis com o mundo. De modo muito breve e experimentalmente, poderíamos agora dizer que o ambiente digital (a Internet) parece permitir igualmente uma profanação e uma gramaticalização que é ainda mais radical e abrangente (incluindo não somente o nosso dizer, mas também o nosso ver e ouvir), do que o oferecido pelo alfabeto. Contudo, o modo pelo qual o alfabeto efetuou a emancipação possível também teve a ver com todos os tipos de práticas (isto é, precisamente as práticas escolares tais como a repetição, a cópia, a escrita, a leitura em voz alta, etc.) que criaram a possibilidade de um tratamento atento e coletivo da língua (como meio, arquivo, memória...), possibilitando colocar a língua sobre a mesa (não somente usar, fazer ou transmiti-la, por assim dizer). É muito mais a questão de saber como poderíamos pensar (um experimento com) práticas que permitiram fazer a escola com relação ao digital. Na medida em que o mundo digital é um mundo programado que funciona por algoritmos, e que a tela e o olhar estão substituindo o livro e a leitura, as práticas escolares têm que lidar com essas transformações. Talvez a noção de "alfabetização digital" seja relevante aqui, apesar de sua óbvia estrutura linguística. Ademais, a noção de "alfabetização visual" é relevante, pelo menos por esclarecer que quando a tela se torna um meio dominante, vivemos em um mundo de imagens. Até mesmo o texto em uma tela é na realidade uma imagem, e "ler" textos em *websites* consiste muitas vezes em olhar, em "captar a imagem" através da rolagem da página. Para se relacionar com ou estudar tal texto, não é suficiente passar por seu vocabulário, gramática e questões de intertextualidade e contexto. Assim, a questão é como é possível certa emancipação em um mundo visual e programado, ou o que permite um grau ou tipo de des-programação e des-visualização nos dias de hoje. É apenas uma hipótese, mas talvez novas formas escolares de textualização e alfabetização sejam relevantes aqui. Devemos ter presente que em um mundo textual(izado), muitas práticas escolares contam com técnicas de visualização – ou pelo menos diagramas para fazer com que texto e imagem, ou o visual e o dizível/legível, interajam – para estudar o mundo textual. Estudar um livro, por exemplo, frequentemente envolvia tomar notas, fazer esquemas, transformar o texto em imagem, etc., para tomar distância a fim de estabelecer novas relações. Mesmo o alfabeto, ou a gramática, poder-se-ia dizer, é uma imagem de uma língua (falada ou escrita). Para estudar o mundo visual(izado), talvez novas técnicas escolares de textualização sejam necessárias. E se esse é o caso, as noções de alfabetização visual e digital poderiam ser úteis em seu sentido estrito.

A décima pergunta foi formulada por Jorge Larrosa. (Suspensão da definição, e portanto das regras, da matéria)

Uma das categorias fundamentais do livro é a categoria de suspensão. Em relação à matéria de estudo, é essencial a suspensão da sua função (seja econômica, social, política ou de qualquer outro tipo). E é essa suspensão que libera a matéria, que permite que ela seja profanada e entregue para o livre uso das novas gerações.

A nossa pergunta é se o professor, ao entregar a matéria para o livre jogo dos estudantes, não tem que suspender também a definição da matéria, isto é, as regras que determinam os seus limites, o que ela é... e, portanto, as regras que definem os modos em que essa matéria pode ser praticada, exercitada, etc.

Um exemplo poderia ser o teatro. Pensemos num professor que entrega o teatro como matéria de estudo, que libera o teatro como matéria de prática e exercício. A pergunta então seria se esse professor não deveria necessariamente suspender qualquer definição de teatro, qualquer ideia do que o teatro é, qualquer definição do que pertence e não pertence ao teatro.

J. M. e M. S.: De certo modo concordamos com a sugestão de que o professor, como professor de escola, suspende a definição de teatro, mas deveríamos ser mais precisos acerca do que significa suspender. Primeiramente, não é tanto o professor que suspende, mas a suspensão "acontece" por meio de um arranjo particular no qual o professor toma parte do curso, não sendo ele ou ela, sozinho, que suspende intencionalmente os contextos efetivos nos quais o teatro tem um "uso" ou função mais ou menos claros. Com efeito, trazer o teatro para a sala de aula, apresentá-lo como um objeto de estudo, é o momento em que ele de fato se torna algo interessante em si mesmo na sua "suspensão". Parece difícil torná-lo um objeto de estudo sem apresentá-lo, o que provavelmente implica algum tipo de indicação (por exemplo, aqui você tem um teatro, olhe, isto é um teatro...).

Mas talvez essa questão toque outra, a nosso ver, muito importante, mas sobre as diferenças entre a escola e a universidade, entre o estudo escolar e o estudo universitário. As escolas e as universidades são substancialmente diferentes? São elas duas formas pedagógicas distintas, incluindo diferentes arranjos e operações? Ou é a universidade um tipo particular e específico de escola? É meramente uma hipótese a ser mais elaborada e discutida, mas talvez a escola e a universidade sejam duas formas pedagógicas diferentes, incluindo diferentes operações que envolvem precisamente algo que é sugerido na questão acima. O professor de escola coloca algo sobre a mesa, em um duplo movimento que articula um duplo amor: pelo mundo (por ex., o teatro) e pela próxima geração (por ex., para se interessar pelo teatro). Como tal, poder-se-ia argumentar que na escola o amor pelo mundo (ou seja, pelo teatro) não é suspenso, porque esse amor motiva colocar algo sobre a mesa. A consequência é também que o professor escolar não é um estudante, pelo menos no momento em que algo está sendo colocado sobre a mesa. As operações que definem a universidade não são diferentes? Na universidade, o amor pelo mundo (pelo teatro, por exemplo) não é também colocado sobre a mesa, ou seja, aberto para discussão, para redefinição ou mesmo para um questionamento radical (isto é, questionar a existência mesma de algo, sendo portanto um questionamento existencial). O professor em uma universidade também está provavelmente envolvido no estudo do seu próprio amor, e assim ele se torna um (eterno) estudante entre todos os estudantes. A universidade, como forma pedagógica, não consiste nesse caso tanto em oferecer à próxima geração a chance de se tornar de fato a nova geração. A universidade não é uma forma pedagógica intergeracional. Suas operações têm a ver talvez com a criação ou composição de um (novo) mundo comum. E com vistas nisso, também o amor pelo mundo (pelo teatro) deveria ser colocado sobre a mesa, significando também que o professor vem sentar em redor da mesa de modo similar ao dos (outros) estudantes. Em outras palavras: a (sala de) aula se torna um(a sala de) seminário, ou o ensino (chamando a atenção e revelando o mundo) se torna professar (discurso público que pode ser estudado, contradito e desafiado...). Esta hipótese não se relaciona à argumentação pela hierarquia entre as escolas e a universidade, mas à distinção entre dois conjuntos diferente de operações: preparar a próxima geração para o mundo e compor coletivamente um mundo comum. Em outras palavras: estudar baseando-se em definições e estudar com vistas a definições comuns.

Referências

FREIRE, P. *Teachers as Cultural Workers: Letters to Those Who Dare Teach.* Ed. ampl. Cambridge: West View Press, 2005. (Edição brasileira: FREIRE, P. *Professora sim, tia não: cartas a quem ousa ensinar.* São Paulo: Olho d'Água, 2002.)

PAOLANTONIO, Mario Di. The Malaise of the Soul at Work: The Drive for Creativity, Self-Actualization and Curiosity in Education. CONFERENCE OF PHILOSOPHY OF EDUCATION SOCIETY OF GREAT BRITAIN, 2017, Oxford. *Anais...* Oxford, 2017.

Terceira parte

EXERCÍCIOS DE PENSAMENTO SOBRE A ESCOLA

Filmar a escola: teoria da escola

Maximiliano Valerio López

O filme que aqui apresentamos é, simultaneamente, o meio e o resultado de um exercício filosófico em torno da escola. Nele se apresentam pequenos lampejos de uma escola pública municipal, da cidade de Juiz de Fora, no estado brasileiro de Minas Gerais. Talvez o elemento mais chamativo do filme seja o fato de que essas pequenas porções de vida cotidiana apareçam nele sem a companhia de qualquer tipo de palavra. Nenhum depoimento dos pais ou dos estudantes, nenhuma entrevista com os professores ou diretores, nenhum narrador que acompanhe e auxilie na interpretação das imagens. Nenhuma música. Apenas o estar das coisas e das pessoas. Apenas gestos, vozes, objetos, lugares, brilhos, texturas, barulhos e silêncios cotidianos.

Talvez, essa singular característica do filme se deva a que, em alguns momentos, nos invade a sensação de que há um excesso de palavras em torno da escola; dela falam os gestores do poder público, os jornalistas, os empresários, as ONGs, o cidadão comum e os especialistas de todo tipo, fala-se dela nas ruas, na TV, nas rodas de amigos e nos foros internacionais, mas essa superabundância de palavras, longe de nos ajudar a entender a natureza da escola, parece tornar cada vez mais difícil enxergá-la. Sabemos muito sobre a escola, mas saber não é entender, e nas sociedades contemporâneas, tão apressadas e vertiginosas, sabemos cada vez mais e entendemos cada vez menos. Por isso escolhemos suspender momentaneamente as palavras e nos dar o tempo de permanecer um pouco na escola, olhando. "Entender", no sentido de *in-tendere*, quer dizer tender para o interior de algo, e "atender", no sentido de *a-tendere*, significa ficar em presença de algo, na sua proximidade, cuidando-o, mantendo-o em mente, como quando se atende um doente ou um jardim. Quisemos então olhar a escola vagarosamente, em silêncio e, por que não dizê-lo, com certa gentileza. Jamais pensamos em selecionar as imagens de modo a apresentar uma imagem favorável da escola. Jamais tentamos usar as imagens como palavras, para construir um novo discurso acerca dela, não se trata disso. A gentileza à qual me refiro está no próprio olhar, está no cuidado com o qual se olha. Pois só se dá tempo e atenção àquilo que se ama de algum modo.

Poder-se-ia dizer que se trata de um filme realista. Não porque pretenda constituir-se num retrato fiel da escola, mas porque se debruça sobre ela de modo paciente e minucioso. Trata-se de um realismo meticuloso, produto de um olhar, ao mesmo tempo íntimo e estrangeiro, que se demora nos gestos cotidianos da vida escolar, sem pretensões explicativas. Não almejamos a objetividade, mas desejamos, muito mais, abrir um caminho para o real e tornar possível uma certa presença. Mas, por que dar a um filme como este o título de *Teoria da escola*?

A ideia de associar a palavra teoria a um filme desse tipo não é totalmente arbitrária, pois, na sua origem, a palavra "teoria" não designa um discurso produzido acerca da realidade, mas um tipo de olhar atento e cuidadoso que permite que o mundo se revele diante de nós. De fato, a palavra *theoría* pertence a uma extensa família de palavras gregas compostas do prefixo *theá* (visão), integrada pelo verbo *theáomai* (que em grego antigo significa ver, olhar, contemplar; mas cabe assinalar que esse verbo não designa um olhar comum, mas um olhar cuidadoso e deliberado, capaz de produzir uma experiência intensa, envolvente, meditativa). Também pertence a essa família a palavra *theorós* (espectador, testemunha, emissário), e a mesma raiz forma também *théatron*, da qual deriva nossa palavra "teatro" e, de fato, segundo numerosas fontes o termo *theoreín* (voz ativa do verbo *theáomai*) era utilizado frequentemente para designar a atividade daquele que assiste a uma peça teatral. De tal modo que, se nos remetermos ao sentido originário da palavra, o exercício proposto por esse filme pode, legitimamente, ser considerado como um exercício teorético. Mas, claro, trata-se de uma forma de teoria não representativa, uma teoria que não se apresenta como um discurso adequado acerca do mundo, mas que, ao invés disso, busca criar as condições para que o mundo se deixe ver, se apresente.

A fenomenologia tem nos ensinado que o elemento básico numa relação de conhecimento não é o sujeito, nem o objeto, senão o próprio "estar no mundo" e ser afetado por este. Essa primeira afecção não é ainda o encontro de um sujeito e um objeto, senão algo anterior, onde as palavras "objetividade" e "subjetividade" ainda não têm cabimento. Poderíamos dizer que se trata da experiência de algo que ainda não é um objeto, mas apenas "algo". Quando esse algo nos atinge, num primeiro momento, não temos uma ideia clara daquilo que nos afetou, nem podemos nomear com exatidão o que sua afecção produz em nós. É como se nos encontrássemos na antecâmara do sentimento e do pensamento. O realismo cinematográfico tem explorado um tipo de imagem, ao mesmo tempo extremamente concreta e ambígua, que recria no espectador esse sentimento indeterminado de "estar aí", lançado ao mundo, sem poder dizer com exatidão o que se vê e o que se sente. O olhar cinematográfico do realismo trabalha como uma espécie de artifício capaz de dissolver a ideia das coisas para nos confrontar com a coisa num estado bruto. Quando uma panela é enquadrada sob certa luz, durante um determinado tempo, perde sua condição de objeto, deixa de ser o utensílio que, no dia a dia, quase não vemos, para passar a ser uma coisa em si mesma. É aí que sua natureza se revela com especial intensidade; é aí que podemos começar a enxergar o metal do qual é feita e nos seus amassados e arranhões podemos entrever sua vida anterior. Libertada de seu caráter de objeto utilitário, a panela se torna mais concreta, mais material, mais real, mais presente e, ao mesmo tempo, parece ir além de si própria e atingir uma condição monumental. É como se, através da lente, a panela fosse mais propriamente o que é, e, ao mesmo tempo, conseguisse revelar algo do mundo que cotidianamente passa despercebido. Eis que o mundo jamais é o que dizemos do mundo, ele sempre é muito mais, ele sempre é mais diverso e indeterminado que nosso discurso, ele tem um excesso de realidade, um resto que não conseguimos exaurir. Mas esse mundo sutil e misterioso que emerge na câmera não é "outro mundo", pelo contrário, ele é mais propriamente "este mundo". Ele é mais real que o mundo que vivemos habitualmente, e esse excesso de realidade o percebemos também como potência.

Se o mundo fosse apenas o que nós dizemos do mundo, ele deixaria de ser a fonte de renovação de nossa existência, perderia a capacidade de irromper em nossa representação para lhe dar uma nova vida, uma vida insuspeitada. O real é sempre passível de ser retomado sob outro olhar. O mundo é sempre potência de mundo, mundo possível. É precisamente nesse sentido que o filme pode ser considerado realista, porque é fiel ao mundo como mistério, como possibilidade.

No discurso habitual acerca da escola, o possível aparece sempre na forma de projeto, isto é, aparece submetido ao futuro e, por isso mesmo, transformado numa ilusão que só se tornará realidade mais tarde. Nesse sentido, dizer que a escola é um lugar de possibilidade significa dizer que a escola é o meio para criar outra realidade, uma realidade vindoura. Mas o possível não é necessariamente futurista. A realidade é sempre possibilidade, porque é em si mesma inesgotável. Por misterioso que pareça, o real é, ao mesmo tempo, o mais próximo e o mais inatingível. O mundo está aí, existe de fato, e nós existimos nele, como parte dele, embora o que nós possamos reter do mundo e de nós mesmos seja sempre parcial. O mundo é, exatamente, aquilo que nos impede de nos fecharmos sobre nós mesmos e nos possuirmos absolutamente. A realidade é uma ferida que nos lembra, uma e outra vez, que não somos tudo o que existe, que somos diferentes do que acreditamos ser, que existir (*ex-sistere*) significa sustentar-se em relação a uma exterioridade, significa estar sempre ex-posto ao que não podemos possuir, inclusive em nós mesmos.

Em grego, realidade se dizia *alétheia*, e a mesma palavra era também utilizada para dizer "verdade". Literalmente, a palavra *alétheia* significa o que não está oculto ou esquecido, aquilo que se faz evidente. Essa ideia de verdade é muito diferente da ideia de verdade como correspondência entre os enunciados e o mundo, ou da ideia de verdade lógica, isto é, da verdade como coerência entre enunciados. Estas últimas noções de verdade correspondem a uma compreensão representativa do mundo à qual também pertence a ideia de teoria como discurso adequado acerca do mundo. A verdade na Grécia Antiga, assim como a noção de teoria, tem mais a ver com o que o mundo revela, do que com a correspondência entre as palavras e as coisas. Morfologicamente, a palavra *alétheia* apresenta um prefixo negativo "a–" seguido do substantivo *léthe* ("esquecimento", conexo ao verbo *lantháno*), que é também o que dá origem ao substantivo "latência". Aquilo que está latente é aquilo que está em espera, como a vida na semente, e que, num determinado momento, sob as condições adequadas, se tornará manifesto. A *alétheia* é esse momento no qual uma coisa acorda, aparece, se torna visível. Por isso pode-se dizer que é a partir de uma forma de olhar (uma *theoría*) que nós existimos e algo existe para nós. Nisso consiste a verdadeira possibilidade, não em fazer existir no futuro aquilo que imaginamos no presente, mas numa forma de presença que faz com que as dimensões latentes do mundo se manifestem. Para isso precisamos de tempo, de cuidado e de certa gentileza.

A partir dos estudos de André Bazin sobre a história do cinema, é possível dizer que, após um período de profunda experimentação, que vai desde a criação do cinematógrafo, em 1895, até o fim da Segunda Guerra Mundial, aparecem duas vertentes cinematográficas relativamente claras: o cinema clássico e o cinema realista. Essa distinção não se refere ao que comumente se denomina cinema de ficção e cinema documentário, mas a uma diferença mais sutil que diz respeito à maneira em que a realidade é concebida (e produzida) no interior do filme. No cinema clássico, existe sempre um antagonismo entre o herói e o mundo, que pode descrever-se do seguinte modo: o herói tem um curso de vida que é interrompido por um evento fatídico e, a partir de aí, toda a inteligência e a vontade do herói se dirige a recompor a situação. Trata-se sempre da luta entre o herói e a adversidade que o mundo lhe apresenta e que só se resolve quando o herói consegue vencer a adversidade. O cinema clássico é filho da Modernidade e de seu culto ao homem ativo, explorador, inventor, conquistador. O cinema clássico é sempre, no fundo, um cinema de ação ou, melhor ainda, de reação. Sempre há um enigma a ser resolvido, um rival a ser derrotado, uma dificuldade a ser superada, sempre se tem algo a fazer e esta tarefa é o que dá sentido ao drama. Com sua maneira de produzir e montar os planos, o cinema clássico coloca o espectador no ponto de vista do herói, produzindo assim uma identificação psicológica entre ambos. O espectador participa, então, do sentimento do herói e de seu desejo de superar as dificuldades que o mundo lhe apresenta.

No realismo, pelo contrário, o espectador não encontra um ponto de vista, nem um desejo claro, no qual ancorar seu olhar. Na sua estrutura narrativa, os heróis são difusos e a realidade dispersa, misteriosa, indeterminada. Por isso o herói jamais está à altura dos acontecimentos, jamais pode responder de forma adequada. Os planos amplos e vagarosos, com poucos cortes, dão ao espectador a possibilidade de demorar-se nos detalhes da cena e ver muitas coisas, sem saber ao certo o que é realmente significativo. Existe sempre uma indeterminação nas imagens, sua beleza nunca está desprovida de certa feiura, a alegria não deixa de carregar certa tristeza. Poder-se-ia dizer que, enquanto o cinema clássico mostra, o cinema realista deixa ver, ou que, enquanto o cinema clássico faz sentir este ou aquele sentimento, o realismo coloca o espectador numa relação aberta com suas próprias ideias e sentimentos. Poder-se-ia dizer também que, no cinema clássico, e em virtude de sua narrativa, as coisas não se veem com clareza porque o desejo do herói as recobre completamente; tudo é visto e julgado em função do que o herói deve fazer para superar as dificuldades. Pelo contrário, no cinema realista, não existe uma trama que direcione a vontade e a inteligência do herói nem do espectador; assim, o desejo fica entregue à sua própria indeterminação, e nessa condição os objetos aparecem descolados de sua funcionalidade na trama, podendo se apresentar de modo mais concreto e real. O cinema realista confronta o espectador com a materialidade do mundo e com a pura possibilidade de que algo faça sentido ou não, enquanto no cinema clássico o sentido é conduzido pela trama. Trata-se de um cinema contemplativo ou pensativo.

Existe um tom espiritual compartilhado pelo cinema realista e a filosofia fenomenológico-existencial. Ambos os movimentos são filhos da desilusão e do cansaço do pós-guerra. Ambos compartilham essa melancólica lucidez daqueles que viveram na própria carne as consequências do culto ao homem ativo e sua cruel obstinação. Quiçá a escola, por ser também filha da Modernidade e estar igualmente construída sobre o culto ao homem ativo, tenha sido tão propensa a pensar-se a si mesma a partir de uma narrativa clássica, na qual a realidade se apresenta sempre como um rival e o sentido como uma tarefa. Na escola, há sempre algo a fazer para vencer as dificuldades. Nela pensamos a nós mesmos como pequenos heróis que lutam contra a adversidade. A pergunta é sempre o que devemos fazer para solucionar determinado problema, e a resposta se traduz em planos, programas, projetos, metas, avaliações, etc. Assim, a escola permanece sempre ligada à ideia do possível como projeto. No entanto, essa é apenas uma maneira de conceber a realidade. Quiçá, outro olhar, um olhar mais contemplativo, possa ajudar a escola a se libertar das amarras da narrativa clássica e entender a realidade de modo mais aberto e sutil. Se isso for assim, também poderão mudar as suas perguntas. Talvez, em vez de se perguntar o que é preciso fazer para vencer a realidade, possa se perguntar de que maneira se está na realidade ou que realidade constrói nosso modo de estar. Que tipo de relações se estabelecem aí com as coisas e as pessoas. Do que se cuida nela. Porque fazer da escola um autêntico lugar de possibilidade talvez não tenha tanto a ver com a criação de um futuro, e sim com a produção de uma forma de presença.

Ao longo de muitos meses fomos para a escola, em diferentes dias e horários. Ficamos lá sem acusar, sem defender, sem excessivas pretensões. Cientes de sermos estrangeiros, de nossas limitações, de nossa incompreensão. Coletamos centenas de imagens e sons. Reunimo-nos semanalmente para ler Husserl, Heidegger, Agamben, Sloterdijk, Flusser e outros autores que nos ajudaram a interrogar acerca de nossa relação com o mundo: com o tempo, com os objetos, os espaços, os gestos. Conversamos longamente sobre esses e outros assuntos. Com Bazin, Bergala e Zavattini, refletimos sobre o cinema realista.

Analisamos filmes de cineastas realistas clássicos, como Rossellini, De Sica, Visconti, e de outros contemporâneos, como Kiarostami, Erice, Costa. Debruçamo-nos também sobre a obra de alguns cineastas brasileiros contemporâneos, como Marcos Pimentel e Cao Guimarães. Hoje oferecemos este filme com entusiasmo e esperamos que sirva para continuar a pensar e a conversar sobre a escola pública e nossa maneira de estar nela.

Rio de Janeiro, 1º de fevereiro de 2017

Filme: Teoria da Escola
Duração: 00:33:15
Direção e Montagem: Maximiliano Valerio López
Ideia original: Jorge Larrosa e Maximiliano Valerio López
Finalização: Eduardo Malvacini
Assistência de produção: Damianne Sampaio
Concepção sonora: Carol Caniato
Cinegrafia: Carol Caniato, Damianne Sampaio, Daniele Alves, Eduardo Malvacini, Gabriela Machado, Maximiliano Valerio López, Mayara Alvim.

Núcleo de Estudos em Filosofia, Educação e Poética (FEP)
Universidade Federal de Juiz de Fora, Minas Gerais

Curar uma exposição sobre a escola: um exercício de pensamento

Daina Leyton

Ao propor uma exposição de educação num museu de arte,[1] nos estava claro desde o início que o que faria sentido para nós não seria realizar uma mostra demonstrativa ou documental sobre nossa história e sobre o que compreendemos por educação, mas criar um espaço comum e fecundo que possibilitasse ao público vivenciar experiências significativas, e que, para tanto, deveria trazer características da escola no seu conceito mais radical: de sua etimologia grega *skholé*: tempo livre.

Tanto as obras já existentes escolhidas para a mostra, quanto as produzidas especificamente para a ocasião, têm como sua matéria-prima a educação. Não são somente obras, como é comum nos museus, com as quais se pode realizar um trabalho educativo com o público: o que a exposição apresenta, mostra e faz presente é a educação como matéria. A materialidade *em si* da educação. A ideia não foi trazer obras que apresentassem de forma explanativa o trabalho educativo do museu, e sim obras que convidassem os frequentadores a exercícios, práticas e experiências com o intuito não apenas de compartilhar nossa história

---

[1] A exposição *Educação como matéria-prima* teve curadoria conjunta de Felipe Chaimovich, curador do Museu de Arte Moderna de São Paulo (MAM) e Daina Leyton, coordenadora do setor educativo e da acessibilidade, e aconteceu em 2016, no MAM.

e nosso projeto educativo, mas também poder transformar nossas próprias compreensões e ações, *com* o público e *pelo* público.

Para construir esse espaço–tempo–museu–mundo, buscando um tempo que não pode exigir que se produza qualquer coisa fora de si mesmo, ou seja, um tempo que vale por si só, nos inspiraram o conceito do *Museu de outra percepção*, de Evgen Bavcar, e a obra *O museu é uma escola*, de Luis Camnitzer, ambos artistas presentes na mostra.

O museu de outra percepção

Na reflexão sobre o *Museu de outra percepção* (LEYTON *et al.*, 2015a, p. 43), o fotógrafo e filósofo cego Evgen Bavcar imagina e idealiza um museu que traga abordagens diferentes das habituais, ocupando-se de outras percepções, além daquela que é considerada "normal". Um espaço que transcenda a lógica "oculocêntrica" vigente nos museus, nos quais as obras são quase sempre expostas para a visão frontal, enquanto várias outras formas de percepção são possíveis, mas pouco exploradas. Bavcar atenta para o fato de que, até mesmo os dispositivos de acessibilidade atualmente existentes em museus e centros culturais, são na maioria das vezes pensados na lógica das pessoas que não têm deficiência. E argumenta que esse contexto acaba por submeter as pessoas com deficiência ao que ele considera uma *privação de liberdade*.

No exercício de pensar e criar o *Museu de outra percepção*, nos perguntamos então como seria possível sair dessa tirania do visual, e da norma vigente, e assim *desnormativizar a percepção do mundo*. O primeiro passo foi montar a exposição visando a um espaço de fato comum e acessível a todos: sem obstáculos físicos, comunicacionais ou atitudinais. As obras da *Educação como matéria-prima* expostas na parede foram trazidas para uma altura mais baixa do que o padrão. Outras obras habitavam o chão e o teto, permitindo que o público as movesse, permanecesse sobre elas, ou deitasse no chão para as observar. As pinturas e fotografias contavam com impressões em três dimensões, podendo ser fruídas pelo toque. No centro da exposição, o *Café educativo*,[2] de Jorge Menna Barreto, propunha um espaço de permanência e decantação, onde se podia tomar um chá ou café – normalmente proibidos em salas expositivas – e suspender a pressa e o automatismo para vivenciar *uma experiência de tempo em que se pode perder tempo*. Uma mesa ficava à disposição de quem quisesse ali realizar os *Exercícios*,[3] de Luis Camnitzer, que faziam da exposição um contínuo *vir-a-ser*, uma vez que ela se reconfigurava cada vez que um visitante realizasse um exercício proposto e o pendurasse na parede. A obra *Expediente*,[4] do artista pernambucano Paulo Bruscky, na qual um funcionário trabalha na exposição com todo seu escritório montado, possibilitou que os educadores do museu se deslocassem para o espaço expositivo e permanecessem em contato contínuo com os visitantes, experimentando junto com o público esse período de exposição.

O argumento de Bavcar sobre a situação de *privação de liberdade* nos inspira ainda outras indagações: se as pessoas teoricamente sem deficiência, ou seja, com todos os sentidos preservados, não se encontram também, em alguma instância, com a liberdade cerceada. *Qual será a real acessibilidade que nós todos*

---

[2] Jorge Menna Barreto (Araçatuba, SP, 1970). *Café educativo* (2007-2011), obra do acervo do Museu de Arte Moderna de São Paulo, que fez parte da mostra *Educação como matéria-prima*.

[3] Luis Camnitzer (Uruguai, 1937). *Exercícios* (2010-2015), obra também exposta na mostra *Educação como matéria-prima*, na qual exercícios eram propostos aos visitantes, que podiam produzir sua resposta e colocar na parede junto com as outras obras da exposição.

[4] Paulo Bruscky (Recife, PE, 1949). *Expediente: primeira proposta para o XXXI Salão Oficial de Arte do Museu do Estado de Pernambuco* (1978-2014), obra do acervo do MAM, em que um funcionário se desloca com seus instrumentos de trabalho para o espaço expositivo e aí permanece durante toda a mostra. Para a ocasião da *Educação como matéria-prima*, todos os educadores do museu se deslocaram para a exposição.

usufruímos? *Ao nosso corpo? Aos nossos sentidos? Aos outros? A escrever nossa história com nossas próprias palavras?* (LEYTON *et al.*, 2015b, p. 15). As obras e proposições da *Educação como matéria-prima* convidavam os participantes a refletirem sobre essas questões. Questões essas que nos remetem ao que foi discutido no seminário *Elogio da escola*: que a escola deve dar a oportunidade ao aluno de encontrar o seu próprio destino.

Sobre nossa privação de liberdade

"O entretenimento popular é basicamente propaganda para o *status quo*". A citação de Richard Serra abre um jogo de videogame que permeia o universo das escolas, corporações, presídios, manicômios e condomínios. O jogo integra a instalação *3 Planets – 3000 Panoptic Wave*[5]: projeto concebido pelo artista Stephan Doitschinoff em parceria com o MAM Educativo, que propõe aos participantes refletirem sobre algumas das várias codificações a que estamos submetidos cotidianamente.

A obra é uma instalação multissensorial que se encontra num espaço escuro e isolado das demais obras da exposição. O jogo de videogame e outros vídeos e animações estão num suporte que tem formato de um altar de igreja, mas com uma iluminação semelhante à de anúncios publicitários. Em um dos vídeos, um educador surdo performa na língua brasileira de sinais (Libras) o hino *Três Planetas*.[6] O vídeo não tem legendas

---

[5] Stephan Doitschinoff (São Paulo, SP, 1977). *3 Planets – 3000 Panoptic Wave* (2016), obra concebida especialmente para a mostra *Educação como matéria-prima*.

[6] O hino integra um culto idealizado pelo artista nomeado *Cvlto do Fvtvrv*. O projeto tem como intenção a criação e desenvolvimento de uma "seita-igreja", bem como todos os desdobramentos relevantes na constituição dessa estrutura, real e virtual: cerimônias, templos, procissões, ícones representativos de divindades antropomórficas, manifesto, hinos, publicações, fardas, medalhas, cartões de identificação e fidelização, programas de engajamento, rede social e *website* (<http://fvtvrv.org>).

e só quem tem conhecimento de Libras pode acessar a letra. A situação de falta de acesso, frequentemente vivenciada pelos surdos, é então vivenciada pelo público geral.

Para jogar, o participante se ajoelha num genuflexório em que está o controle remoto, de maneira que seu corpo possa adorar e reverenciar esse contexto *religioso-publicitário-panóptico*. A primeira fase do jogo são as escolas: essas, que não são escolas em sua forma, mas escolas cooptadas e atravessadas por uma lógica temporal de fora. As escolas "desescolarizadas"[7] que sucumbiram ao sequestro de seu caráter verdadeiramente escolar. Como cita Masschelein, as escolas daqueles "que procuram perpetuar o velho mundo ou para aqueles que têm uma clara ideia de como um mundo novo ou futuro pode parecer. [...] Tais pessoas não deixam nada ao acaso: a escola, o corpo docente, o currículo e, através deles, a geração mais jovem deve ser domada para atender às suas finalidades" (MASSCHELEIN; SIMONS, 2013, p. 11).

Passando a primeira fase, os jogadores seguem então rumo às corporações, presídios, manicômios e condomínios. Devidamente entretidos, podem seguir jogando, e contribuir assim para a manutenção das coisas como elas estão. Porém, nesse jogo não há vencedor. A máxima aquisição possível nessa jornada são mensagens, que anunciam o esvaziamento em si da própria lógica que o jogo traz: "O homem blindado não está aberto à visitação dos afetos ou da palavra. Já não há espaço para a visitação do afeto ou para o jorro da língua, mas apenas para vivências autofabricadas e autoafetadas" (PESSANHA, 2002, p. 24).[8]

---

[7] "Na verdade, podemos ler a longa história da escola como uma história de esforços continuamente renovados para roubar da escola o seu caráter escolar, isto é, como tentativas de 'desescolarizar' a escola – que vão muito mais longe do que os autoproclamados 'desescolarizadores' da década de 1970 podiam perceber" (MASSCHELEIN; SIMONS, 2013).

[8] Esta citação do filósofo Juliano Pessanha aparece no jogo *3 Planets – 3000 Panoptic Wave*, quando os jogadores abrem um ícone da fase "Condomínio".

Ler o mundo

Um pedaço de cana-de-açúcar, um pacote de café, uma lata de guaraná Jesus, uma placa de cobre, uma folha de ouro, um pedaço de mineral contendo nióbio, uma camiseta do time de futebol Guarani, uma semente de pau-brasil, entre outros objetos pendurados por roldanas e linhas de varal no teto da sala expositiva, trazem narrativas da história colonial da América Latina, na obra *Constelações*,[9] de Amilcar Packer. A obra constitui um certo mundo: o do colonialismo cultural, dos sistemas produtivos, econômicos e de poder. Os visitantes podem escolher objetos da obra e baixá-los pelas cordas, compondo diferentes narrativas. Cada objeto tem na outra ponta de sua linha um texto com informações sobre sua origem e suas terminologias, que convidam o público a refletir sobre as possíveis implicações e ideologias que se formam a partir delas.

A escola faz do mundo material de estudo. Na obra *Constelações*, esse mundo é também apresentado e tornado público para a leitura, e ao mesmo tempo subverte a forma clássica em que as coisas são habitualmente lidas.

"Desler" o mundo

Muitas vezes as palavras nos faltam. Percebemos a frequência com que elas são ditas, ouvidas e lidas com significados fechados, querendo dizer uma só coisa: "palavras gastas pelo uso, obtusas, sem fio; [...] sem encarnação singular, nem no corpo, nem na alma; palavras mortas, solidificadas e opacas, não mais capazes de captar, ou de expressar vida; palavras comuns e homogêneas, que já não podem incorporar um sentido plural" (LARROSA; KOHAN, 2003, p. 181, citando Julio Cortázar).

---

[9] Amilcar Packer (Santiago, Chile, 1974), *Constelações* (2016).

Assim como o ensino de palavras de maneira esvaziada é característico nas escolas (essas que não são escolas em sua forma), os museus também correm esse risco. Ainda é comum prevalecer a noção de que os museus fornecerão, por exemplo, "visitas guiadas", nas quais o público receberá leituras fechadas em relação às obras, não havendo espaço para a construção de sentido.

Na *Educação como matéria-prima*, a obra *Desleituras*, de Jorge Menna Barreto, apresentava *palavras-desviantes* impressas em capachos coloridos que habitavam toda a exposição: palavras que buscam multiplicar as leituras e interpretações. Entre algumas já existentes, e outras novas que foram criadas especificamente para a mostra, o ponto de partida para a escolha das palavras foram nossas reflexões sobre educação e arte, e sobre o museu e a relação com o seu público. Essas referências, no entanto, não eram reveladas aos visitantes, pois o intuito não era rastrear uma suposta origem das palavras, ou buscar um significado certo ou único. Segundo o artista: "Ao estancar a relação com o original de cada tradução, procurava abrir um espaço de interpretação mais amplo, que possibilitasse associações inventivas mais do que especulativas" (MODERNO MAM EXTRA, 2016, p. 6). Se num primeiro momento as *palavras-desviantes* eram estranhas e não familiares ao público, logo cada pessoa passava a tecer seus diferentes sentidos enquanto as lia e as *deslia*:

Transbalho:: Ausenciamento:: Ancoração:: Medicachão:: Imencidade:: Preconceitual:: Arrependizagem:: Resistual:: Deleitura:: Diztância:: Escrítica:: Segueira:: Ativisão:: Deusejo:: Séu:: Dencantação:: Houvido:: Fracaço:: Desobedessência:: Liverdade.

Exercícios

Sobre arte e educação, o artista e pedagogo uruguaio Luis Camnitzer considera a separação desses dois campos um tanto quando artificial, trazendo a reflexão de que a educação que não é criativa seria uma má educação, e a criação que não é educativa seria uma má criação. Nesse sentido, a materialidade da escola está frequentemente presente em sua produção artística. Um exemplo são os cadernos produzidos por ele para diferentes exposições, destinados a professores e educadores, que têm o mesmo formato dos cadernos mais triviais e corriqueiros utilizados pelos alunos das escolas dos diferentes países em que expõe. Camnitzer acredita que a arte é o campo em que se pode imaginar o possível e o impossível, no qual se colocam e se dão forma a problemas, um campo que, portanto, deveria ser apropriado por todos, não sendo um monopólio das pessoas denominadas artistas. Considerando a capacidade que todos temos de análise crítica em nossa construção de sentido, ele sugere dois passos nos exercícios educativos propostos: o primeiro é aprender a ver a obra de arte como possível resposta (ou o simples ato de dar forma) a um problema; o segundo é observar a si mesmo enquanto trata de entender o que está vendo.

Na *Educação como matéria-prima*, os *Exercícios* de Camnitzer permaneciam expostos na parede, convidando os visitantes a procurar suas soluções e produzi-las com o material que ficava à disposição do público. Essas produções podiam ser penduradas na parede da exposição e lá permanecer.

EXERCÍCIO #1
a) Faça um mapa não muito detalhado do infinito.
b) Decida em que ponto você se encontra e explique suas razões para se encontrar nele.

EXERCÍCIO #2
a) Usando como referência a zona que aparece emoldurada na parede: confirme e explique a existência ou a não existência de Deus.
b) Desenhe um símbolo que sirva para identificar um edifício dedicado ao culto correspondente.

EXERCÍCIO #3

a) Eleja uma palavra qualquer e agregue-lhe o sufixo "ismo".
b) Em não mais de uma página, escreva um manifesto que pontue os propósitos e metas de um movimento filosófico-estético que tenha esse nome.
c) Desenhe um folheto para o texto e assegure uma difusão apropriada do manifesto com o propósito de conseguir a maior quantidade possível de adeptos, tanto entre criadores como entre consumidores.

EXERCÍCIO #4

Se a geografia se organizasse de acordo com critérios pragmáticos, como você armaria o mapa da América Latina?
a) Desenhe um novo mapa.

Ocupar-se do mundo

Discutimos no seminário *Elogio da escola* que talvez a essência da escola apareça justamente na sua crise. Em 2015, diante de uma proposta do Governo do Estado de São Paulo de reorganização das escolas estaduais públicas, que previa o fechamento de 93 escolas e afetaria mais de 311 mil alunos, os estudantes secundaristas ocuparam mais de 190 escolas, em resistência a essa proposta. Nas ocupações, os alunos se organizaram para cuidar da alimentação coletiva, da limpeza da escola e do cronograma de aulas e atividades, que contou tanto com parte dos professores das próprias escolas, que apoiaram as ocupações, quanto com outros educadores da sociedade civil, que ministraram aulas voluntariamente. Uma Virada Ocupação foi realizada em apoio à causa dos estudantes e contou com 816 artistas e bandas participantes. Por conta dessa grande mobilização dos secundaristas, a reorganização foi revogada pela Secretaria de Educação do Governo do Estado de São Paulo.

Para que essa mobilização *em defesa da escola* estivesse contemplada na *Educação como matéria-prima*, conversamos com a artista Graziela Kunsch, que havia proposto trazer para exposição sua obra nomeada *Projeto mutirão*: um arquivo de gravações, em plano único, que documentam lutas coletivas que buscam transformar o espaço e a sociedade, como assentamentos rurais, aldeias indígenas, ocupações diversas em edifícios e universidades, entre outros. Kunsch atenta para o fato de que as pessoas que lutam por uma causa raramente conseguem viver o resultado de sua conquista e, por isso, a alimentação do arquivo do *Projeto mutirão* é um processo contínuo. Ela recolheu então para a *Educação como matéria-prima* imagens da internet, nas páginas do Facebook, das autodenominadas "Escolas de Luta" ou "Ocupações" – E. E. Ana Rosa, Dica (E. E. Emiliano Cavalcanti), E. E. Fernão Dias Paes, E. E. João Kopke, Mazé (E. E. Maria José) e E. E. Salvador Allende – e também na página do coletivo O Mal-Educado. Iniciamos então a exposição com a projeção dessas imagens na parede. A proposição não se encerraria em contemplar tais imagens e dialogar sobre elas, mas refletir com os secundaristas e professores das ocupações sobre quais são as possíveis contribuições do museu com o cuidado da escola e com o *mundo comum*.

O movimento das ocupações nos anunciava um processo de tomada de consciência dos secundaristas em relação à escola. Realizamos então encontros abertos ao público, a que demos o nome de "Estórias Ocupadas", nos quais estudantes e professores compartilharam suas experiências nas ocupações, além de se mobilizarem na criação de redes entre professores de diferentes escolas para pensar e debater sobre a defesa da escola como *tempo livre*. Grupos de teatro e performance, nascidos nas ocupações, utilizaram o espaço da *Educação como matéria-prima* para ensaiar e se apresentar. Secundaristas se matricularam e passaram a participar de cursos do museu. Documentários sobre as ocupações das escolas estaduais paulistanas foram exibidos no MAM, seguidos de debates com alunos e professores que participaram das ocupações, além de pesquisadores das áreas de educação e políticas públicas. Mesmo após o término da exposição, uma programação relacionada a esse tema deu continuidade à nossa reflexão sobre a relação do museu com a escola, suas especificidades e conexões. Afinal, além dos alunos e professores que se envolveram na programação mencionada, os demais estudantes e professores das escolas estaduais fazem parte de um público cativo do MAM (e de outros museus e centros culturais), que visita regularmente esses espaços, por meio de programas promovidos pela mesma Secretaria de Educação do Governo do Estado responsável por essas escolas. Parte desses estudantes das escolas da rede pública estadual são também os jovens que frequentam aos domingos o Parque Ibirapuera e participam das atividades do museu. A programação do museu que traz o debate sobre as questões das escolas públicas paulistanas diz respeito, portanto, à realidade de uma grande parcela do público regular dos museus. Dessa forma, o ato de ocupar, tornar público e anunciar o espaço-tempo que a escola deve ser nos leva a nos indagarmos ainda mais sobre o espaço-tempo que o museu deve ser.

O museu é uma escola

Na obra que leva esse título, a seguinte frase é adesivada na fachada do museu que a expõe: *O museu é uma escola: o artista aprende a se comunicar; o público a fazer conexões.*

Luis Camnitzer concebeu esse trabalho incialmente como uma resposta a um diretor de um museu que, ao entrar em contato com os materiais educativos que o artista e pedagogo produz para as exposições, alegou que "ali era um museu, e não uma escola". Segundo Camnitzer, a obra, que começou como uma brincadeira e resposta ao diretor, é atualmente compreendida como um acordo que o museu deve estabelecer com seu público: se ele é uma escola, assim deve ser, e o público tem o direito de reivindicar, caso não esteja agindo como tal.

Considerando que um museu – anunciado nessa obra como uma escola – deve cultivar o espaço comum e a democratização do tempo livre, faz muito sentido para nós afirmar que o museu é uma escola. Destrinchando um pouco mais a frase, ela afirma que o artista aprende a se comunicar, pois uma vez que sua obra é tornada pública, ela coloca os espectadores e participantes numa atitude de atenção em relação a ela. Constatamos no cotidiano do MAM que o potencial de impacto de uma obra, assim como o processo criativo de cada artista, se amplia à medida que ele tem acesso às leituras e reações do público em relação à sua obra, processo que ocorreu com os artistas durante toda a exposição *Educação como matéria-prima*. A terceira afirmação, de que o *público aprende a fazer conexões*, diz respeito às questões que podem ser *colocadas na mesa* em visitas a um museu, e as possibilidades que se abrem em torno delas. E diz sobre como essas questões ressoam em cada visitante: não é sobre o que já se sabe, mas sobre o que, de alguma maneira, atravessa cada um, e o contato com a arte permite dar forma, produzir sentido, fazer conexões.

Como mencionado no início deste texto, a obra de Luis Camnitzer é uma de nossas referências para a realização da exposição *Educação como matéria-prima*, pelo fato de, em nossas ações educativas, buscarmos constantemente as características essenciais da escola. No entanto, após uma atividade para professores e educadores, conduzida por Jorge Larrosa,[10] na programação da *Educação como matéria-prima*, compreendemos também que, apesar de a frase ser uma crítica aos museus e um elogio à escola, ela pode gerar certo desgosto, se lida a partir do olhar *da defesa da* escola – pelo perigo de corroborar a ideia, que tampouco queremos

---

[10] "A arte e a educação, o museu e a escola: especificidades e conexões", atividade proposta por Jorge Larrosa no MAM, em março de 2016, dentro do programa *Contatos com a arte*, dirigido a professores e educadores.

endossar, de que a escola já não é o único lugar para a educação e que portanto qualquer lugar pode ser considerado uma escola.

O exercício de pensar a escola nos leva assim ao exercício de pensar o museu. Sendo polos de encontro de muitas pessoas de diversas origens, os museus podem atuar em dois diferentes caminhos: o de contribuir na disseminação de uma lógica vigente e dominante que se queira reproduzir, ou o de trabalhar com seu público acontecimentos e questões do mundo, libertadas de seu entendimento dominante, permitindo a ressignificação de forma a investigar e criar possibilidades. Sendo esse segundo caminho o que norteia as ações do MAM Educativo, uma suspensão de tempo e espaço do que já é conhecido faz-se necessária para que o museu, assim como a escola em sua origem, seja *uma fonte de conhecimento e experiência disponibilizada como um "bem comum"* (Masschelein; Simons, 2013, p. 9). Enquanto o estudo da história da arte permite ter contato com testemunhos e expressões de diferentes épocas, contribuindo para o desenvolvimento de um olhar sensível e uma reflexão crítica sobre os diversos contextos mundanos passados e atuais, o exercício de experimentação criativa permite imaginar e instituir possibilidades.

As questões desencadeadas pela frase de Luis Camnitzer foram então "colocadas na mesa" no seminário *Elogio da escola*. O museu é ou não é uma escola? Seria o museu um tipo de escola, mas não todos? Seguramente, na atualidade muitos museus estão longe de ser uma escola. Assim como muitas escolas estão longe de ser escolas. Mas para propor o exercício de pensar o museu e a escola não seria necessário fazer uma escola?

Muitas das escolas com que temos contato estão totalmente atravessadas pelo tempo externo, com currículos e cronogramas a serem cumpridos, e seguem a equivocada noção de que a escola deve cumprir uma função. Apesar disso, também pode ocorrer em museus, que por sua vez se veem frequentemente formatados na lógica de trânsito e de consumo de informações, sendo utilizados inclusive para "ilustrar" conteúdos trabalhados nas escolas. Contudo, ainda há em alguns mais possibilidade para oferecerem e cultivarem o *tempo livre*.

Realizar a exposição *Educação como matéria-prima* e a programação pública que a acompanhou, e a participar do seminário *Elogio da escola,* foram duas experiências que me fazem atualmente pensar que talvez uma das missões essenciais dos museus seja a de *lutar pela escola,* pela escola em sua forma. A existência do museu deve contribuir para que a escola recupere ou mantenha suas características radicais e essenciais, anunciadas no livro *Em defesa da escola* e discutidas no seminário *Elogio da escola*: oferecer tempo livre e transformar habilidades em "bens comuns", e que "portanto tem o potencial para dar a todos independente de antecedentes, talento natural ou aptidão, o tempo-espaço para sair de seu ambiente conhecido, para se superar e renovar (e, portanto, mudar de forma imprevisível) o mundo" (MASSCHELEIN; SIMONS, 2013, p. 10).

Referências

LARROSA; J.; KOHAN, W. O. Igualdade e liberdade em educação: a propósito de *O mestre ignorante. Educ. Soc.,* Campinas, v. 24, n. 82, p. 181-183, abr. 2003. Disponível em <http://www.scielo.br/pdf/es/v24n82/a08v24n82.pdf >. Acesso em: 02 set. 2017.

LEYTON, D. *et al. Programa Igual Diferente*. São Paulo: Museu de Arte Moderna de São Paulo, 2015a.

LEYTON, D. *et al. Obras mediadas*. São Paulo: Museu de Arte Moderna de São Paulo, 2015b.

MASSCHELEIN, J.; SIMONS, M. *Em defesa da escola: uma questão pública*. Tradução de Cristina Antunes. Belo Horizonte: Autêntica Editora, 2013. (Coleção Educação: experiência e sentido.)

MODERNO MAM EXTRA. São Paulo, n. 5, abr./maio/jun. 2016. 40p. Disponível em: <http://mam.org.br/wp-content/uploads/2016/05/modernoExtra-portugues.pdf>. Acesso em: 02 set. 2017.

PESSANHA, J. *Certeza do agora*. São Paulo: Ateliê Editorial, 2002.

Desenhar a escola: um exercício coletivo de pensamento

Jorge Larrosa, Eduardo Malvacini, Karen Christine Rechia,
Luiz Guilherme Augsburger, Juliana de Favere, Caroline Jaques Cubas

Convocatória

Atualmente, estamos assistindo a certa dissolução da forma tradicional da escola. A escola, diz-se, já não é o único lugar da educação, e talvez não seja o mais adequado. A escola, diz-se, se transformou em um lugar anacrônico, obsoleto, desagradável e ineficaz. A aprendizagem, diz-se, ultrapassa as fronteiras da escola e se dá em todos os lugares e a qualquer momento. A crítica da escola se tornou um lugar comum, e a educação, diz-se, se des-localizou, ficou sem um lugar próprio. A educação já não está protegida pelos muros da escola, porque, diz-se, há muito tempo pulou esses muros (sem contar o fato de que a própria escola se quer aberta e sem muros). A educação, diz-se, se confunde com a vida e, portanto, nada pode resistir à pedagogização geral da existência. A escola, diz-se, se confunde com o mundo, com a cidade, ou com a rede, e portanto já não há escola, ou a escola se torna prescindível.

E é agora, neste momento de dissolução da forma da escola, que queremos repensá-la amorosamente para reencontrar a sua especificidade e a sua autêntica natureza. Para tanto propusemo-nos fazer um exercício de pensamento orientado a desenhar a escola. O exercício quer convocar educadores, artistas e outras pessoas interessadas na forma da escola para constituir um grupo de pensamento e de experimentação, no qual se farão coisas como: caminhar, observar, mapear, ler, conversar, propor, definir, escrever ou desenhar.

Carta de boas-vindas

Quero agradecer pelo tempo que vão dedicar à atividade. Sei que o horário é apertado e que o compromisso exigido é incomum, mas acredito que este regime intensivo de trabalho é necessário para manter a atenção e a intensidade. Além disso, estou seguro de que vocês estão entregando o seu tempo de uma maneira generosa, sem ter clareza do que vão receber em troca, e estou seguro também de que porão sua sensibilidade e sua inteligência, o melhor de cada um de vocês, no exercício. De fato, o êxito ou o fracasso do que fizermos dependerá de todos nós. Eu acredito que nos sairemos bem, mas se fracassarmos, tampouco será uma catástrofe. Tanto para vocês, como para mim, não será nem o primeiro nem o último fracasso, nem a primeira nem a última vez que terminamos algo com a sensação de haver perdido tempo (ainda que com os fracassos e com as perdas de tempo também se aprenda). Isso é o que passa, às vezes, quando embarcamos em coisas que não sabemos muito bem para onde nos conduzem, quando levamos a sério isso de que não sabemos o que não sabemos, quando entramos em processos dos quais não podemos antecipar os resultados nem os efeitos, quando predomina uma atitude experimental. Todos nós sabemos que quando se encontra o que se busca, quando se põe em jogo o que cada um já sabe, a coisa é agradável, mas não tem demasiada importância. O que de verdade nos faz aprender é quando somos capazes de ver, de sentir ou de pensar o que não sabíamos, o que não esperávamos. Por isso, agradeço de verdade pela confiança: que tenham decidido entregar-se a um exercício estranho e exigente, sem saber muito bem do que se trata, e sem ter calculado o que vão obter ao final. Simplesmente sem uma razão especial, ou porque o pouco que sabem sobre mim, ou sobre o que vamos fazer, ou sobre as pessoas que lhes fizeram o convite, despertou em vocês a curiosidade, a vontade e, quiçá, o espírito aventureiro.

Ideia de desenho

A *Filosofia do Design*, de Flusser, traz o seguinte subtítulo: *a forma das coisas*. Desenhar é, portanto, *dar forma*. Desenhar a escola seria, então, elaborar (ou idear, modelar) uma *forma* imaterial (uma ideia, um modelo) que poderia ser *realizada* sobre uma matéria ou, como diz Flusser, que pode ser recheada com uma matéria ou uma série de matérias. Desenhar a escola seria, então, elaborar uma forma que pudesse ser *materializada*. Segundo Flusser, "o design é um dos métodos para dar forma à matéria e para fazer que esta apareça como aparece, e não de outro modo [...]. Ou seja, que a matéria no design, como em qualquer outro aspecto da cultura, é o modo como as formas aparecem". E, algumas páginas adiante, "a forma é aquilo que faz aparecer o material, aquilo que o transforma em fenômeno. A aparência do material é a forma" (FLUSSER, 2002, p. 33-36). Desenhar a escola, então, tem a ver com fazer com que a escola apareça, se torne fenomênica, se torne sensível. Desenhar a escola é *des-velar* ou *re-velar* a escola. Mas a forma da escola não está oculta, e sim na própria escola, e a única coisa que precisamos fazer é olhar para ela com atenção. Por isso, desenhar a escola seria re-velar ou des-velar o que já está aí ou, nas palavras de Jan Masschelein, *fazer visível o visível*. Desenhar a escola seria estarmos atentos à escola para mostrar o que a escola *é*. Ou, dito de outro modo, também nos termos de Masschelein, desenhar a escola seria mostrar o que é *o escolar*, ou seja, o que faz que uma escola seja uma escola.

Segundo esse ponto de vista, desenhar a escola é um trabalho sobre a aparência (é fazer que a escola apareça), mas, ao mesmo tempo, é uma tarefa de eliminação de aparências. Segundo Boris Groys (2014), "O design de vanguarda buscou eliminar e purificar tudo o que se tinha acumulado na superfície das coisas [...] para assim expor a verdadeira natureza das coisas" (p. 22). Groys se vale de um célebre ensaio de Adolf Loos, *Ornamento e crime*, no qual o arquiteto vienense das fachadas austeras inicia um combate contra a decoração, a ornamentação, o adorno, contra tudo o que oculta a verdadeira natureza das coisas. O design de vanguarda seria, portanto, uma espécie de antidesign, e Loos representaria para o design o que foi Schönberg para a música, ou Wittgenstein para a filosofia, ou ainda Karl Kraus para a literatura, os quais fustigaram o impuro e o supérfluo: "[...] para Loos, o verdadeiro design consiste na luta contra o design, contra o desejo deleitoso de encobrir a essência ética das coisas sob sua superfície estética" (GROYS, 2014, p. 26). Nessa lógica, desenhar a escola seria atender somente ao essencial da forma da escola, ao que faz com que uma escola seja uma escola, e eliminar o que sobra, o que é mera decoração, mero ornamento, ou seja, tudo o que foi sendo acrescentado à escola e que, de alguma maneira, oculta a sua verdadeira natureza. Para desenhar a escola, portanto, necessitamos de uma ideia do que a escola é. E essa ideia não está no mundo das ideias platônicas, nem em nossa própria imaginação como designers, mas está na própria escola. Por isso, desenhar a escola é olhar para a escola, escutar a escola, sentir a escola, prestar atenção na escola, sem se deixar seduzir ou distrair pelos ornamentos, pelo que a escola não é. E isso não para petrificar a escola, ou para dar uma ideia fixa, rígida, dogmática, do que a escola é, mas para manter viva a pergunta "o que é a escola?".

Na nobre tradição platônica, para saber se algo é realmente o que diz ser, é preciso compará-lo com a sua ideia. O que vamos fazer aqui, com mais ou menos êxito, é formular uma ideia de escola, um modelo de escola, um design de escola. O que ocorre é que, diferentemente de Platão e dos platônicos, não acreditamos que as ideias estejam em algum lugar, no mundo das ideias, e que seja preciso visitar esse mundo para saber o que as coisas realmente são. Sabemos que as ideias são construções humanas e, sobretudo, construções humanas disputadas. Por isso, nós, seres humanos, discutimos sobre ideias e polemizamos uns com os outros quando discutimos sobre o que as coisas realmente são ou sobre o que as coisas deveriam ser para que possamos chamá-las, sem mentir, sem enganar e sem nos enganarmos, pelo nome que lhes corresponde. Algo que seguramente Platão, que não era de todo platônico, também sabia, pelo menos quando, triste, cansado e derrotado, escreveu uma carta aos amigos de Dion e lhes disse: "Quando a custo de mil esforços são esfregados, uns com os outros, os diferentes elementos, nomes e definições, percepções da vista e dos demais sentidos, quando são submetidos a benévolas discussões, nas quais a má intenção não dita nem as perguntas nem as respostas, somente então brota a luz da inteligência e da sabedoria até o máximo do que pode alcançar a capacidade humana" (PLATÃO, 1970, p. 92). Desenhar a escola, do melhor modo possível, elaborar uma ideia, ou um modelo de escola, talvez seja isto: esfregar repetidas vezes, trabalhosamente, com a máxima atenção possível, o que se vê e o que se diz, as percepções dos sentidos e os nomes e as definições, as coisas e as palavras, o mundo e os livros. E fazê-lo com outros que também tenham vontade de se esforçar, em discussões benevolentes, sem rivalidade, sem inveja, sem pretender chegar a um acordo, sem tratar de ter razão, conversando. E confiar que essa esfregação produzirá calor, energia, porque somente com o calor pode brotar a luz, esse indecidível que Platão chamava de inteligência e sabedoria, e que nós outros, aqui, estamos chamando de pensamento. Desse ponto de vista, desenhar a escola exige esfregar entre si (para fazer surgir o pensamento) exercícios de sensibilidade (trabalhar com as percepções da vista e dos demais sentidos), exercícios de leitura (trabalhar com os nomes e as definições, trabalhar com as palavras) e exercícios de conversa (trabalhar em discussões benévolas).

As categorias

Para individuar as categorias do exercício ou, dito de outro modo, os aspectos a serem desenhados, isto a que deveríamos *dar forma*, começamos com a seguinte citação de Jacques Rancière (1988, s.p.) sobre as formas da escola:

> É aqui que intervém a forma-escola. A escola não é um lugar ou uma função definidos por uma finalidade social externa. É antes de tudo uma forma simbólica, uma norma de separação dos espaços, dos tempos e das ocupações sociais. Escola não quer dizer aprendizagem, mas ócio. A *skholé* grega separa dois usos do tempo: o uso daqueles a quem a obrigação do serviço e da produção deixa, por definição, tempo para fazer outra coisa; o uso daqueles que têm tempo, ou seja, dos que estão dispensados das exigências do trabalho. Entre estes, alguns aumentam inclusive esta disponibilidade sacrificando tanto quanto seja possível os privilégios e os deveres de sua condição ao puro prazer de aprender. Se a *skholé* define o modo de vida dos iguais, esses "escolares" da Academia ou do Liceu, do Pórtico ou do Jardim são os iguais por excelência. Mas que relação existe entre esses jovens atenienses bem-nascidos e a multidão confusa e obstinada de nossos colégios suburbanos? Nada mais que uma forma, admitamo-lo: a forma-escola, tal como a definem três relações simbólicas fundamentais: a escola não é antes de tudo o lugar da transmissão dos saberes que preparam as

crianças para a sua atividade de adultos. É o lugar situado fora das necessidades do trabalho, o lugar em que se aprende por aprender, o lugar da igualdade por excelência.

A partir dessa citação, temos a escola como um dispositivo (no sentido de um modo particular de dispor, compor, impor, opor e expor coisas heterogêneas) para a separação de:

Tempos: a escola dá tempo livre, separando o tempo escolar do tempo do trabalho.

Espaços: a escola como a espacialização do tempo livre em um lugar público ou, conforme diz Masschelein, como o lugar onde o tempo livre encontra um lugar público.

Matérias: a escola como o tempo (livre) e o espaço (público) em que as coisas do mundo se transformam em matéria de estudo.

Atividades: a escola como o tempo e o espaço que, por estar separado da produção, permite o exercício e o estudo.

E sujeitos: a escola como o tempo e o espaço em que alguns adultos se separam do mundo do trabalho e se transformam em professores, e a escola como o tempo e o espaço em que as crianças e os jovens abandonam também o mundo da produção – e do consumo – e se transformam em alunos e em estudantes.

Ademais, na elaboração dessas categorias básicas, apareceram outras categorias complementares, como, por exemplo:

a) O caráter público da escola pública.
b) O vocabulário com o qual nomear e pensar a escola.

O exercício (ideia geral)
Para começar, tínhamos:
Uma cidade com várias escolas.

Um grupo com várias ideias de escola.
Um mapa que nos levaria de uma escola a outra.
Um livro que nos levaria de uma escola a outra.
Algum tempo.

O exercício
Sair de uma escola qualquer
(no mapa, na cidade, no texto, nas ideias);
Buscando uma outra escola
(no mapa, na cidade, no texto, nas ideias).

Os mapas
Os mapas são os mapas que guiam o percurso.
Os mapas são os textos que guiam o percurso.
Aqui são só mapas.

O percurso
Percorrer um mapa que outra pessoa fez, dar atenção;
Percorrer um texto que outra pessoa fez, dar atenção;
Estar presente para esse percurso, dar atenção;
Caminhar como quem estuda, dar atenção;
Andar desarmado (por um momento) da crítica e do medo, dar atenção;
Ficar cansado e silenciar (por um momento) as vozes da mente, dar atenção;
Para deixar que o percurso imponha sobre nós sua força de mundo.

O percurso (2)
Andar por um lugar, ouvir um texto e ver o que sempre esteve visível. Visível para quem passou com atenção e tempo. Caminhar e ouvir, sentir, pensar. Sobretudo caminhar. Como um exercício, uma disciplina, se deter, ir devagar, perder tempo. Não é um caminhar perdido – em nossos próprios pensamentos.

Caminhar guiado – pelas ruas e pelos mapas e pelos textos (que não fomos nós que fizemos). O mapa e as ruas e os textos estão ali e impõem autoridade, pedem atenção.

As derivas (caderno azul)

Um espaço, IDCH. Um tempo, 30 de agosto a 30 de setembro de 2016. Um professor e um grupo de pessoas interessadas.

Formamos grupos de três pessoas, com várias escolas definidas e rotas arbitrárias que deveriam chegar até o Colégio Estadual Lauro Müller.

Havia leitores, sensores e mapeadores. Anotações em cadernos.

Cadernos azuis para as caminhadas e para o portão do Lauro Müller.

Cadernos amarelos com as notas das aulas, as conversas sobre os textos e depois o próprio desenho de escola.

Cadernos verdes para os exercícios, as notas para a exposição e para os desenhos.

Foram produzidos mapas de espaços vazios, espaços públicos e mapas de instituições públicas e privadas que se denominassem educativas.

Tanto o livro-texto quanto o mapa eram umbrais: havia que passá-los para ter percurso, para prestar atenção no percurso.

Num primeiro momento o professor definiu as categorias e protocolos, estabelecendo os conceitos básicos do exercício. Foram distribuídos os traçados urbanos a serem percorridos por cada grupo nas derivas e se fixaram as tarefas a realizar: protocolos de atenção e procedimentos para as leituras e as cartografias da cidade e da escola. Cada função – leitor, sensor, mapeador – foi exercida por cada um em cada um dos lugares delimitados para o exercício.

Nas escolas, leram-se trechos do livro *Em defesa da escola: uma questão pública*, de Jan Masschelein e Maarten Simons.

Ali copiaram-se frases do livro, fizeram-se notas de leitura, listaram-se palavras. Mapearam-se as saídas escolares, desenharam-se planos da escola e fizeram-se poucas fotos, somente em seu exterior. Ali ficamos atentos às coisas vistas, ouvidas e senti--pensadas no portão, no pátio, nos corredores.

Cada pessoa de cada grupo traçou um caminho, saindo da escola escolhida até o Colégio Estadual Lauro Müller. Cada trajeto foi demarcado em um mapa que continha espaços vazios, espaços públicos e instituições públicas e privadas que contivessem algo de "educativo". Cada espaço serviria aos exercícios, à observação, à leitura em grupo.

Em cada espaço vazio outro mapa, o desenho de uma quadrícula, uma descrição, uma transcrição e uma leitura – uma cópia de trechos, umas notas, uma lista de palavras. Também num espaço público, outro mapa, o desenho de uma quadrícula, uma descrição, uma transcrição e uma leitura – uma cópia de trechos, umas notas, uma lista de palavras.

No portão da escola Lauro Müller, mais um exercício, individual e de memória da escola: *A escola é..., Eu me lembro..., Eu gosto/Eu não gosto...* Cada atividade tinha vários protocolos de tempo, como estar na escola 3 ou 4 horas, caminhar de 4 a 6 horas, ficar no portão de 2 a 3 horas, e várias noções espaciais, como as quadrículas de 200 metros, um caminho de, no mínimo, 5 quilômetros, além de certas listas das coisas vistas, ouvidas e senti-pensadas, de palavras utilizadas e de palavras descartadas.

Então, das derivas saíram mapas, linhas de tempo, cadernos de observação e outros materiais de trabalho. E, em todos os dias em que estas aconteceram, era aberto um tempo de conversa, durante o qual todos os participantes mostravam seus materiais e trocavam suas impressões e experiências. As primeiras conversações ainda eram marcadas por um certo delírio de ideias, como fazer o quarto mapa de barco, lançar-se no trajeto de cadeira de rodas, observar os grafites, o banheiro da escola, mas sem ter ido lá, observar o comércio por uma intuição inicial. Eram marcadas também por um certo senso opinativo – tão evidenciado em nossos tempos – maior que o cumprimento das tarefas propostas.

Coube ao mestre imprimir ritmo à classe com seus próprios registros e reprimendas: que a leitura do livro era mais mecânica, que as coisas vistas na escola deveriam ser registradas no caderno de anotações, que mais do que especularmos sobre o caminho, deveríamos fazê-lo. Do que estávamos falando ali? Da atenção ao caminho, daquilo em que Masschelein e Simons (2014a) insistem, a partir de Walter Benjamin, de que *caminhar e copiar é melhor que ler e sobrevoar*. As derivas são uma espécie de força do caminho, que se impõe ao olhar e ao pensamento.

Assim, o momento das conversações pode se tornar o lugar de compartilharmos os problemas, as sensações, as anotações, as ideias advindas do exercício, daquele exercício. Ao cotejarmos os mapas sobre a grande mesa formada pelas carteiras escolares, nós, professores, técnicos, estudantes de graduação, doutores, artistas, nos tornamos, de certa forma, iguais em nossas diferenças individuais, de hierarquia, de procedência, porque nos tornamos estudantes. Também como estudantes devíamos estar atentos aos modos de fazer e não à finalidade das coisas: *hay que hacerlas y hacerlas bien*, dizia o professor.

Um dos principais objetivos de um exercício é nos tornarmos atentos. Nesse sentido, as derivas, como uma proposição que nos impunha um caminho, não só nos mantinham atentos, como também em experimentação. Para imprimir intensidade e importância à ideia do caminhar, fazemos aqui um pequeno jogo de palavras com um texto de Masschelein e Simons (2014):

Caminhar... experimentar a autoridade do caminho.

Caminhar... deslocar o olhar.

Caminhar... ver além de qualquer perspectiva.

Caminhar... é ex-posição, um estar fora da posição.

Caminhar... é um modo e-ducativo de relacionar-se com o presente.

Caminhar... entregar seu corpo.

Caminhar... seguir uma linha arbitrária.

Caminhar... permitir que o caminho submeta a alma.

Caminhar... aumentar a atenção.

Para *desenhar* a escola, este dispositivo educativo, tivemos que, entre outras coisas, derivar, ou, como já nos sugeriu Masschelein (2014), andar sobre linhas. Andar sobre linhas é se perguntar *o que tem ali para ser visto e ouvido. E o que fazer com isso? E como responder a isso?* Remete à constituição de um problema educativo em nossos tempos, que é o de como tornar o mundo presente. E, no fundo, desenhar a escola, como um exercício coletivo de pensamento, nos tornou presentes.

A produção de textos (caderno verde)

Acontecimento. Afecção. Suspensão. Encontros. Exercícios. As derivas foram uma experiência. Foi cuidado diante de uma questão pública: a escola. Nos encontros, o tempo era "livre", suspenso, materializando-se em exercícios que exigiam atenção e estar presente no presente. Foi possibilitada uma reunião de pessoas interessadas em algo em comum.

Os exercícios, alguns deles expostos no Museu da Escola Catarinense entre outubro e novembro de 2016, tentaram representar os estudos e as práticas que nos aconteceram, nos tocaram e nos aproximaram de algo comum: a matéria, o pensar a escola. Em materialidades expusemos as atividades. A exposição deu forma às ideias, aos pensamentos, ao desenho da escola.

Um desenho do qual interessa o percurso, o traçado que se desenha e desconhece a produção final, distante do decalque, como um caminho "[...] sem um programa, sem um objetivo, mas sim, com uma carga, uma responsabilidade: o que há para ver, ouvir, pensar?" (MASSCHELEIN; SIMONS, 2014b, p. 51).

Exercício I: estudo e textos. Nos debruçamos sobre os mapas elaborados a partir de trajetos percorridos. Para sua composição, os textos, o estudo, as conversações, os sublinhados criaram uma forma, um desenho. Um exercício de pensamento, que provocou, chamou a atenção e nos suspendeu para questionar e pensar e desenhar a escola.

Um ponto inicial e final em comum. Um percurso singular. Um exercício de atenção às instituições educativas, aos espaços vazios, aos espaços públicos e aos nossos interesses do "olhar". A partir dos percursos, outros exercícios foram surgindo e materializando-se.

As memórias escolares, um excerto dos exercícios:

Eu me lembro de quando me apaixonei pelo estagiário de Educação Física na quarta série.

Eu me lembro do uniforme escolar bem-engomado: um vestido azul petróleo e uma camisa branca.

Eu me lembro que o nosso esconderijo na escola se chamava caverna. Lá era onde guardavam os pneus de brincar.

Eu me lembro do avental xadrez, branco e azul, com meu nome bordado, dos tempos do jardim...

Eu me lembro das polainas coloridas, sob as canelas, por cima do uniforme escolar, em dias extremamente frios.

Eu me lembro das cadeiras do teatro da escola que não paravam de fechar com nosso pouco peso.

Exercício II: uma prática, o desenho da escola. Com tantos pensamentos e opiniões singulares, o esforço era estar atento aos detalhes, ao comum, à escola. Detalhadamente desenhada, expomos a escola com o intuito de possibilitar um segundo exercício do pensamento. Qual seu espaço? Tempo? Matérias? Tecnologias? Sujeitos? Missão?

Num exercício nada fácil, porém atento, desenhamos, com alguns contornos, a escola... Como faísca... Teve sentido no momento de sua produção, do encontro e das pessoas envolvidas... Mas ao acender e formar o fogo, resultado de um processo termoquímico, torna-se apenas representação... Com sentido apenas para os envolvidos, para o grupo, e possibilitou um exercício de pensamento, "algo como um território de passagem, algo como uma superfície sensível que aquilo que acontece afeta de algum modo, produz alguns afetos, inscreve algumas marcas, deixa alguns vestígios, alguns efeitos" (LARROSA, 2002, p. 24). Estar num território de passagem – este foi o exercício –, diferente de ir de um lugar a outro, mas percorrer e perceber o caminho.

Sintam-se convidados e provocados ao exercício de pensamento! Que os textos os toquem. Este é o convite!

O desenho (caderno amarelo)

Instigados por um professor, pusemo-nos a caminhar. Exercitamos, lemos, pensamos e desenhamos. Desenhamos: um exercício do pensamento, um exercício de dar forma. Um exercício sério, mas também algo como um jogo, já que não pretendíamos que valesse mais do que o exercício – não *tinha* de dar em nada, não precisava ser *útil*.

Traçamos caminhos pelos mapas. Caminhamos. Traçamos caminhos pelos exercícios. Demos atenção. E, assim, a fazer exercícios e caminhadas, fomos desenhando, dando forma, a uma escola – outra escola.

Outra escola com seu espaço

Espaço que separasse. Que separasse para proteger, para guardar e dispor. Guardar aquilo que era raro: tempo. Assim, uma escola cuja espacialidade desse tempo. Diante da velocidade acelerada do além-muro, do frenesi produtivo-consumista do mundo contemporâneo e dos desejos da cidade-*shopping*, espaço para ter tempo: uma escola que lentificasse, que permitisse errar, repetir, refazer, fazer com diligência e paciência, fazer uma e outras vezes sem que se estivesse lançado ao utilitarismo capitalista.

Espaço que suspendesse. Que suspendesse para recomeçar, para diferenciar, para criar. Suspender tudo aquilo que se colasse ao estudante, mas suspender também aquilo que se colasse ao espaço. Escolher um lugar de alto valor simbólico e monetário,[1] desapropriá-lo para ali plantar uma heterotopia, suspender a mais-valia para que se produzisse uma menos-valia do espaço.

Um escola constituída espacialmente de alguns elementos: um *umbral*, que marcasse a entrada (ou a saída), que delimitasse e separasse; um *acesso*, que conduzisse do fora (o mundo) ao dentro (a escola), acesso à suspensão, à separação; um *pátio*, que permitisse estar ao ar livre, com algo que destoasse do urbano, que permitisse o descanso, a contemplação, a brincadeira e o encontro; uma *biblioteca*, que salvaguardasse livros onde o raro e o inútil ficam, que oferecesse espaço ao estudo e à leitura; uma *sala de aula*, da qual se pudesse "fechar a porta", gesto para suspender o tempo e o espaço do mundo para o exercício da atenção e da aprendizagem; *esconderijos* (a serem encontrados ou criados).

Outra escola com suas matérias

Ao desenhar esta escola, pensamos em algumas matérias "fundamentais", a saber, *ler e escrever, conversar, modelar* e *olhar*. O que implicava a constituição de uma escola de alfabetização,

---

[1] A área escolhida para a construção imaginária dessa escola foi o 14º Pelotão de Polícia do Exército, localizado na rua Bocaíuva, n. 60, no Centro de Florianópolis (SC).

mas também uma escola em que se aprendesse *de ouvido*, uma escola que *desse forma* e *fizesse formar*, uma escola que educasse o *olhar*. Matérias escolares que teriam a ver com o *corpo*, o corpo como materialidade – corpo como artefato que age sobre algo, mas também corpo sobre o qual se age. Assim, neste desenho, as matérias, no que agiriam sobre e com o corpo, também destacariam dele elementos, partes nas quais se deteriam de modo mais específico. Quando da conversa haveria uma educação da *voz*, através da voz, mas também dos *ouvidos*; o modelar, por sua vez, compreenderia uma educação da *mão*, um fazer manual; ao se educar o olhar haveria, obviamente, um fazer sobre o *olho*; já ler e escrever abarcariam tanto a *mão* que escreve quanto o *olho* e/ou a *voz* que leem. Esse corpo, enquanto materialidade escolar, não estaria presente apenas em partes, mas como um todo – ainda que, por vezes, se agisse para "minimizar" a atuação de algumas partes para aprimorar a educação de outras.

Outra escola com suas atividades

As atividades, aí, possuiriam um modo de operar que tornariam qualquer prática (não escolar) uma atividade escolar. A esse *modus operandi* demos o nome de *exercício*. O exercício teria por princípio o "fim em si mesmo" ou a ausência de finalidade, uma atividade sem olhar para uma meta, uma competência, um conteúdo ou outra coisa que não o próprio fazer da atividade. Exercício como ginástica do corpo e da alma.

Em relação à prática do exercício, temos de grifar alguns elementos que a comporiam enquanto elementos peculiares: *atenção*, a concentração na atividade de modo a produzir-se uma desvinculação do que é exterior ao exercício, tornando-o real; *disciplina*, a postura de fazer(-se), ainda que por meio certa artificialidade, (re)entrar na atividade, mantendo-se nela com paciência e esforço; *diligência*, o cuidado e a minúcia na execução da atividade de modo a evitar a negligência (que impele a sair do exercício), potencializando os aspectos ginásticos da prática.

Outra escola com suas tecnologias

No percurso, também fomos desenhando as tecnologias desta escola. O conjunto *quadro-giz-apagador* implicaria um movimento de escrever/apagar/reescrever e "escrever" diria mais do *inscrever* algo no quadro, de modo a tornar o inscrito matéria de estudo e atenção, do que apenas representar nele algo por meio da escrita. O quadro seria suporte da materialidade (re) inscrita na relação giz-apagador. Este tríplice–dispositivo estaria disponível àquele que ocupa a função-professor para a escrita e àqueles que ocupam a função–aluno para a leitura.

Ao dispositivo *caderno-lápis-borracha*, por sua vez, demos uma lógica mais ou menos inversa, pois cada qual, na função–estudante, o possuiria de forma "individualizada" para a escrita, mas o conteúdo deste não estaria acessível, *a priori*, a todos para a leitura, senão àquele na função-professor. O dispositivo caderno-lápis-borracha ainda possuiria uma dimensão escolar muito importante, a saber, o "passar a limpo". Esse gesto, enquanto expressão da atenção, da disciplina e da diligência, produziria um efeito de educação no corpo – depois de ter podido errar, experimentar e rasurar o exercício, o estudante haveria de (re) fazê-lo em sua forma mais "exercitada", ou seja, mais aperfeiçoada. O caderno, ainda enquanto tecnologia escolar, possui duas formas: o *caderno de notas* e o *caderno de exercícios*. Enquanto aquele se prestaria a acompanhar a aula e permitir gravar em si os elementos considerados relevantes e necessários (dignos de nota) para uma rememoração (em outras atividades escolares), este seria suporte do exercício propriamente dito.

Outra tecnologia que pensamos importante para esse desenho da escola é a *argila*. Argila enquanto matéria que permitiria a modelagem, a implicar uma prática cuidadosa e paciente, atenta, mas também inventiva. A argila seria a imagem da escola, esse lugar de modelagem do corpo e da alma.

Seriam ainda partes deste rol de dispositivos escolares outras duas tecnologias: a *carteira* – esse aparato que não é tanto o formato clássico que faria apenas sentar-se, mas um dispor o corpo e a mente de maneira apropriada ao modo de operar da escola (do exercício, da atenção, etc.). O *livro-texto*, não tanto como livro didático (em sua forma atual), e sim o modo de utilização de um texto "qualquer" que o suspenderia de seu *status* normal e o disporia ao processo escolar de educação.

Assim, exercitando nossos corpos e almas, arriscamos riscar alguns traços de uma escola, desenhamos (ou tentamos desenhar) outra escola. Escola da *skholé* (tempo/espaço livres), que guardaria os estudantes da norma, do *shopping* e do utilitarismo, dando-lhes tempo e espaço para experimentar algo raro, diferente – uma *heterotopia*.

A versão de uma aluna.
As derivas: um gesto de interrupção

Falo aqui de um exercício coletivo. Creio que se trata, posso agora dizer, de uma experiência, e, como tal, é subjetiva e pessoal. Trago, portanto, palavras pessoais (mas não minhas, pois são reverberações de coisas ditas e ouvidas) para falar algo sobre atividades que não se direcionavam a ninguém em particular (e dessa maneira a todos, da mesma forma).

A atividade foi pensada, os protocolos foram criados e apresentados, a exigência, explicitada. Aos presentes, cabia uma escolha: participar ou não. A escolha implicava comprometimento e, consequentemente, decisões. A opção por participar, neste caso, foi motivada pela expectativa e pelo encantamento. A expectativa foi racional. Conhecia, por meio de textos, o ministrante das atividades. Confiava, portanto, na qualidade do que encontraria. O encantamento foi acidental. Aconteceu desde o primeiro dia, quando foi anunciado que as expectativas deveriam ser anuladas, pois não haveriam objetivos finais. O ministrante não falaria sobre ele, seus livros ou conceitos, mas trataria apenas das ideias de um autor cujo nome eu, até então, desconhecia. Além disso, encaminharia atividades como copiar, listar, mapear e caminhar. Formato absolutamente intrigante para uma atividade que, até então, imaginava ser puramente "acadêmica". Confiante e arrebatada, insisti.

Criamos um ambiente escolar para falar da escola. O ministrante, até então entidade etérea, tornava-se o professor. Nós, consequentemente, os alunos. A escola era a matéria. Havia a sala, havia o quadro, havia a porta. Havia textos para ler, sublinhados a declarar, mapas a percorrer. Havia exercícios. Nós, os alunos, deveríamos fazer os exercícios. Nós, os alunos, éramos professores em diferentes instituições, de diferentes campos, com diferentes titulações. Ali, naquela sala, porém, éramos alunas e alunos. Continuávamos todos tendo compromissos, obrigações e responsabilidades. Mas ali, naqueles instantes, tudo o que nos diferenciava deveria ser indiferente. Deveria ser colocado em suspensão. Não havia um objetivo a atingir, não havia uma função a cumprir. Apenas fazer os exercícios, seguir os protocolos e estudar a escola a partir dos textos e ideias colocados à nossa disposição.

Não foi tarefa fácil, esta de seguir os protocolos e lidar apenas com o que estava à disposição. Não foi tarefa fácil despir vaidades e abdicar da expectativa. Não foi tarefa fácil perceber que tudo o que nos era exigido era tempo e atenção. Logo tempo e atenção, tão raros e escassos. Não foi tarefa fácil, essa de ser uma aluna como outra qualquer. Mas foi libertador.

O exercício, estranho e repetitivo, de apenas ler sublinhados de um texto proposto, exigia, a princípio, pouco: ter realizado a leitura e ter sublinhado algo. Tão pouco, mas tão potente. Exigia-se, em sala, algo que todos eram capazes de fazer, desde que dispusessem de tempo e atenção.

Realizar os percursos exigiu tempo e atenção. E comprometimento e, em certos casos, exaustão.

Se a experiência, como algo que nos toca, requer um gesto de interrupção, conforme afirma nosso professor, penso que as derivas foram uma inesperada possibilidade. Quando me lembro do exercício, por mais que as leituras, ideias e discussões tenham sido instigantes, inovadoras e, algumas vezes, revolucionárias (como, pessoalmente, a questão da igualdade como ponto de partida), creio que aquilo que aprendemos situa-se em outro local. Em uma outra ordem de saber. E talvez por isso seja tão difícil falar sobre. Talvez por isso faltem as palavras. Talvez por isso a incômoda sensação de que, terminado o exercício, se esvai, junto dele, nosso ar.

As derivas, para todos os que se expuseram a elas, tiveram muito de Masschelein e Simons, e muito de Larrosa.

Vivemos em suspensão. Colocamos o que éramos entre parênteses. Nossas demandas pessoais, nossas motivações primeiras, nossas segundas intenções eram indiferentes. O exercício não resultaria em algo "academicamente produtivo". Não havia pontos ou promessas. Apenas o tempo feito livre para pensar a escola.

Profanamos. Transformamos a escola em matéria de estudo. Apregoamos que nossa escrita e nossos pensamentos, tão íntimos, seriam ali públicos. Caminhamos, não para chegar a algum lugar, mas para, tão somente, realizar o percurso. E, quem sabe, ver, ouvir e sentir algo neste *entre-tempo* e *entre-lugar*.

Atentos e abertos, fomos inquiridos a pensar coisas que estavam fora de nós mesmos. O tempo suspenso, aquele em que estávamos na sala, começou a escapar pelas frestas e capturar outros instantes. Já não era possível pensar a escola apenas durante as atividades. Algumas atividades impregnavam nosso cotidiano, nossas formas de ser e fazer, independentemente de onde estávamos. Algumas atividades nos (re)formaram.

Praticamos e estudamos. Muito. Copiamos e listamos. Tentamos, erramos e repetimos. Lemos e relemos. Caminhamos. Exercitamos. Desenhamos.

Fomos iguais. Juntos, começamos algo. Todos fomos capazes de ler, sublinhar, falar, caminhar e pensar. Mais ou menos, dependendo do tempo e da atenção. Tínhamos um ambiente escolar que, como tal, era ambiente de potência. A escola era trazida para o nosso presente. Era repensada e, a partir de nossas leituras, sublinhados e caminhadas, seria talvez redesenhada. Dependia de nosso tempo e atenção. De nosso interesse e nossa vontade. Era potência.

Houve o amor. Houve o respeito, a atenção, a dedicação e a paixão. Tínhamos, diante de nós, o professor inspirado e inspirador. O professor que estava presente, que determinava a lição. Que personificava a matéria ao falar sobre a escola através de trejeitos absolutamente escolares. Que cultivava um silêncio ritual antes da primeira palavra proferida, a cada tarde. Que fechava a porta. Que disciplinava horários, fazia registros e escrevia no quadro. Que falava a todos. Tínhamos um professor.

Tudo o que pensamos e exercitamos, como disse anteriormente, nos (re)formou. Aprendemos, e é exercício contínuo, a olhar mais devagar, a pensar mais devagar, a sentir mais devagar. Aprendemos a suspender o juízo e a opinião, a cultivar a atenção e a delicadeza. A escutar. A dar-se tempo e espaço (LARROSA, 2016, p. 25). O que importa, creio, é o que fomos, enquanto éramos. O que fizemos, enquanto estávamos fazendo. Algo nos aconteceu. Algo nos passou. Algo bonito. Findo o exercício, o sentir provocado pela experiência das derivas, de alguma maneira, permanece.

Referências

FLUSSER, V. *Filosofía del diseño*. Madrid: Síntesis, 2002.

GROYS, B. "a obligación del diseño de sí. In: *Volverse público: las transformaciones del arte en el ágora contemporánea*. Buenos Aires: Caja Negra, 2014.

LARROSA, J. B. Notas sobre a experiência e o saber de experiência. *Revista Brasileira de Educação*, n. 19, jan./fev./mar./abr. 2002.

LARROSA, J. *Tremores: escritos sobre experiência*. Belo Horizonte: Autêntica, 2016.

MASSCHELEIN, J. O mundo "mais uma vez": andando sobre linhas. In: MARTINS, F. F. R.; NETTO, M. J. V.; KOHAN, W. O. *Encontrar escola: o ato educativo e a experiência da pesquisa em educação*. Rio de Janeiro: Lamparina/FAPERJ, 2014.

MASSCHELEIN, J.; SIMONS, M. *Em defesa da escola: uma questão pública*. Tradução de Cristina Antunes. Belo Horizonte: Autêntica, 2013. (Coleção Educação: experiência e sentido.)

MASSCHELEIN, J.; SIMONS, M. *A pedagogia, a democracia, a escola*. Belo Horizonte: Autêntica, 2014a.

MASSCHELEIN, J.; SIMONS, M. *Em defesa da escola: uma questão pública*. 2. ed. Belo Horizonte: Autêntica, 2014b. (Coleção: Educação: experiência e sentido).

PLATÃO. Carta séptima (344b). In: _____. *Las Cartas*. Madrid: Instituto de Estudios Políticos, 1970.

RANCIÈRE, J. Ecole, production, égalité. In: _____. *L'école de la démocratie*. Edilig: Fondation Diderot, 1988.

Quarta parte

MIRAR A ESCOLA:

UMA MOSTRA DE CINEMA

Celebração da revolta:
a poesia selvagem de Jean Vigo[1]

David Oubiña

> *Deslocar ao plano da criação a fervorosa voluptuosidade com que, durante nossa infância, rompemos a pedradas todos os faróis da vizinhança.*
> Oliverio Girondo

I

Barthes afirmava que os textos de Proust o emocionavam profundamente e que, portanto, nada podia dizer sobre eles. Outro qualquer também deveria se calar diante dos filmes de Jean Vigo; porque raras vezes o cinema foi capaz de suscitar uma emoção em aparência tão pura, tão primitiva e tão incondicional como nestes filmes. Entretanto, é preciso dar conta dessa emoção. Não se trata de um afã cirúrgico – porque não existe nisso nenhuma pretensão de cientificidade – senão

---

[1] Este texto está originalmente no livro *A infância vai ao cinema* (Autêntica, 2007), organizado por Inês Assunção de Castro Teixeira, Jorge Larrosa e José de Sousa Miguel Lopes.

de comunicar a própria emoção enquanto espectador. Não eliminar a subjetividade, senão fazer entrar a arbitrariedade da experiência privada no circuito dos discursos. É indubitável que pode haver tanta intensidade em um pensamento como em um gozo. E se negar a racionalizar as próprias emoções de espectador é se privar de exercer as paixões da interpretação.

Sobretudo em um filme em que se propõe um conceito absolutamente ideológico (quer dizer, não ingênuo) das emoções. "Pequenos diabos no colégio", diz uma das legendas de *Zero de conduta*. Não se trata aqui de nomear uma travessura; e sim de consignar seu valor político. Jean Vigo põe em questão as noções aceitas sobre o caráter inofensivo das crianças. Não que estes meninos percam a candura, senão que a candidez deixa de ser uma espécie de deficiência. "Conspiração de crianças", diz outra legenda. Este é um dos poucos filmes na história do cinema que possui um olhar subversivo sobre a infância, que a pensa como lugar da rebelião. Quero dizer: a meninice e a madurez não são aqui idades do desenvolvimento, senão, sobretudo, categorias políticas enfrentadas.

II

O célebre Henri Langlois – fundador da Cinemateca Francesa – disse de uma vez por todas: "se o cinema é uma arte onírica, só há um homem que possui a chave dos sonhos: Jean Vigo" (LANGLOIS, 1986, p. 257). A obra de Vigo é tão breve como luminosa. Morto prematuramente aos 29 anos, só conseguiu completar quatro filmes: os curtas-metragens *À propos de Nice* (1930) e *A natação por Jean Taris* (*Taris, ou la natation*, 1931), o média-metragem *Zero de conduta* (*Zéro de conduite*, 1933) e o longa-metragem *O Atalante* (*L'Atalante*, 1934). Não obstante, esses poucos filmes testemunham com clareza a passagem do cinema francês entre as vanguardas dos anos 1920 e o realismo poético dos anos 1930. Vigo é um ponto de condensação privilegiado, um momento de síntese na história do cinematógrafo. Ou, como afirmou François Truffaut, nele convergem as duas grandes tendências do cinema: realismo e esteticismo. Com efeito, não há beleza mais celestial nem lucidez mais terrena que as imagens dos filmes de Vigo.

Zero de conduta é um ensaio poético sobre o tema da liberdade *versus* a autoridade. Em um colégio interno, o cineasta confronta professores tirânicos com crianças revoltosas. Mas, sem dúvida, isso não diz muito sobre o filme. Proibido logo após sua estreia (foi acusado de "espírito antifrancês" e esteve proibido até 1945), *Zero de conduta* é um filme imprevisível. Uma celebração da revolta. Um poema surrealista em código anarquista, próximo – neste sentido – a *Um cão andaluz*. Vigo concebe seu filme com o mesmo afã destrutivo com que seu admirado Luis Buñuel definia o seu: como "um desesperado, um apaixonado chamamento ao crime".[2] Subversão é a palavra-chave em Jean Vigo. A subversão não é sistemática, é inconstante, impossível de ser recuperada pela instituição. E as crianças sabem – talvez de forma confusa – que não há maneira de entrar em acordo com as autoridades do colégio. Eles dizem: "Tudo se comparte em um complô", mas não se trata de cooperar em uma causa comum que logo derivaria em um decente bem comum; trata-se de uma solidariedade sem estatuto e, portanto, de uma comunidade mais espontânea e mais intensa. Fugir à decência: em *Zero de conduta* há um motim de crianças, talvez uma horda infantil, mas nunca um espírito de corpo e, muito menos, uma corporação. Nada que chegue a se fixar.

---

[2] Luis Buñuel, ao apresentar o roteiro do filme quando foi publicado por *La Révolution Surréaliste*. Reproduzido em Talens (1986, p. 101).

Anárquica em seus postulados, surrealista em sua narração, a estrutura mesma de *Zero de conduta* atua como seus vandálicos protagonistas: desordenadamente e sem justificação. Muitas vezes destacou-se que a estrutura explosiva do filme é vaga, confusa e inclusive torpe. Mas, tal qual explicou Maximilian Le Cain, o filme deveria formar parte de uma série de médias-metragens de baixo orçamento, e como Vigo se excedeu na duração acordada, isso o obrigou a cortar:

> Frente a esta tarefa dolorosa, tinha duas opções. Uma era respeitar a claridade narrativa e a outra era privilegiar os momentos mais poéticos. Haver escolhido este último caminho ajudou a dar a *Zero de conduta* essa forma que faz com que hoje seja tão excitante. Cada imagem e cada cena são uma surpresa, como se aparecessem para formar seu momento mais expressivo, dando a impressão de um filme escutado por acaso ou, inclusive, espiado mais do que exibido diretamente diante dos espectadores. Isto cria um tipo de alerta pouco comum no observador, uma leve sensação de desconcerto, como se você estivesse vagando no sonho de outro. No contexto de uma história sobre um bando de crianças conspiradoras, isso evoca a experiência vivida e inquietante de estar acedendo a um mundo que é secreto e exclusivo delas. Este universo infantil obedece a uma lógica própria que não podemos aspirar a entender, mas temos o privilégio de observá-la com o profundo respeito que Vigo lhe confere (Le Cain, 2002, [s.p.]).

Há um certo caos narrativo, com efeito, porque o cineasta rompe com a estrutura de montagem causal de Griffith em que cada um é componente diferenciado (ou seja, hierarquizado) de um todo. *Zero de conduta* pratica a atomização, um tipo de balcanização estética. Nenhuma convergência de sentidos; ou melhor, constitui-se a subversão do discurso lírico: Jean Vigo é o poeta da sedição.

III

O diretor do colégio não é outra coisa senão um menino de terno e barba. Em que se diferencia dos demais? Em todo caso, quer se apresentar como um modelo de conduta. Pretenderá nos fazer crer que ele é a imagem daqueles em que as crianças se converterão como homens de bem. Por isso sua retórica insistirá sobre as "responsabilidades morais" que o colégio tem para com os estudantes sob sua tutela. Mas é precisamente essa atitude paternal que o delata: este adulto prematuro é um menino cristalizado. "Vergonha para os que mataram na puberdade o que haveriam podido ser" – escreve Vigo – "e buscam ao longo do bosque e da praia, onde o mar arroja nossas lembranças e nossas nostalgias, até a dessecação do que são quando chega a primavera" (Vigo, 1989, p. 137). Sabemos, como sabem as crianças, que a aparência amigável do diretor é uma farsa ou uma emboscada. Não há nenhuma semelhança entre este indivíduo e as crianças; sua textura física similar não faz mais que acentuar a distância que os separa. Inversamente, o bedel Huguet é um adulto infantil que se diverte imitando Chaplin. Nas palavras do diretor: "O bedel Huguet sucumbe ao encanto das crianças. É como se fosse uma delas". Um preceptor que não postula nenhum preceito de conduta senão que se deixa arrastar pela torrente de desordem. E mais, a promove. O bedel Huguet pode converter uma chata excursão de *boyscouts* em uma festa, só para perseguir uma dama: a multidão de crianças correndo desordenadamente atrás do apaixonado preceptor, alterando a calma dessas ruas da província, constitui a mais gozada assunção do caos desde aquela insólita invasão bovina que liderou Buster Keaton em *O vaqueiro*.

"É necessário vigiá-las", diz o diretor. Vigiá-las e castigá-las. Discipliná-las. Ou melhor, ordená-las e distribuí-las: cada indivíduo em seu lugar e em cada lugar um indivíduo. Foucault escreve: "Tática de antideserção, de antivagabundagem, de antiaglomeração. A disciplina fabrica assim corpos submetidos e exercitados, corpos dóceis" (FOUCAULT, 1987, p. 147). O que tem em comum a escola, a cadeia e a fábrica é que são instituições disciplinares. A disciplina tem como função organizar os corpos. Regula os comportamentos de acordo com padrões estabelecidos. A escola (como a fábrica, como a cadeia) é um dispositivo de autorreprodução, de autorrepetição e de autopreservação. Mas todo esse esquema se derruba fazendo-se perguntas adequadas, como as que formula Jean-Luc Godard em *France/Tour/Détour/ Deux enfants*. Por exemplo: se alguém faz a tarefa, por que está em dívida com a escola? Por que a escola não deveria pagar para que alguém aprenda? Se as famílias visitam os presos na cadeia, por que então os pais não visitam seus filhos no colégio? Uma vez que as crianças gritam de alegria quando saem ao recreio, por acaso deveria ser entendido que não estavam gostando da aula? São perguntas muito simples, perguntas muito elementares, mas que têm o mérito de colocar em questão aquilo que não costuma ser questionado.

Godard é, sem dúvida, uma transformação contemporânea de Vigo. E também o é Deleuze, em certo sentido: "Às crianças se ministra a sintaxe do mesmo modo que se ministra aos operários instrumentos, para produzir enunciados conforme as significações dominantes. É preciso que compreendamos em sentido literal esta fórmula de Godard: as crianças são prisioneiras políticas. A linguagem é um sistema de ordens, não um meio de informação" (DELEUZE, 1995, p. 67). Como em Godard, o axioma que subjaz ao filme de Vigo indica que toda instituição educativa (disciplinária) é, antes de tudo, uma instância de controle. O que é que se domestica na educação? A criança educada é uma criança sob controle? Encaminhar é "colocar no rumo" e, portanto, define uma eficácia e uma utilidade. Em *Zero de conduta*, já foi dito, só há uma pulsão de desordem totalmente descontrolada. Ou melhor, comicamente descontrolada.

Na primeira cena do filme, veem-se duas crianças em um vagão de trem, regressando ao colégio ao final das férias. Como se quisessem celebrar o reencontro, como se quisessem se colocar em dia, mostram o que aprenderam durante o verão. Nada muito edificante, seguramente. São esses tipos de habilidades, entre ingênuas e descaradas, que não se aprendem na escola mas que fazem os saberes próprios da infância: soprar uma corneta com o nariz, fazer um truque de arrancar um dedo, simular dois seios com balões, colar penas por todo o corpo para imitar um galo. Cada um, em sua vez, dobra a aposta do outro. Como no capote de Harpo Marx, tudo cabe dentro dos sacos das crianças e elas não deixam de extrair objetos em uma competição interminável. Finalmente, sacam dois cigarros enormes que parecem transportá-los a outra dimensão e que enchem de fumaça o compartimento até imbuí-lo de um tom quase alucinógeno.

"A fantasia é a única coisa interessante da vida", disse o cineasta. "Gostaria de levá-la até a pura loucura" (citado em GOMES, 1999, p. 176). Como se quisesse desmentir o lamento de André Breton, Vigo afirma que o escândalo ainda existe.

IV

Em *À propos de Nice*, a descrição do documentário denunciava, através do ridículo, os costumes frívolos da burguesia opulenta e ociosa. De maneira similar, em *Zero de conduta* os questionamentos nunca perdem seu caráter lúdico. Como sustenta Paulo Emílio Sales Gomes:

> A divisão entre crianças e adultos no interior da escola
> corresponde à divisão em classes da sociedade: uma mi-

noria forte que impõe sua vontade a uma maioria débil. A associação entre as crianças e seu cúmplice, Huguet, por um lado, e as pessoas do povo, a cozinheira e o moço do café, por outro, não a estabelece a ação – pois seria algo artificial – senão o próprio estilo realista da apresentação de um e outros, em oposição à estilização acentuada dos adultos que representam a autoridade (GOMES, 1999, p. 168).

Não há aqui nenhum panfleto. "Abaixo os vigilantes", "Abaixo os castigos", "Viva a rebelião", anunciam os pequenos conspirados hasteando um estandarte com a caveira e as tíbias em cruz. Mas em seguida, fica claro que só querem se divertir. Crianças apaixonadas enfrentando adultos hipócritas e autoritários. A infância não é aqui um estado de pureza passageiro. Estes meninos rebeldes não respeitam nada: são a pele de Judas. Enfrentam o diretor, arruínam a celebração do colégio e batem no intendente. Se não há nenhuma reivindicação, nenhuma alegoria sobre o poder, é porque a natureza combativa do filme não reside na confrontação dos bandos, senão na fúria libertadora do enfrentamento.

No prólogo de seu romance *La seducción*, o escritor Witold Gombrowicz escreve: "O homem, todos sabemos, tende ao absoluto. À plenitude. À verdade, a Deus, à inteira maturidade... Abarcar tudo, realizar-se integralmente – este é seu imperativo. Mas em *La seducción* manifesta-se, como creio, outro objetivo do homem, mais secreto sem dúvida, ilícito de certo modo: sua necessidade do inacabado... do imperfeito... do baixo... da juventude" (GOMBROWICZ, 1982, p. 9).[3] Isso é

---

[3] Essa inferioridade também define uma forma de ser estrangeiro: "Sou um forasteiro totalmente desconhecido" – escreve Gombrowicz – "careço de autoridade e meu espanhol é um menino de poucos anos que apenas sabe falar. Não posso fazer frases potentes nem ágeis, nem distintas, nem finas, mas alguém sabe se esta dieta obrigatória não acabará sendo boa para a saúde? Às vezes gostaria de mandar todos os escritores do mundo

o que Gombrowicz chama o *princípio de imaturidade*. Sempre há, na arte, um resto caprichoso ou não assimilável que resiste ao significado pleno e que, nesse ato de resistência, põe em questão a suposta verdade dos sentidos comuns. Vigo é, então, o cineasta da imaturidade. Poder-se-ia dizer que Truffaut também; mas seu olhar é mais compreensivo e, inclusive, caso se queira, cúmplice. Para Vigo, diferentemente, a infância não é um tema, senão uma perspectiva crítica. Um teatro de operações. E, neste sentido, seu herdeiro direto é Jacques Tati: em um e em outro, o que o cinema permite recuperar é a liberdade amoral da infância. Ou seja, a infância considerada em toda sua potência subversiva ou contestatória, como um momento pré-social, completamente alheio aos códigos e às convenções.

O cinema e a arte da infância. O que não significa que é uma arte infantil. Vigo nunca se confunde: "Com o pretexto de que o cinema acaba de nascer, estamos brincando como crianças pequenas, como esse pai que "balbucia" para que seu anjinho possa entendê-lo melhor" (Vigo, 1989, p. 134). Trata-se de outra coisa. Se o cinema é o meio analógico mais bem capacitado para produzir a ilusão de uma reprodução fiel do mundo, também é o que de maneira mais clara permite desmontar esse automatismo perceptivo. Os filmes se organizam como resultado de uma batalha entre duas forças opostas: uma delas tende para a unidade da obra e, portanto, torna possível perceber as relações dos componentes dentro de uma estrutura narrativa; a outra se coloca por fora dessas forças homogeneizadoras e consiste, basicamente, no excedente material da imagem que nunca pode ser dominada por completo por essas estruturas narrativas. Esta textura visual que tende ao disperso, ao heterogêneo, ao descontínuo, e que resiste

---

ao estrangeiro, fora de seu próprio idioma e fora de todos os ornamentos e filigranas verbais, para comprovar o que é que resultará deles então" (GOMBROWICZ, 1986, p. 9).

a se apresentar diante do sistema ordenado da representação, é um excedente que o cinema dominante necessita reprimir, mas que não deixa de observar desde as margens.[4]

Nos filmes de Vigo, esse excesso poético adquire um protagonismo insolente, libertando-se das compelidas ataduras impostas pela tirania de uma história. O resultado é uma das obras mais radicais, mais inassimiláveis e mais belas na história do cinema.

V

"Tem-se o mundo que se merece", escrevia Vigo (1989, p. 137). Aonde vão estas crianças que escapam pelos telhados depois de semear o caos? Não têm nenhum lugar aonde ir. Mas a ausência de teleologia não parece uma carência e sim uma emancipação. Livraram-se da ditadura que impõe uma direção: já não as ameaça a obrigação de ter que ir para alguma parte. Orgulho pela margem. Como Rimbaud, Vigo aposta em um razoável desarranjo de todos os sentidos. Ou em suas próprias palavras: trata-se de "ver com outros olhos que não os habituais".

Buñuel é terrível, disse o cineasta, e há que se tomar isso como um elogio. É que Jean Vigo também acaba sendo terrível. É essa mesma poesia selvagem que o anima.

Referências

DELEUZE, G. Tres preguntas sobre *Seis por Dos* (Godard). In: _____. *Conversaciones.* Valencia: Pre-Textos, 1995.

FOUCAULT, M. *Vigilar y castigar.* México: Siglo XXI, 1987.

GOMBROWICZ, W. Prólogo. In: _____. *La seducción.* Barcelona: Seix Barral, 1982.

---

[4] Sobre a noção de excesso, ver Heath (1981) e Thompson (1986).

GOMBROWICZ, W. Contra los poetas. In: RUSSO, E. *Poesía y vida*. Santa Fe: Universidad Nacional del Litoral, 1986.

GOMES, P. E. S. *Jean Vigo*. Barcelona: Circe, 1999.

HEATH, S. Film, System, Narrative. In: _____. *Questions of Cinema*. Indianapolis: Indiana University Press, 1981.

LANGLOIS, H. *Trois cents ans du cinéma*. Paris: Cahiers du cinéma; Cinémathèque Française, 1986.

LE CAIN, M. Jean Vigo. *Senses of Cinema*, n. 21, jul. 2002. Disponível em: <http://sensesofcinema.com/2002/great-directors/vigo/>. Acesso em: 03 set. 2017.

TALENS, J. *El ojo tachado*. Madri: Cátedra, 1986.

THOMPSON, K. The Concept of Cinematic Excess. In: ROSSEN, P. (Ed.). *Narrative, Apparatus, Ideology*. Nova York: Columbia University Press, 1986.

VIGO, J. El punto de vista documental: *À propos de Nice*. In: ROMAGUERA I RAMIÓ, J.; THEVENET, H. A. (Eds.). *Textos y manifiestos del cine*. Madri: Cátedra, 1989.

Filmes citados

À propos de Nice (Jean Vigo, 1930)

A natação por Jean Taris (*Taris, ou la natation*, Jean Vigo, 1931)

Zero de conduta (*Zéro de conduite*, Jean Vigo, 1933)

O Atalante (*L'Atalante,* Jean Vigo, 1934)

Um cão andaluz (*Un chien andalou*, Luis Buñuel, 1929)

O vaqueiro (*Go West*, Buster Keaton, 1925)

France/Tour/Détour/Deux enfants (Jean-Luc Godard e Anne-Marie Miéville, 1977)

Elogi de l'escola *e* Escolta:
o ordinário da escola em imagens

Karen Christine Rechia, Caroline Jaques Cubas

Dois filmes. Duas escolas. Escolas públicas. Educação primária. Catalão. Língua de sinais. Alunos, professores, cenas, espaços, linguagens. Estes e tantos outros elementos podem ser facilmente observados em *Elogi de l'escola* e *Escolta*. Ambos os filmes suscitam profícuas reflexões a respeito das instigantes possibilidades de se pensar as relações entre cinema e educação. Deambularemos, porém, por vias distintas. Nosso interesse, nas linhas que seguem, direciona-se à possibilidade de se pensar a escola, na escola, sobre a escola. O cinema torna-se, então, elemento constitutivo deste pensar.

Sobre os filmes e suas particularidades, há muito o que se ressaltar. No entanto, *Elogi de l'escola* arrebata-nos através da seguinte sentença proferida por um aluno, quando descrevia o que gostava em sua escola: "Para mim, escrever é sentir o que quero dizer". Frase esta complementada por outro aluno que anuncia: "pensar e escrever, centrarmos no que estamos fazendo". Tal arrebatamento leva-nos ao exercício de pensar estes dois filmes a partir de elementos presentes neles mesmos: escrever, sentir, pensar. O que apresentamos aqui, então, é a trajetória de um pensamento, na qual tais elementos têm seus sentidos ampliados e servem de pretexto para pensar os elementos que fazem da Escola de Bordils e da Escola Tres Pins escolas de fato. Antes das escolas, porém, os filmes.

Elogi de l'escola (2010)

Entre ós anos de 2009 e 2010, os estudantes da Escola de Bordils[1] dedicaram-se a olhá-la com atenção peculiar. Por ocasião do 75° aniversário da escola, o espaço outrora conhecido e familiar foi redescoberto. Ao invés de palco onde as aprendizagens e relações aconteciam, a escola, naquele ano singular, transmutou-se naquilo que deveria acontecer.

Para as comemorações, os alunos e alunas foram envolvidos em um projeto que consistia em documentar a escola e tudo aquilo que a ela parecia significativo, tanto no que dizia respeito ao passado, quanto ao presente e futuro. Para tanto, dedicaram-se, efetivamente, à escola. Pesquisaram, entrevistaram, filmaram, fotografaram, mediram, desenharam, escreveram, recordaram e pensaram. Todo o material produzido pelas diferentes turmas somou pouco mais de 5 horas de gravações, nas quais a escola foi meticulosamente explorada em seus espaços, tempos e sujeitos.

Tais atividades confluíram na produção de um documentário, o *Elogi de l'escola*, produzido e protagonizado pelos estudantes. Para a elaboração e execução do projeto, contaram com o auxílio/participação dos professores e da associação A Bao A Qu na assessoria e no desenvolvimento do projeto *Cinema en Curs*. Este último faz-se presente desde 2005 na Escola de Bordils e tem entre seus objetivos desenvolver os potenciais pedagógicos da criação cinematográfica no contexto educativo.[2] Para tanto, realizam oficinas nas quais o trabalho sempre

---

[1] Localizada no município de Bordils, província de Girona, na região da Catalunha, Espanha.

[2] Para informações mais detalhadas sobre o projeto *Cinema en Curs*, acessar: <http://www.cinemaencurs.org/ca>.

é compartilhado por alguém do grupo e por um docente, através de práticas e programas comuns a todos os alunos, de todas as idades. É um trabalho com cinema na escola que não passa pela palavra nem pela interpretação de atores, mas pelos meios de expressão cinematográficos: personagens, planos, alunos-cineastas e a busca de uma forma.

O filme *Elogi de l'escola* constitui uma linguagem. Apresenta uma forma particular de falar do que a escola foi, do que a escola é e do que dela se deseja. Este falar não é, porém, despropositado. É um falar comprometido, fruto de exercício e de pensamento. É um falar da escola, na escola. É exercício. É um falar subsidiado por todos os elementos que constituem aquilo que chamamos "o escolar".

Escolta (2014)

Escolta, em catalão, significa "escuta", e é um documentário bilíngue: na língua de sinais e em catalão. Foi filmado na Escola Municipal de Tres Pins, em Barcelona – antigo Instituto Municipal de Fonoaudiologia –, com crianças de 3 a 12 anos, mostrando o dia a dia em uma escola na qual as crianças ouvintes e as crianças surdas compartilham as aulas e uns e outros aprendem, entre outras coisas, a língua de sinais e a língua oral.

O diretor Pablo García Pérez de Lara também é vinculado ao *Cinema em Curs*, no entanto, esta é uma obra autoral, que surge a partir de um curta-metragem de ficção intitulado *Oblidant a Nonot* (2011). Esse curta é a história de Diana, uma menina surda que perde uma gata chamada Nonot e espalha desenhos dela no bairro.[3] Dele já participam alunos da Escola Tres Pins, bem como a professora Pepita Cedillo, que tem importante contribuição nas duas películas, segundo o autor.

---

[3] Esta história se passou com a filha de uma colega de trabalho do diretor.

A pedido da associação A Bao A Qu, para acompanhar a projeção do curta nas escolas, Pérez de Lara escreve o artigo "Ser surdo não significa ser mudo" (PÉREZ DE LARA, 2012). Neste, o que nos interessa precisamente é que, ao falar do processo de criação de *Oblidant a Nonot*, nos ajuda a compreender *Escolta*.

O que ele não pretendia em *Oblidant*? Falar sobre o mundo das pessoas surdas, ou a relação entre surdas e ouvintes. O que o impulsionava? Uma necessidade artística, concreta, de investigar com aquilo que sabe fazer, ou seja, buscar novas formas de se expressar com o cinema. A aproximação com os surdos se dá então pela possibilidade de comunicação, entre outras formas, com as mãos: "uma comunicação visual tão infinita e extensa quanto complexa e maravilhosa" (PÉREZ DE LARA, 2012, [s.p.]). Além de ser uma forma de linguagem potente para quem usa, também se apresentou como potência em sua busca criativa.

Há certas escolhas em *Oblidant* que dizem da sua maneira própria de filmar, a qual pode ser observada em *Escolta*. Na película, a maioria das pessoas é surda, mas há sons muito altos, mais altos que o habitual: o espremedor de frutas, a panela de pressão, os carros, as motos, os ônibus, o vento. No entanto, os sons e as imagens tocam a ouvintes e surdos: ônibus rápidos em primeiro plano, a panela e o espremedor filmados em zoom, as árvores com detalhes, os cabelos ao vento (tanto a presença, quanto a ausência de sons são reforçadas). Compõem também com estes elementos não só as legendas da língua escrita, mas as legendas coloridas em ambos os filmes, que indicam os sons. Nas palavras do diretor,

> em última análise, uma das coisas que queria transmitir é que todos temos sentimentos e todos sentimos prazer e sofremos, sejamos ouvintes ou surdos, sejamos baixos ou altos, e, por isso, somos todos parecidos, por mais que sejamos muito diferentes (PÉREZ DE LARA, 2012, [s.p.]).

É essa espécie de igualdade como princípio que observamos também em *Escolta*. Por fim, para ele importa que as histórias não sejam encerradas, que o espectador tenha a possibilidade de imaginar muito mais coisas, porque aquele que explica as coisas tem que crer na capacidade de imaginação do espectador, "porque tú también tienes una capacidad inmensa de imaginación por si no lo sabías" ([s.p.]).

Escrever

Tanto *Escolta* quanto o *Elogi de l'escola* instigam a pensar a escola. O ato da escrita como exercício está presente em ambos. Possibilitam-nos, portanto, a percepção da escola como um lugar de exercícios e de dedicação a tarefas determinadas.

No livro *Em defesa da escola*, no capítulo "O que é o escolar?", mais especificamente no item "Uma questão de tecnologia (ou praticar, estudar, disciplinar)", Masschelein e Simons explicitam as particularidades do exercício como elemento inerente ao que é escolar. Ao falar sobre o ditado enunciam:

> [...] o lugar do professor como mediador que conecta o aluno ao mundo. Esse encontro permite ao aluno deixar seu imediato mundo da vida e entrar no mundo do tempo livre. Neste sentido, um método de ensino deve, constantemente, ser *conectado ao mundo da vida dos jovens, porém, exatamente, para removê-los de seu mundo de experiência* (MASSCHELEIN; SIMONS, 2013, p. 57, grifo nosso).

Eis a primeira impressão sobre *Elogi de l'escola*. Desde as primeiras cenas, o filme traz crianças fazendo coisas: pintando, calculando, lendo, conversando, filmando (e aqui chama a atenção o fato de que filmar é colocado como parte das atividades cotidianas). Em poucos segundos, sugere-se que aquilo que estão fazendo, em diferentes momentos, dizia respeito a um tema comum: a escola. As primeiras cenas seguem com a descrição de como as coisas estão todas em seu lugar, desde objetos e artefatos materiais ao raio de sol que invade a sala e faz sombra com a janela. E permanecem desta forma até que chegam as crianças. Alunos entram e ali (talvez apenas ali) tornam-se iguais. Coloca-se uma questão (e não um problema) em comum: a escola. A escola que frequentam, que conhecem, onde vivem. A escola de seus pais, de seus avós. A escola que, apesar de absolutamente familiar, é transformada em outra. O professor levanta questões, incita o interesse, profana a escola ao transformá-la de espaço de estudo a objeto a ser estudado: "Como descobrir coisas sobre a escola?", "O que gostariam de saber?", "O que havia?", "Quem construiu?", "O que estudavam?", "Como aprendiam?", "Havia celebrações?", "E castigos?", "O que não mudou?". As cenas das perguntas sintetizam, talvez, uma ideia de "escolar": cadernos abertos sobre a mesa, dedos em riste pedindo a vez, o professor autorizando a fala. Vários alunos diferentes (cores, tamanhos, cabelos – talvez valores), sendo a diferença metaforizada em algumas camisas de times de futebol, fazendo as vezes de uniforme. Naquele momento, porém, a diferença dá lugar ao que é comum: o interesse, a atenção, aquilo que está sobre a mesa: a escola.

A escola é apresentada aos 9 minutos naquilo em que é diferente: a fachada, o pátio, os arcos. Elementos que já existiam em 1935, quando da sua inauguração. O primeiro elemento de singularização da escola é, justamente, aquilo que permanece. Tal percepção leva, então, a uma atividade: a elaboração dos planos da escola. O espaço da escola, vivido cotidianamente como espaço de estudo ou de brincadeira, é, definitivamente, transformado em matéria. É objeto de exercício. É percorrido, observado, medido, esquadrinhado, desenhado. Aos alunos cabe reconstruir a escola a partir das marcas de passado que se fazem visíveis no presente. Para tanto, é preciso olhar. É preciso atenção. A este respeito, Masschelein e Simons (2013) trazem o seguinte:

> A escola é o tempo e o lugar onde temos um cuidado especial e interesse nas coisas, ou, em outras palavras, a escola focaliza a nossa atenção em algo. A escola (com seu professor, disciplina escolar e arquitetura) infunde na nova geração uma atenção para com o mundo: as coisas começam a falar (conosco) (p. 51).

Ao transformar a escola em matéria de estudo, os alunos profanam (carinhosamente) até mesmo sua colega Laya, transformando-a em escala de medida. Buscam sinais do passado nas paredes, pisos e tetos. A história está presente. Pensam os planos, os espaços, a localização da escola. A geografia está presente. Medem, calculam, adicionam, subtraem. A matemática está presente. Preocupam-se demoradamente com o fato de que meninos e meninas estudavam em ambientes separados. Novamente a história, aliada à sociologia, toma lugar. Observam as grandes árvores do pátio e pensam o que elas teriam a dizer. As ciências da natureza e um pouco de filosofia, em conjunção. Das folhas caídas, fazem cartazes. Novamente as ciências, organizadas esteticamente por princípios, talvez, aprendidos em artes. E, é claro, escrevem. Registram. Atribuem sentido. Estão, definitivamente, presentes no que fazem. Ao estudar a escola, estão na escola.

Em *Escolta*, os exercícios possuem também centralidade. Não tratam de um objeto comum, mas partem de um princípio comum: a igualdade. A evidente particularidade da escola institucionaliza, em certa medida, o princípio de Jacotot, tão bem descrito por Rancière (2015). As aulas e atividades, ministradas através dos sons e das mãos, simultaneamente, buscam suspender o que seria uma diferença notória: a presença de alunos surdos (oralizados ou não) e ouvintes. Não que a diferença deixe de existir, mas na medida em que a atenção aos exercícios, às atividades, ao que se deve fazer é igualmente exigida para todos, tal diferença dá lugar ao que todos têm em comum: são, ali, estudantes.

Além dos exercícios, esta questão da igualdade é retratada de forma delicada em ambos os filmes, quando apresentam formas de identificação. Em uma rápida cena de *Escolta*, observamos, em umas das paredes da sala de aula, um painel com as marcas das mãos dos alunos em tintas coloridas. Como legenda, apenas os nomes. Os alunos são, assim, apresentados no que têm em comum: um nome e suas mãos, através das quais, surdos ou não, podem falar uns com os outros. A identificação aparece também de forma curiosa em *Elogi de l'escola*. Ao fim do filme, nos minutos que antecedem os créditos, todos que contribuíram aparecem no mesmo local e dizem apenas seus nomes. A igualdade aqui não diz respeito aos exercícios escolares cotidianos, mas ao exercício de fazer um filme. Cada professor e aluno expõem seus rostos, seus nomes e suas vozes. Expõem aquilo que têm de singular. E nisso, são iguais.

Sentir

Assim como fizemos com o escrever, o sentir aqui também tem seu sentido ampliado. Na medida em que pensamos a escola como um lugar de sentir, potencializamos a possibilidade de experiência daquilo que pode ser sentido. As escolas retratadas, pensadas como espaços em suspensão, permitem sentir curiosidade e interesse. Trazem à tona lembranças e sensações. Segundo um aluno, entre tantos, "todo mundo está em silêncio: concentração, pensamento, lembranças, sensações. Para mim, escrever é sentir o que quero dizer".

Elogi de l'escola e *Escolta:* o ordinário da escola em imagens

A curiosidade e o interesse estão presentes em ambos os filmes. Uma cena que parece se repetir (o que efetivamente acontece, no cotidiano escolar) é aquela em que o professor expõe a matéria e faz perguntas. Os alunos, afoitos por arriscar uma resposta, erguem os dedos e entregam, ao professor, sua atenção, seu interesse, seu erro ou certeza, sua possibilidade de tentar. A ansiedade em esperar pela vez, o receio em ser chamado (quando não se quer). O pesar do erro, o orgulho do acerto. Sente-se muito nessa fração de segundos em que se tenta adivinhar, quase sempre em vão, para onde apontará o olhar do professor. Em *Escolta*, tais cenas têm a peculiaridade de fazer com que as respostas sejam proferidas pela voz ou pelas mãos. Em muitos casos, pelos dois.

É igualmente envolvente a sequência, em *Elogi de l'escola,* em que os alunos falam sobre a escola. Falam de coisas e lugares que gostam. Justificam o gostar. A escola é lugar de gostar. Através do que gostam, reelaboram a escola. O pátio, o poço, a porta. O túnel. O curioso túnel que ganha atenção. Onde é "sempre úmido e sempre noite". O túnel, esconderijo à vista de todos, torna-se, para alguns, o lugar mais extraordinário da escola. De fato, está na escola, mas foge de uma determinada ordem escolar. Gostam também de artes, de teatro, da escrita e da leitura. Gostam, ao que parece, daquilo que se percebem capazes de fazer.

A escola é também lugar de lembrar. Ao construir o elogio da Escola de Bordils, entrevistas com antigos mestres e alunos da instituição abrem espaço para memórias. Em pequenas rodas, assentadas em espaços que "traziam boas lembranças", homens e mulheres punham-se a falar de um outro tempo. Suspendiam os imperativos do presente ao demorarem-se em um passado, mais ou menos distante, mais ou menos feliz. Da *revolução das batas* à Espanha de Franco, estabelecia-se uma conversação. Aquele tempo rememorado fazia-se possível apenas na medida em que, na escola, o tempo ganhava novo sentido. Era tempo desobrigado, tempo sem função. Tempo de ouvir, de sentir e de aprender algo. Tempo sobre a escola. O sentir e o aprender, porém, dependem absolutamente de uma abertura e *ex-posição* a isso. Não aprender da experiência do outro, mas abrir-se ao que ele tem a dizer, ao que se pode viver. Se, conforme Larrosa (2016), a experiência requer um gesto de interrupção, esses momentos, talvez, possam ser encarados como espaços de possibilidade. Nessas rodas de conversa, faziam-se perguntas, mas não se buscava informação. Em relação ao que era dito, não se proferia opinião. Dava-se, literalmente, tempo ao tempo.

Pensar

Em *Escolta*, as características que compõem uma escola se destacam. Como exemplo, o tempo. Há um tempo que corre lento no interior de cada cena, e a simultaneidade é mostrada pelo som/escrita de uma atividade que aparece em outra cena. Ao mesmo tempo, o som e a escrita remetem a um objeto concreto, o qual já foi mostrado. Portanto, não há aí somente um tempo livre, como um tempo lento. A escola faz do tempo livre uma realidade e, do tempo lento, uma possibilidade. E o cinema imprime esse tempo na forma de um evento concreto, uma pessoa ou um objeto que se move, de manifestações reais. Tarkovski, ao falar da imagem cinematográfica, diz que "nenhum objeto 'morto' – uma mesa, uma cadeira, um copo – enquadrado separadamente de todo o resto pode ser apresentado como se estivesse fora do fluxo temporal, como se fosse visto sob o ponto de vista de uma ausência do tempo" (TARKOVSKI, 1998, p. 78). Assim como na escola, o tempo está vivo em seu interior. E o que poderia ser uma simultaneidade de telas (para mostrar diferentes

Elogi de l'escola e *Escolta*: o ordinário da escola em imagens

atividades em diferentes espaços ao mesmo tempo), numa dispersão, é apresentado pelo diretor numa simultaneidade de som e escrita, atravessando os espaços.

E como se apreende isso? Através da observação. A imagem no cinema é a observação dos eventos da vida dentro do tempo, organizados/editados como a vida. Assim, nenhum dos objetos está fora do fluxo temporal, porque pela imagem o tempo presente deles não pode ser removido. E no interior das imagens observadas, os objetos escolares tomam vida, na forma de fotogramas entre ou por entre as cenas. E "quanto mais precisa a observação – *a apresentação da observação* – mais ela tende a ser única, mais próxima de uma verdadeira imagem" (TARKOVSKI, 1998, p. 128). Imagens verdadeiras porque se aproximam de uma função, como as cenas capturadas no filme de Pablo García, por vezes tão simples e exatas como um haicai.[4]

Na escolha dos enquadramentos, não há nenhuma espontaneidade, tampouco há simbolismos vazios. Então é possível encontrar nos dois filmes um princípio tarkoviskiano, o de que a imagem só pode ser "concretizada através das formas naturais e reais da vida", percebida pelos sentidos, e nos dois filmes também pela visão/audição. Nos dois não há excessos, não há imagens oníricas, não há efeitos evocativos. A *mise en scène* – a disposição e o movimento dos objetos em relação ao enquadramento – nos dois filmes, principalmente no *Elogi de l'escola*, no qual a própria escola é a matéria de estudo, nos fala da escola como um lugar de lembrar, sobretudo como um lugar de estar. E, por sua vez, o cinema pode transformar em singular o "ordinário" da escola. Uma cozinha, uma biblioteca, um laboratório, uma

---

[4] Tarkovski faz essa comparação ao dizer que o que o fascina na imagem é a recusa de um significado final para ela, não significam nada além de si mesmas, mas ao mesmo tempo podem comportar uma espécie de enigma a ser desvendado, como um haicai.

sala de professores, uma sala de artes plásticas. Os lugares e as coisas dentro deles são enumerados, e nos damos conta do que compõe uma escola, das coisas que fazem da escola uma escola. No caso do *Elogi*, ao mesmo tempo em que os estudantes os descrevem, trabalham neles.

Inventariam os objetos e as atividades e, no interior delas, o que mais gostam. Mas nos chama a atenção que o gostar na/ da escola não se refere a nada fora dela nem a algum sentimento indizível: "eu gosto da fachada que toca o pátio grande, porque é de onde se vê todas as classes", "a porta é importante para mim, porque é onde eu aprendo", "para mim é importante, porque é um lugar onde trabalho e aprendo". Escola é lugar de lembrar e de estar e, acrescentamos, lugar de dizer e de fazer.

Na alternância entre planos gerais e primeiríssimos planos, identificamos os gestos desses imperativos e fazeres escolares. E aqui o que se quer dizer com *gesto* é o que nos diz Flusser (1994): "o gesto é um movimento do corpo, ou de um instrumento unido a ele, para o qual não se dá nenhuma explicação causal satisfatória" (p. 8). Ou seja, algo que prescinde de uma discussão posterior, mas que aí está, a nos dizer o que é e o que não é próprio daquele dispositivo. Mesmo em *Escolta*, numa escola bilíngue, estamos a observar os mesmos gestos que compõem, talvez, uma linguagem escolar.

Ao falar em gestos, há que se falar no professor. Em *Escolta*, apesar de os planos serem quase sempre médios ou fechados nos alunos, o professor é uma figura que se destaca. Para Masschelein, ele "representa o mundo, a tarefa ou o assunto", torna-os presentes. Tem uma arte especial, a de "disciplinar (no sentido positivo de focar a atenção) e apresentar (como em trazer para o presente do indicativo ou tornar público)" (MASSCHELEIN; SIMONS, 2013, p. 135). E o que é esse apresentar? Fazer algo

Elogi de l'escola e *Escolta*: o ordinário da escola em imagens

existir, dar autoridade a um pensamento, um número, uma letra, um gesto, um movimento ou uma ação, assim, apresentar é trazer algo para a vida.

Voltando aos espaços, duas coisas que ainda gostaríamos de destacar. Constitutivo da escola, mas às vezes não nomeado, é o corredor. Em ambos os filmes ele aparece como um lugar filmado por câmera fixa, em observação. Em *Elogi* há uma fala assim: "o corredor das crianças me traz memórias: quanto eu era pequena, gostava de brincar de casinha, de me fantasiar, de boneca e de carrinhos, porque me fazia sentir muito bem". Um espaço evocado e evocativo por excelência. Interessante que está quase sempre vazio, em ambas as películas, como que a apontar que as coisas estão acontecendo em outros lugares – e muitas vezes, como acima, em outros tempos. É como se o corredor vazio mostrasse que há movimento na escola. Há tendências na educação escolar que reivindicam a ocupação, a "humanização", o preenchimento dos corredores. Acreditamos que eles poderiam continuar assim, como passagens, como espaços vazios em que algo aconteça. Ou não.

Por fim, há cenas de portas, de portões, de fachadas, objetos associados aos lugares de entrar e sair. Nas Derivas,[5] discutimos muito sobre a importância de fechar a porta da sala de aula para que algo aconteça. Nos dois filmes, isso aparece claramente tanto no cotidiano escolar, quanto nas escolhas e desenhos das crianças. As portas têm sentido, as fachadas são anunciadas, os portões cessam um movimento para começar outro. Poderosos lugares de passagem, talvez nos ajudem a pensar a escola não como um lugar de prisão, mas de proteção.

---

[5] Derivas: um exercício de pensamento foi uma das atividades do evento *Elogio da escola* (2016), promovido pelo Observatório de Práticas Escolares (OPE), Geografias de Experiências/Lepegeo da UDESC, Laboratório de Ensino de História do Colégio de Aplicação da UFSC (LEHCA/UFSC). Disponível em: <http://www.elogiodaescoladesc.com/2016>.

O que ainda per-dura? O tempo. Tanto a temporalidade de um dia em *Escolta*, quanto a temporalidade de um projeto que atravessa estações como o de *Elogi de l'escola,* marcam um tempo escolar. Por meio tanto das imagens dos dias de neve caindo quanto dos dias de outono e suas folhas secas que abrigam os pequenos leitores, corre um tempo implacável, que ao mesmo tempo ameaça a lentidão desses momentos. Mas são precisamente esses dias que anunciam que tudo sempre começa de novo.

Referências

FLUSSER, V. *Los gestos: fenomenología y comunicación.* Barcelona: Herder, 1994.

LARROSA, J. *Tremores.* Belo Horizonte: Autêntica, 2016.

MASSCHELEIN, J.; SIMONS, M. *Em defesa da escola: uma questão pública.* Tradução de Cristina Antunes. Belo Horizonte: Autêntica, 2013. (Coleção Educação: experiência e sentido.)

PÉREZ DE LARA, Pablo García. *"Oblidant a Nonot" (Ser sordo no significa ser mudo),* publicado em 13 nov. 2012. Disponível em: <https://pauperezdelara.wordpress.com/2012/11/13/oblidant-a-nonot-ser-sordo-no-significa-ser-mudo/>. Acesso em: 03 set. 2017.

RANCIÈRE, J. *O mestre ignorante.* Belo Horizonte: Autêntica, 2015.

TARKOVSKI, A. *Esculpir o tempo.* São Paulo: Cosac Naify, 1998.

Filmografia

Elogi de l'escola. Direção: Cinema en Curs. Espanha, 2010. 53 min.

Escolta. Direção: Pablo García Pérez de Lara. Espanha, 2014. 29 min.

Ser e ter: *a produção de sentidos – por uma topologia das infâncias e suas relações com a escola*

Patrícia de Moraes Lima

... e se dissesse mamãe ao invés de papai?
– pergunta o professor
Seria "a colega" – disse o menino
Não "amiga" – disse outra menina
Ainda não aprendemos "colega"
– disse o professor
(Ser e ter, 2002)

O texto proposto resulta de uma participação no seminário *Elogio da escola* realizado pela Universidade do Estado de Santa Catarina (UDESC), no qual, em outubro de 2016, foi exibido o filme *Ser e ter*, e na ocasião encontrava-me como pessoa convidada a falar, provocar e mobilizar o debate acerca do documentário com a plateia. Portanto, tomo a liberdade de uma escrita coloquial, na intenção de fazer fluir o clima do encontro no evento. O filme exibido é uma direção de Nicolas Philibert, documentarista que pesquisou muitas escolas na França até se decidir por um grupo de crianças em uma pequena cidade interiorana, em que foram recolhidas mais de 600 horas de registros audiovisuais.[1]

O documentário *Ser e ter* apresenta uma narrativa sobre um contexto institucional/escolar em uma pequena cidade rural no centro da França, cujo protagonista é um professor chamado Georges Lopes. Georges trabalha nessa escola com crianças em diferentes idades, e esse detalhe é um traço que já de início eu gostaria de destacar: as diferenças provenientes das idades que coabitam o espaço escolar e que nos apresentam a possibilidade de pensar a escola como um *habitat* marcado por relações intergeracionais e também intrageracionais, no caso quando nesse espaço identificamos relações das crianças com adultos, das crianças com outras crianças e dos adultos com outros adultos. Esse modo de organização escolar é bastante comum no interior da França, onde crianças de várias idades dividem a mesma sala de aula, idades essas, que neste documentário variam entre 4 e 11 anos. Mais adiante veremos o que nos dá a pensar uma escola caracterizada por esses vetores: intergeracional e intrageracional, e também como podemos pensar a escola por uma topologia das infâncias e, com isso, inverter a lógica que prescreve o lugar das infâncias na escola, ou ainda os sentidos da escola para as infâncias. Desalinhar a

---

[1] A película possui as seguintes premiações:
- Premiação César, França, 2003: Melhor Montagem
- Premiação do Cinema Europeu, 2002: Melhor Documentário
- Sindicado dos Críticos de Cinema da França, 2003: Melhor Filme
- Festival de Cinema Documental Full Frame, 2003: Prêmio do Júri – Nicolas Philibert
- Associação Nacional de Críticos de Cinema, EUA, 2004: Melhor Filme Não Ficcional
- Prêmio Louis Delluc, 2002: Prêmio Louis Delluc – Nicolas Philibert
- Festival Internacional de Cinema de Valladolid, 2002: Melhor Documentário
- Étoiles d'Or, 2003: Melhor Filme

o olhar e perspectivar, talvez, uma infância para escola, uma topologia das infâncias para a escola é o que proponho pensar.

Voltemos ao protagonista do filme, Georges, um professor que tinha a real intenção de que as crianças não apenas aprendessem os conteúdos, mas, principalmente, valores, modos de conduta, formas de convívio. A narrativa endereçada na película passa a ideia da importância do *ser* em detrimento do *ter*, eis aí o nome do documentário, que provoca pensar que esses valores necessitam sobremaneira ser permanentemente construídos por Georges (professor) em suas recorrentes intervenções com as crianças. Esse caráter impresso no modo de ser professor, através de uma atenção permanente àquilo que acompanha, no caso, as crianças, é marca gritante na película. Georges em diversas cenas entra nesse conteúdo: na construção de valores e de aprendizados com as crianças, ensinando-as que isso se faz pelo convívio coletivo. Isso nos dá a pensar que a educação tem sim muito a ver com esse ensinar a conviver, porém, o ensinar não necessariamente se ocupa do estar-junto (SKLIAR, 2009). A convivência no espaço educativo da escola pode pautar-se num anacrônico dualismo, entre aquilo que ali está (os modos de existência) e aquilo que se deve ensinar. Percebo que, obviamente, ao tratarmos do lugar da escola, estamos tratando do que se ensina, de como se ensina, porém, há que se perguntar sobre os sujeitos, a quem se ensina? Ou ainda, quem ensina? Eis aí por onde poderá circular uma topologia das infâncias.

O que a película nos dá a pensar?
As relações, as infâncias, a vida na escola

Eu poderia percorrer as linhas neste texto enfatizando o lugar de Georges como professor dedicado às crianças, sensível aos aspectos que contornam a docência com crianças tão pequenas em uma cidade rural na França. Poderia, ainda, vetorizar o lugar da escola na vida das crianças, os ensinamentos ali construídos e por aí vai. Não faço essa escolha, não por desmerecer essa relevância, mas por desejar inverter o olhar, o ângulo pelo qual olhamos a escola. Aqui, neste caso, vetoriza-se a infância e as suas topologias. O que as infâncias provocam? O que nos dão a pensar? Como as infâncias alterizam a escola? Esfolam a sua interioridade, despindo-a da sua roupagem, suas malhas, suas arquiteturas (corpo), seus excessos, seus blocos.

Partindo desse desejo, retomo algo essencial para pensar a escola como esse corpo a ser despido e retorno aqui a algo que já tratei em outro tempo, quando afirmei que no interior da escola há um cotidiano intenso onde diferentes práticas sociais desterritorializam permanentemente a sua organização (LIMA, 2008). Retomando a leitura de Deleuze (1996), podemos pensar que uma organização é sempre tecida "por uma operação, um sistema que acumula, sedimenta, impõe formas, funções, ligações hierarquizadas, a fim de extrair trabalho útil" (p. 21). Segundo o autor, não paramos de ser estratificados, somos superfícies de estratificação, somos todos feitos dessa tessitura, desse sistema que disciplina, organiza, hierarquiza, limita. Ocorre que no interior da escola, persistem outros espaços, outras temporalidades, entre-lugares, não-lugares que se fazem ocultos pelas lentes dos olhares possíveis que insistimos voltar à escola. Normalmente, falamos dos tempos e espaços escolares, das disciplinas, conteúdos, ensinamentos e aprendizagens e tocamos pouco nos modos de existência dos sujeitos que habitam a escola.

No documentário dirigido por Nicolas Philibert, encontramos nas crianças modos de existência que alterizam permanentemente a escola, cenas em que meninos e meninas insistem em dizer, por meio dos seus corpos, das suas marcas, dos seus registros, a existência de modos irregulares de estarmos-juntos e que esses modos (relacionais) incidem diretamente sobre como habitamos a escola, a sua organização, a sua arquitetura.

O tempo aparece como um componente importante para decifrarmos essa equação. No documentário, o tempo aparece marcado pelas estações (a neve, o frio, o vento, o sol) e também na pergunta da criança: *ficaremos aqui até quando?* Há temporalidades que coabitam a escola por suas bordas: o tempo de cada um, o tempo das estações, o tempo dos exercícios, o tempo para escrever, para observar, olhar, sentir, ouvir um ao outro, esperar a vez... Sucumbir a isso seria como se matássemos a escola! É essa extensiva e excessiva medida do tempo que as infâncias, na escola, nos apresentam. Mesmo quando habitam a medida-do-tempo, estão sempre perguntando a nós, adultos: *ficaremos aqui até quando?* Por outro lado, Georges, o professor (adulto), vive na escola a mesma medida-do-tempo, sabendo que irá partir, que todos partirão, que ele não estará mais ali, e por isso agoniza, sente, percebe o tempo em toda a sua voracidade. Inevitavelmente, vivemos entretempos, porém só sentimos quando nos percebemos nessas nuances, nesses intervalos, nessas brechas. Percebe-se nesse encontro das crianças e do adulto-professor uma linha temporal, um *outro-tempo*, que é muito necessário ser igualmente reconhecido. Trata-se da linha que nos une e separa, ou melhor, uma linha que *alinha* uma contínua interdependência entre crianças e adultos. Uma linha, uma temporalidade que não se prende em nenhum lugar, e que talvez possamos chamá-la de *infância*. A infância como um traçado (trans)geracional.

Nos Estudos da Infância, podemos destacar o modo como a Sociologia da Infância propõe considerar a categoria geracional, no caso, como uma *categoria estrutural* importante para compreendermos as relações sociais (Qvortrup, 2000; Mayall, 2003). A categoria geração é assumida como uma variável independente, ligada prioritariamente aos aspectos demográficos, econômicos da sociedade. A infância, pela Sociologia da Infância, é afirmada como independente das crianças. As crianças são os atores sociais que integram a categoria geracional, através das suas diferentes idades, e estão continuamente preenchendo e esvaziando essa categoria: geração.

Assim como as crianças preenchem e esvaziam essa categoria geracional, os adultos também o fazem. Alanen (2001), numa apurada crítica à visão estrutural da Sociologia da Infância, procura resgatar a conceitualização da categoria geracional, sublinhando a potencialidade *heurística* do conceito, e chama-nos a atenção para os processos de construção simbólica e das interações que marcam as crianças como um grupo etário. Sem abandonar por completo as dimensões estruturais, Alanen (2001) retoma a necessidade de uma abordagem relacional, aponta-nos o "complexo dispositivo dos processos sociais" por meio dos quais as crianças são construídas na sua identidade social e diferenciadas dos adultos, o que envolve a ação social ("*agency*") das crianças, sendo um processo que se estabelece na "prática social". Desse modo, a autora nos é útil para que possamos tematizar a geração simultaneamente como variável dependente de aspectos estruturais mais vastos e igualmente como uma *variável independente*, pelos efeitos estruturantes da ação das crianças como atores sociais, e como tópico de análise externa da infância, pela abordagem das relações intrageracionais com a geração adulta, e tópico de análise interna sobre as relações intrageracionais em que a infância (também) se (auto) constitui (ALANEN, 2001, p. 20-21).

A partir desse argumento, podemos pensar que na escola, inevitavelmente, as relações intergeracionais ganham contornos de uma imprevisível afecção, são habitadas permanentemente por sujeitos crianças e adultos que se deixam "tocar" por essa medida-de-tempo. Se, então, estamos nesse *habitat*, podemos afirmar, talvez, que o tempo é um componente importante para a escola e para os sujeitos que lá estão em relação. A intenção aqui é perguntar-se sobre a escola como um espaço onde sujeitos se invadem, se põem a sentir, ver e pensar, em pura interdependência, ainda que cada qual habite seu lugar.

Educar tem a ver com a produção de sentidos: por uma topologia das infâncias na escola

No percurso por uma defesa da escola (MASSCHELEIN; SIMONS, 2013), ponho aqui em cena a topologia como um conceito útil para embarcarmos nessa "tarefa". *A topologia é o estudo do lugar e requer com isso pensar sempre no espaço em relação. No espaço de viventes e não viventes, de saberes e não saberes. Pensar num espaço topológico é pensar sempre nas relações entre sujeitos e objetos (materialidades).*[2]

> Meu corpo está, de fato, sempre em outro lugar, ligado a todos os outros lugares do mundo e, na verdade, está em outro lugar que não o mundo. Pois é em torno dele que as coisas estão dispostas, é em relação a ele [...] que há um acima, um abaixo, uma direita, uma esquerda, um diante, um atrás, um próximo, um longínquo. *O corpo é o ponto zero do mundo*, lá onde os caminhos e os espaços se cruzam, o corpo está em parte alguma: ele está no coração do mundo, este pequeno fulcro utópico, a partir do qual eu sonho, falo, avanço, imagino, percebo as coisas em seu lugar e também as nego pelo poder indefinido das utopias que imagino (FOUCAULT, 2013, p. 14, grifo meu).

Esse conceito – topologia – permite-nos estender o modo como pensamos o espaço, assim como o tempo na relação com

---

[2] Registro meu realizado no seminário Topologia da Diferença, com o prof. Wladimir Garcia em 2015.

as crianças. No caso, entendemos o tempo e o espaço escolar muito mais por aquilo que é constitutivo das suas percepções, formulações e até mesmo aprendizagens, do que o tempo e espaço como tangencialidades, como topologias. Podemos, nessa extensão, pensar o espaço como topologia das relações, como rede, como *contraespaços, como utopias localizadas* (FOUCAULT, 2013).

> É no fundo do jardim, com certeza, é com certeza o celeiro, ou é então – na quinta-feira à tarde – a grande cama dos pais. É nessa grande cama que se descobre o oceano pois nela se pode nadar entre as cobertas; depois, essa grande cama é também o céu, pois se pode saltar sobre as molas; é a floresta, pois pode-se nela esconder-se; é a noite, pois ali se pode virar fantasma entre os lençóis; é, enfim, o prazer, pois no retorno dos pais se será punido (FOUCAULT, 2013, p. 20).

As crianças habitam os espaços e ali expressam seus modos de ser, de se entenderem no tempo, de *ser* tempo, *ter* tempo: *Ficaremos aqui até quando?* Esse é o espaço topológico das infâncias na escola.

Uma topologia que nos faz olhar pelo traço do tempo dentro do tempo – espaço utópico –, como podemos também perceber na cena em que Georges se pergunta, mediante a topologia das infâncias ali circulantes, sobre quanto tempo ele aplica ditados. A cena do exercício aplicado – o ditado – nos perspectiva muitas angulações, e uma delas é a pergunta sobre o tempo que é arremessada sobre Georges – *quanto tempo aplica ditados?* Poderíamos ainda perguntar a Georges sobre a produção de sentidos na busca por essa possível resposta que escava sua própria história como professor, como sujeito: *Quanto tempo aplicas ditados, Georges?*

Existe um modo de comunicação que ecoa ruídos intermináveis em nós mesmos, e isso tem a ver com a pergunta:

por que temos a necessidade de civilizar a própria natureza? (Schérer, 2009). Para onde pensamos a educação das crianças? Para seu acabamento? A natureza aqui aparece como uma zona perigosa e quase indecifrável, associada com as paixões e os prazeres, e disso sabe muito bem a escola.

Schérer (2009) chama-nos a atenção para as virtualidades, para o inacabamento, e é implacável quando nos fala de um processo civilizatório que está em curso para todo estado de natureza – a civilidade. *Quanto tempo aplicas o ditado, Georges?* Talvez, o tempo dedicado aos ditados esteja fracionado e friccionado no exercício contínuo de domínio das paixões (infâncias), banindo assim toda e qualquer incivilidade. Eis aí a necessidade que temos do outro, *do humano perseguido* (Roudinesco, 2008).

Continuando a olhar com Schérer (2009), podemos inserir a pergunta desafiante: *Como retomar os desejos e as paixões para o campo das utilidades? Onde começa o humano e até onde ele pode "evoluir"?* O processo de humanização é civilizatório, diz respeito a essa passagem – de um estado das paixões para uma convivência mais serial. Vamos com isso dominando nossas paixões, atribuindo nossa civilidade como projeto-de-mundo. E a pergunta insiste em nós: do que pode se ocupar Georges? De quais (in)civilidades?

No domínio de suas próprias paixões – onde insiste ecoar a pergunta: *quanto tempo aplicas ditados?* –, reside um domínio em devir: do que nos ocupamos na escola? Ocupar-se, converter a si mesmo o domínio (r)estrito das suas paixões, pode ser um exercício. Eis o que pode Georges diante da topologia das infâncias. Foi só por essa presença – Georges na relação com as crianças – que a pergunta chegou a agudizar, sonorizar e arremessar-se para o espaço topológico, para os contraespaços, o das utopias localizadas (Foucault, 2013).

COLEÇÃO "EDUCAÇÃO: EXPERIÊNCIA E SENTIDO"

Das infâncias, a virtualidade das abelhas e o mel do inacabamento: por uma infância nas escolas, por suas utopias localizadas, por suas topologias...

– A abelha que estava lá fora está no corredor (Jojo – menino)
– Está no corredor? (Georges – professor)
– Ela foi até a porta e voltou (Jojo – menino)
– Pra ver o que você estava aprontando (Georges – professor)
– Ela veio e voltou... (Jojo – menino)
– Ela pensava: Será que Jojo lavou as mãos... ou ainda: estão sujas de tinta? Será que ela pensou isso? (Georges – professor)
– Ela olhou para mim quando eu lavei a minha testa (Jojo – menino sorrindo)
– Verdade? (Georges – professor)
– Talvez ela quisesse te ver de perto (Georges – professor)
– Ou então me picar! (Jojo – menino)
(Ser e ter, 2002)

As crianças experenciam-se na linguagem pelo pouco tempo em que nela estão (tempo das medidas – anos), e por essa pouca experiência na *conformação* da linguagem, residem com muito mais liberdade no mundo! As crianças são capazes de inverter a lógica, criar palavras, pensar sempre com a curiosidade do *não saber.*

Gosto de insistir nessas linhas de que as crianças nos oferecem a possibilidade de um declínio necessário para habitarmos o mundo da linguagem não se adaptando tão cegamente, tão civilizadamente a esse mundo. Oferecem-nos imagens para que possamos ainda existir ou ainda (re)sistir através das paixões.

Elas, as crianças, não sabem de saber, elas sabem de sabor. Saber saboreando a partir do lugar do desejo. Cultura oral, saber mastigado, gostosura. Isso acontece com elas porque a criança não é alguém que habite de pleno direito a casa da linguagem, pois a criança não fala por inteiro, mas só pela metade e incorretamente (JÓDAR; GÓMEZ, 2002, p. 37).

Há tempos, busquei em alguns textos meus traduzir essa relação do conceito de infância e experiência para provocar essa pergunta necessária que insisto em repetir: quem educa a quem? E agora invisto nessa possibilidade de pensarmos que educar tem a ver com a produção de sentidos, e, portanto, inevitavelmente essa produção, na escola, é marcada pelo encontro entre gerações. A interdependência entre crianças e adultos, numa contínua busca de produção de sentidos, faz da escola um lugar a ser habitado e até defendido. Atribuir real importância às infâncias na escola, inverter o olhar, tornar "oblíquo o olhar" (BARROS, 2006, p. XII), leva-nos a pensar que seja possível habitar o mundo por outros contornos, por outras linhas, por outras ruas.

> Eu amo a rua. Esse sentimento de natureza toda íntima não vos seria revelado por mim se não julgasse, e razões não tivesse para julgar, que este amor assim absoluto e assim exagerado é partilhado por todos vós. Nós somos irmãos, nós nos sentimos parecidos e iguais; nas cidades, nas aldeias, nos povoados, não porque soframos, com a dor e os desprazeres, a lei e a polícia, mas porque nos une, nivela e agremia o amor da rua. É este mesmo o sentimento imperturbável e indissolúvel, o único que, como a própria vida, resiste às idades e às épocas (RIO, 2008, p. 1).

O virtual (DELEUZE, 1996) está para ser atualizado, e talvez seja essa uma boa imagem para a escola. Retomando a cena da abelha para Jojo e Georges, a narrativa infantil dança entre essas imagens de um *continuum* de composições, fragmentações permeadas por aquilo que abraçam Georges e Jojo: a imaginação. Essa dança entre o virtual e o atual é arrematada com a hipótese – *ou então me picar* – nada assertiva de Jojo, pois a hipótese é uma possibilidade, uma virtualidade que ao ser atualizada não necessita fincar seus pés numa Verdade. Esse *continuum* está a todo momento habitando as relações na escola, e podemos aprender a mirá-lo. As crianças estão no mundo como cartografias, repartindo seus afetos, por entre intensidades, decomposições, tangencialidades, não ocupam o espaço somente sem medir e contar, mas sustentam seus trajetos e se conectam com isso, ao acaso, ao distante e ao indeterminado. A ocupação do espaço da criança é um estar no mundo sem medida. As imagens que reúnem as crianças em tempos sem medidas subvertem o acabamento dos corpos-adultos e das suas identidades e lançam imagens fluidas que tracejam fluxos de um *devir*.

O *devir* instaura outra temporalidade que não é a da história; experimenta e explora a alteridade da existência. O devir não é um estado já codificado e identificado, tampouco perspectiva em seus estratos, um estado predefinido, identificado. Devir é fluxo, é trajeto, é *zona de vizinhança* e *indiscernibilidade*. Deleuze e Guattari (1996) distinguem dois modos de temporalidade: de um lado temos o devir, e do outro a história. A história não é experiência, mas o conjunto sucessivo dos efeitos de uma experiência ou dos acontecimentos (*chrónos*). De um lado estão os efeitos dessas experiências, e do outro a própria experiência, o acontecimento. De um lado encontra-se o contínuo (*chrónos*), e do outro o devir, as linhas de fuga, as minorias. O *devir* é sempre minoritário, pois não possui modelo, está sempre em processo, alcança velocidades, densidades, intensidades e desmedidos movimentos absolutos.

Por fim, cabe dizer que o documentário revela o processo de transitividade das crianças, a passagem entre o espaço da vida privada para o espaço da vida pública, e isso nos remete a um sentido importante para escola, que diz respeito a tudo o que nossos corpos carregam, nossas memórias, afetos, hábitos, gostos, sentimentos, objetos, etc. A chegada ao espaço institucionalizado da escola, no seu ordenamento estrutural, arquitetônico, conjuntural, não pode desconsiderar hábitos, ritos, tempos que são alheios e anteriores, que correm por fora e habitam os corpos dos sujeitos que ali estão. O ordenamento institucional é edificante, não há como escapar, porém, ao considerar a escola e pressupor a sua voraz edificação, precisamos pensar nas topologias das infâncias como *contraespaços*, virtualidades, o *continuum* voo *das abelhas,* e com isso escalar, escavar o corpo edificado e edificante por suas porosidades, suas entranhas. Tal como nas paixões, permitir-se a topologia das infâncias na escola é virtualmente crer no atual, na curiosidade de ver e na intenção de picar da abelha.

Referências

ALANEN, L. Estudos feministas/estudos da infância: paralelos, ligações e perspectivas. In: CASTRO, L. R. (Org.). *Crianças e jovens na construção da cultura.* Rio de Janeiro: Nau, 2001. p. 69-92.

BARROS, M. de. *Memórias inventadas: a segunda infância.* São Paulo: Planeta, 2006.

BARTHES, R. *Fragmentos de um discurso amoroso.* Tradução de Márcia Valéria Martinez de Aguiar. São Paulo: Martins Fontes, 2007.

DELEUZE, G.; GUATTARI, F. *Capitalisme et schizophrénie. L'Anti-Oedipe.* Tradução livre de Daniel Felix de Campos. Paris: Minuit, 1972. t. 1.

DELEUZE, G.; GUATTARI, F. *Mil Platôs: capitalismo e esquizofrenia.* São Paulo: Ed. 34, 1996. v. 3.

DELEUZE, G. *O Anti-édipo: capitalismo e esquizofrenia.* Lisboa,1995.

DELEUZE, G.; PARNET, C. *Dialogues.* Paris: Flammarion, 1996.

FOUCAULT, M. *O corpo utópico, as heterotopias.* São Paulo: n-1 edições, 2013.

JODAR, D. M.; GÓMEZ, L. A dobra: psicologia e subjetivação. In: SILVA, T. T. (Org.). *Nunca fomos humanos: nos rastros dos sujeitos.* Belo Horizonte: Autêntica, 2002.

LIMA, P. de M. Cartografias, tempos e espaços da escola: linhas e fluxos de um (outro) desejo. In: LIMA, P. de M.; MIGUEL, D. S. (Orgs.). *Violências em (com)textos*. Florianópolis: Ed. UDESC, 2010. 250 p.

MASSCHELEIN, J; SIMONS, M. *Em defesa da escola: uma questão púbica*. Tradução de Cristina Antunes. Belo Horizonte: Autêntica, 2013. (Coleção Educação: experiência e sentido.)

MAYALL, B. *Towards a Sociology for Childhood: Thinking from Children's Lives*. Maidenhead: Open University Press, 2003.

QVORTRUP, J. Generations: An Important Category in Sociological Research. In: CONGRESSO INTERNACIONAL DOS MUNDOS SOCIAIS E CULTURAIS DA INFÂNCIA, Braga, 2000. *Anais...* Braga, 2000. v. 2, p. 102-113.

QVORTRUP, J. O trabalho escolar infantil tem valor? A colonização das crianças pelo trabalho escolar. In: CASTRO, L. R. (Org.). *Crianças e jovens na construção da cultura*. Rio de Janeiro: Nau. 2001. p. 129-152.

ROUDINESCO, E. *A parte obscura de nós mesmos: uma história dos perversos*. Rio de Janeiro: Zahar, 2008.

RIO, João do. *A alma encantadora das ruas*. São Paulo: Companhia da Letras, 2008.

SCHÉRER, R. *Os infantis: Charles Fourier e a infância para além das crianças*. Tradução de Guilherme João de Freitas Teixeira. Belo Horizonte: Autêntica, 2009.

SER e ter. Direção de Nicolas Philibert. Produção de Gilles Sandoz. Realização de Nicolas Philibert. Intérpretes: Georges Lopez. Música: Philippe Hersant. França, 2002. (104 min.), son., color.

SKLIAR, C. *Pedagogia (improvável) da diferença: e se o outro não estivesse aí?* Rio de Janeiro: DP&A., 2003.

SKLIAR, C. Del estar-juntos en educación. *Revista Sul-americana de Filosofia e Educação — RESAFE*, n. 12, maio/out. 2009.

Sobre os autores

Ana Maria Preve

BIóloga, com mestrado em Educação pela Universidade Federal de Santa Catarina (UFSC) e doutorado em Educação pela UNICAMP/SP. É professora no Departamento de Geografia e no Programa de Pós-Graduação em Educação da Universidade do Estado de Santa Catarina (UDESC). É integrante do Laboratório de Estudos e Pesquisas de Educação em Geografia (LEPE-GEO/UDESC), coordena o Grupo Geografias de Experiência e também integra a Rede Internacional de Pesquisas Imagens, Geografias e Educação. Participante na UDESC do Grupo de Pesquisa Ensino de Geografia, Formação Docente e Diferentes Linguagens (CNPq).

Caroline Jacques Cubas

Professora no Departamento de História da Universidade do Estado de Santa Catarina (UDESC), na área de Formação de Professores, é. Atuou nas redes pública e privada de Educação Básica e dedicou-se, no mestrado e doutorado, aos meandros da formação religiosa feminina e à atuação de religiosas em movimentos de resistência à ditadura militar no Brasil. O resultado de sua tese de doutoramento foi congratulado em 2015 com o prêmio de pesquisa Memórias Reveladas, promovido pelo Arquivo Nacional.

Daina Leyton

Educadora e psicóloga, é professora convidada da Universidade Federal do Rio de Janeiro (UFRJ), no curso de Especialização em Acessibilidade Cultural. Atualmente coordena o setor educativo do Museu de Arte Moderna de São Paulo (MAM). Desde 1999 idealiza e desenvolve projetos que conectam diversas linguagens artísticas e possibilitam a integração dos mais variados perfis de participantes em seu potencial expressivo e criativo. Em 2010 idealizou e instituiu a área de Acessibilidade no MAM, que cuida para que o museu seja um espaço sem barreiras físicas, sensoriais, intelectuais ou simbólicas.

David Oubiña

Doutor em Letras pela Universidade de Buenos Aires (UBA), é pesquisador independente no Conselho Nacional de Investigações Científicas e Técnicas (CONICET) e professor titular de Literatura e Cinema na Faculdade Filosofia e Letras da UBA. Foi professor visitante nas Universidades de Londres, Bergens, Nova York e Berkeley. Integra o conselho administrativo da revista *Las ranas (artes, ensayo y traducción)* e da *Revista de cine.* É membro do conselho editorial da Caimán Cuadernos de Cine e da Imagofagia y Ñawi: Arte, diseño y comunicación. Seus últimos livros são *Estudio crítico sobre La ciénaga, de Lucrecia Martel* (2007), *Una juguetería filosófica. Cine, cronofotografía y arte digital* (2009) y *El silencio y sus bordes. Modos de lo extremo en la literatura y el cine* (2011).

Eduardo Malvacini

Técnico em Audiovisual do Instituto de Artes e Design da Universidade Federal de Juiz de Fora e participante do Núcleo de Estudos de Filosofia Poética e Educação.

Escola de Bordils

Escola pública do município de Bordils, na Espanha, de 1.700 habitantes, onde cinema é um elo fundamental do trabalho.

Geovana Mendonça Lunardi Mendes

Professora no curso de Pedagogia e nos cursos de mestrado e doutorado do Programa de Pós-graduação em Educação da Universidade do Estado de Santa Catarina (UDESC). Realizou Pós-Doutorado na Argentina (Universidad de San Andres, Buenos Aires) e nos Estados Unidos (Ashland University, em Ohio), na área de Currículo e Tecnologias Digitais. Suas pesquisas têm sido voltadas para área de Currículo e práticas escolares, em especial questões relativas às mudanças nas tecnologias digitais e inovações curriculares no espaço escolar, assim como as práticas curriculares voltadas à inclusão de sujeitos com deficiência. Atualmente é vice-presidente da ANPEd Nacional, representando a região Sul.

Inés Dussel

Pesquisadora do Departamento de Investigaciones Educativas (DIE/CINVESTAV), no México, é doutora pela Universidade de Wisconsin-Madison. Foi diretora da Departamento de Educação da Facultad Latinoamericana de Ciencias Sociales (FLACSO) da Argentina entre 2001 e 2008. Publicou amplamente sobre teoria e história da educação. Sua pesquisa centra-se nos vínculos entre a escola e as mídias digitais e, particularmente, sobre as mudanças nas hierarquias dos saberes, relações de autoridade e o tempo e o espaço da escola.

Jan Masschelein

É professor de Filosofia da Educação e diretor do Laboratório de Educação e Sociedade na Universidade de Leuven (Bélgica). Seus principais interesses são nas áreas de Teoria da Educação e Filosofia Social, assim como o mapeamento e o caminhar como práticas de pesquisa indispensáveis e novos regimes mundiais e europeus de gestão educacional. Sua pesquisa se concentra explicitamente em (re)pensar o papel público das escolas e das universidades e a particularidade de uma perspectiva pedagógica. Em português publicou, com Maarten Simons: *Em defesa da escola: uma questão pública* (2013) e *A pedagogia, a democracia, a escola* (2014), ambos pela Autêntica.

Juliana de Favere

Doutoranda em Educação pela Universidade do Estado de Santa Catarina (PPGE/UDESC) e bolsista CAPES na Linha de Pesquisa Educação, Comunicação e Tecnologia. Integrante do Grupo de Pesquisa Observatório de Práticas Escolares (OPE-UDESC) e Políticas de Educação na Contemporaneidade (PEC-FURB). Em 2017, realiza Doutorado-Sanduíche (CAPES) no Centro de Investigación y de Estudios Avanzados del Instituto Politécnico Nacional (Cinvestav), no México. Trabalha com Assessoria Pedagógica e Formação Docente, com foco na problematização e na utilização das tecnologias digitais na escolarização.

Karen Christine Rechia

É licenciada e mestre em História pela Universidade Federal de Santa Catarina (UFSC), e doutora em Educação pela UNICAMP. Tem produção e interesse na área de cinema e suas interfaces com a educação e a formação de professores. Atualmente é membro da RedeKino (Rede Latino-Americana de Cinema e Educação), do Observatório de Práticas Escolares (OPE), ambos na FAED/UDESC, e do Laboratório de Ensino de História do Colégio de Aplicação, do Centro de Ciências da Educação (LEHCA/UFSC). É professora do Colégio de Aplicação e do Mestrado Profissional de História da UFSC.

Luiz Guilherme Augsburger

Graduado em História pela Fundação Universidade Regional de Blumenau (FURB) e mestre em Educação pela Universidade do Estado de Santa Catarina (UDESC), ele pesquisa a amizade, com a dissertação *Que pode a amizade? Movimentos cartográficos e educação em terras de clausura*. É membro dos Grupos de Pesquisa Políticas de Educação na Contemporaneidade (FURB) e Geografias de experiências (UDESC).

Maarten Simons

Professor de Política e Teoria Educacional no Laboratório de Educação e Sociedade da Universidade de Leuven (Bélgica). Os seus principais interesses são a política educacional, os novos mecanismos de poder e os novos regimes mundiais e europeus de gestão educacional e a aprendizagem ao longo da vida. Sua pesquisa se concentra explicitamente nos desafios colocados à educação com um grande interesse em (re)pensar, educacional e pedagogicamente, o papel público das escolas e universidades. Em português publicou, com Jan Masschelein: *Em defesa da escola: uma questão pública* (2013) e *A pedagogia, a democracia, a escola* (2014), ambos pela Autêntica.

Marta Venceslao

Doutora em Antropologia pela Universidade de Barcelona (UB) e pela Universidade Autônoma Metropolitana do México (UAM), atualmente é professora na Faculdade de Educação da UB e coordenadora do mestrado em Estudos Avançados sobre Exclusão Social. Além disso, foi professora nos mestrados em Criminologia do Instituto de Ciências Penais do México e em Estudios Avançados de Antropología.

Maximiliano Valerio López

Possui Doutorado em Educação, com ênfase em Filosofia da Educação, pela Universidade do Estado do Rio de Janeiro (UERJ); mestrado em Educação pela mesma universidade; especialização em Ensino de Filosofia pela Universidade de Brasília (UNB); e graduação em Ciencias da Educação pela Universidad Nacional de Cuyo (Argentina). Professor do departamento de Educação e do Programa de Pós-Graduação em Educação da Universidade Federal de Juiz de Fora (UFJF), é coordenador do Núcleo de Estudos de Filosofia, Poética e Educação da UFJF. Pela Autêntica, publicou *Acontecimento e experiência no trabalho filosófico com crianças* (2008).

Pablo García Pérez de Lara

Premiado cineasta de Barcelona, trabalhou em mais de 20 produções, quase sempre como diretor de fotografia. Há mais de 10 anos colabora no projeto "Cinema en Curs", da A Bao a Qu, associação que recebeu o prêmio Ciutat de Barcelona de las Artes Visuales de 2015. O projeto trabalha com crianças e adolescentes através das múltiplas ferramentas pedagógicas que o cinema oferece. Ele também realizou cursos e documentários com a AFARADEM, uma associação valenciana que trabalha com pessoas com problemas de saúde mental e seus familiares.

Patricia de Moraes Lima

Professora do Centro de Educação da Universidade Federal de Santa Catarina (UFSC) na área Educação e Infância. Pós-doutora Universidade do Porto (Portugal) e doutora em Educação pela Universidade Federal do Rio Grande do Sul (UFRGS), é pesquisadora do Núcleo de Estudos e Pesquisas sobre as Violências (Centro de Educação da UFSC). Atua no Programa de Pós-Graduação em Educação da UFSC, e seus estudos relacionam-se, especialmente, aos temas: infâncias, experiência, cuidado e violências.

Walter Omar Kohan

É professor titular da Universidade do Estado do Rio de Janeiro (UERJ) e pesquisador do (CNPq) e do Prociência (UERJ/FAPERJ). Cientista de Nosso Estado (FAPERJ), no ano 2017/8 atua como pesquisador visitante na British Columbia University (PDE, CNPq). Coordena desde 2007 o Projeto de Extensão em Escola Pública "Em Caixas a Filosofia en-caixa?" (UERJ/FAPERJ). É orientador de mestrado, doutorado e pós-doutorado nas áreas de Ensino de Filosofia, Infância e Filosofia da Educação. É autor e coautor de mais de 30 livros em castelhano, italiano, inglês, português e francês; entre eles: *Infância: entre educação e filosofia* (2003); *Filosofía y educación: la infancia y la política como pretextos* (2011).

A Bao A Qu (www.abaoaqu.org)

Associação cultural sem fins lucrativos, dedicada ao desenvolvimento de projetos que liguem cultura, criação artística e educação. Fundada em 2004, introduz a criação artística em escolas primárias e secundárias, com o envolvimento de profissionais do cinema, fotógrafos e artistas, que trabalham com professores. Desenvolve programas estruturais e treinamentos para professores, além de elaborar atividades específicas relacionadas a exposições, festivais e instituições culturais.

Este livro foi composto com tipografia Bembo Std e impresso
em papel Off-White 70 g/m² na Gráfica Rede.